Jessica Firlej

# Die Kraft der Venus



Auf die Liebe!

Jessica Firlej, geboren 1992, wuchs in Deutschland und Polen auf und lebt in Frankfurt am Main. Sie schrieb und berichtete als Journalistin und Reporterin für die Bild. Auf Instagram und TikTok ist sie als Expertin in Dating- und Liebesfragen bekannt. Jessica Firlej ist außerdem Produzentin und Moderatorin des Podcasts »Venus Club«. Nach dem Bestseller-Debut »Im Namen der Venus – Was Frauen Männern sagen wollen« ist »Die Kraft der Venus – Wie Frauen Liebe finden« ihr zweites Buch.

JESSICA FIRLEJ

# Die Kraft der Venus

Wie Frauen
Liebe finden

Textredaktion: Beate De Salve
Umschlaggestaltung: Lukas Materzok
Umschlagmotiv: © Karen Grubitzsch
Satz: Uhl + Massopust, Aalen

ISBN 978-3-00-077152-1

*Für alle, die aus Liebe*
*Krieg gegen sich selbst geführt haben*

»Du musst dein Herz immer wieder brechen,
bis es sich öffnet.«

Rumi

# Wenn Frauen lieben

Wir Frauen lieben furchtlos.

Wir lieben heftig und kopflos, öffnen der Welt mit unschuldigen Augen unser neugieriges Herz. Wir lieben voller Wut und Unschuld, voller Trauer und Freude.

Wir lieben wie der Untergang, wie Zerstörung und Wiedergeburt. Wenn wir lieben, kämpfen wir wie Kriegerinnen, beschützen wie Löwinnen, tricksen wie Luchse, stechen zu wie Skorpione und zerfleischen wie Wölfe.

Wir lieben wie eine Mutter – geduldig, gütig und großherzig, aber auch erbarmungslos, rachsüchtig und streng. Großzügig verteilen wir unsere Energie und geben alles, schöpfen aus unserem endlosen Brunnen. Unsere Liebe ist gewaltig.

Auch wenn wir es nicht sollten, lieben wir sorglos. Auch wenn es keinen Grund dafür gibt, lieben wir kopflos, blind und naiv. Im Glauben an die Fruchtbarkeit bepflanzen wir trotzig und zuversichtlich verbrannte Erde und beleben den toten Boden wieder, bis neue Wärme entsteht. Wir erzeugen Liebe, wo sie fehlt. Ein Herz verwandeln wir in zwei. Aus unserem Schoß entspringt die Frucht unseres Leibes, der Ursprung alles Natürlichen.

Unsere Liebe durchdringt erbarmungslos, sie hat keinen Anfang und kein Ende. Sie ist überall. Kein Leben bleibt von ihr unberührt.

Unsere Liebe ist hysterisch, stürmisch, dramatisch und unergründlich wie der Ozean. Sie macht uns dünnhäutig, offen, fleischlich, zügellos und zerbrechlich. Wenn wir lieben, sind wir hinreißend, sinnlich und unvernünftig, gutgläubig und chaotisch. Durch unsere Liebe fließt Kreativität und Fantasie. Sie inspiriert uns, trägt uns, stärkt uns.

Unsere Liebe ist formlos wie das Feuer, verbindend wie die Erde, lebendig wie das Wasser und klar wie die Luft.

---

*Die Liebe einer Frau ist unendlich.*

---

Die Liebe ist die stärkste Heilkraft dieser Erde, sie braucht weder einen Traumpartner noch ideale Umstände. Liebe ist in allen von uns. Sie ist des Lebens tragende Energie und die mächtigste Quelle, aus der wir schöpfen, um Wunder zu entfesseln und unser gesamtes Leben neu zu gestalten. Denn die Liebe hat die Macht, uns zu verändern.

Liebe betrifft uns alle. Mit Liebe werden wir geboren, Angst ist ihr Gegenteil. Alles, was uns von ihr abhält, wie Hass oder Zynismus, erlernen wir im Laufe unseres Lebens.

Sie kann uns zu Höchstleistungen motivieren und ungeahnte Kräfte auslösen oder aber uns ins Elend stürzen. Liebe hat Auswirkungen auf unsere Psyche und unseren Körper, ohne sie verkommen wir. Ohne Liebe sind wir nichts, nur eine isolierte Existenz. Liebe kann alles.

Über die Liebe wird seit Anbeginn der Zeit gesprochen und philosophiert. Es gibt unzählige Definitionen, Bücher, Theorien, Filme und Ansichten über das überirdischste aller Gefühle. Sie hat eine solche Macht über uns, dass sie seit jeher sogar als

Waffe und Betrugsmasche eingesetzt wird. Für viele Menschen ist die Hoffnung, die große Liebe zu finden, und mit ihr endlich die Erfüllung ihrer Bestimmung, immer noch der Antrieb ihres Lebens. Auf alle essenziellen Fragen unserer Existenz scheint es nur eine Antwort zu geben: die Liebe. Sie ist die Energie, die wir in der Intimität miteinander erfahren, im Geben, in der Vergebung, in der Gnade, im Frieden, in Freude, in Akzeptanz, in Verbindung zueinander, im Mitgefühl füreinander, in der Güte und Nichtbeurteilung. Und doch fällt es uns heutzutage so unglaublich schwer, wahre Liebe zu finden. Wir alle stellen uns die gleichen Fragen: Wie finde ich endlich Liebe? Warum kriege ich weniger zurück, je mehr ich gebe? Warum tut Liebe weh?

Und: Warum wissen wir so wenig darüber, was Liebe wirklich ist?

Wir fürchten uns mehr denn je davor, die Liebe wirklich zuzulassen. Zwar lechzen wir nach ihren intensiven Höhen, doch gleichzeitig sträuben wir uns davor, den niederschmetternden Schmerz auszuhalten, den ihr Tosen mit sich bringt.

Viele von uns wissen sich nicht mehr zu helfen und verzweifeln auf der Suche nach »dem Richtigen«. Egal wie oft sie nach der Liebe greifen, bleibt nichts in ihrer Hand. Tausende wissen nach der x-ten gescheiterten Kennenlernphase nicht mehr, was sie falsch machen, warum jeder Mann ab einem gewissen Punkt das Interesse wieder verliert, sich zurückzieht oder es doch nur noch für eine Freundschaft mit gewissen Vorzügen reicht. Warum wir wieder alles für die falsche Person gegeben haben, an einen Schmarotzer geraten sind oder uns in jemanden verliebt haben, der uns ausnutzt und von unserer Energie profitiert. Warum wir mal wieder die falschen Entscheidungen getroffen haben. Warum wir mit jeder neuen Bekanntschaft innerlich unruhiger werden und uns mit der zunehmenden Rastlosigkeit Stück für Stück selbst verleugnen, anstatt uns zu zeigen. Warum wir alles dafür geben, jemanden krampfhaft in uns verliebt zu machen, anstatt jemanden zu finden, der sich in uns verlieben *möchte*.

So viel kann ich euch hier schon verraten: Männer verlieren nicht das Interesse an einer Frau, weil sie zu stark oder zu erfolgreich ist. Sie verlieren das Interesse an ihr, sobald sie das Interesse an sich selbst verliert. Wenn uns der Zugang zu uns selbst und zu unserer Weiblichkeit abhandenkommt, wird unser Innenleben immer ärmer. Wir können uns nicht um andere kümmern, wenn wir uns selbst vernachlässigen und konstant hintanstellen.

Heute scheinen viele Frauen den Kontakt zu ihrer weiblichen Seite und zu ihren Emotionen verloren zu haben.

Wir sind von Natur aus durch unser Feingefühl und unsere intuitive Wahrnehmung mit einem unsichtbaren Feld voller Unterströmungen und Informationen ausgestattet. Diese Fähigkeit erlaubt es uns, uns mit dem Leben auf einer heilsamen und schöpferischen Ebene zu verbinden und mit unserer Umwelt in Kontakt zu treten. Dass unser Herz mit unserem Bauch verbunden ist, ist eine gewaltige Stärke, der wir vertrauen sollten, doch viele wissen das nicht mehr. Sie leiden darunter oder zweifeln sie an, statt sich darauf zu verlassen. Doch wenn wir lernen könnten, auf uns zu hören und die unglaubliche Kraft, die in uns steckt, zu aktivieren, würden wir wieder zur Herrscherin über das Weibliche und über die Liebe werden.

Leider sind viele Frauen heutzutage mehr denn je in eine männliche Rolle geraten. Sie haben es verlernt, zu empfangen, zu fühlen und zu genießen. Stattdessen übernehmen sie kurzerhand selbst die Führung und verschieben so das Gleichgewicht zwischen Körper, Seele und Verstand. Sie fühlen sich angespannt und erschöpft, geraten häufiger an ihre kosmischen Grenzen.

Besonders in Beziehungen zu Männern gefährden immer mehr Frauen ihr seelisches Wohlergehen und sogar ihre körperliche Gesundheit und Sicherheit. Sie töten sich selbst ab, verleugnen ihre Bedürfnisse, verbiegen sich, richten sich nur noch nach anderen und legen den Fokus aufopfernd auf den Mann. Tragischerweise vergessen sie dabei sich selbst.

Hinzu kommt, dass eine Dynamik zwischen Mann und Frau herrscht, die es noch nie zuvor gegeben hat. Es scheint, als würden Frauen und Männer sich gegenseitig nicht mehr brauchen. Es gibt nichts, was eine Frau sich heutzutage nicht selbst geben könnte, was ihr früher nur ein Mann geben konnte. Nichts – außer dass ein Mann da ist. Denn ohne das Männliche könnten wir uns nicht als Frauen erleben. Und umgekehrt.

Nicht mal für die Fortpflanzung brauchen Frauen noch einen Mann, der präsent ist. Samenspende und künstliche Befruchtung machen eine Schwangerschaft auch ohne Partner möglich.

Trotzdem ist und bleibt für viele der Wunsch nach einem Partner und echter Liebe der Sinn des Lebens. Denn das, was in einer Welt, in der sich jeder alles selbst geben kann, bleibt, ist die Polarität der weiblichen und männlichen Energie, der Austausch des Weiblichen und Männlichen als Bereicherung im Leben des anderen, um sich seiner Bestimmung wieder bewusst zu werden. Was uns aber in dieser Zeit fehlt, ist eine ausbalancierte Mischung aus gesundem Weiblichen und gesundem Männlichen. Denn zu verstehen, dass Männer stark in Bereichen sind, in denen Frauen schwach sind, und dort schwach, wo Frauen stark sind, führt zu mehr Weisheit, Harmonie, Verständnis und Liebe zwischen den Geschlechtern und in unserem Innenleben.

Antworten auf die Fragen, die uns am meisten beschäftigen, bekommen wir, indem wir unser Leben einmal reflektieren.

Wie habe ich geliebt?

Wen habe ich geliebt?

Warum habe ich geliebt?

Für wen oder was habe ich geliebt?

Doch um ehrliche Antworten auf diese Fragen zu erhalten, müssen wir noch tiefer gehen – so tief, dass es unangenehm wird –, unsere Narben und Wunden inspizieren. Denn oft liegt der Ursprung dessen, wie wir lieben, unseren Partner auswählen oder unsere Beziehungen führen, in unserer Kindheit verborgen.

Das bedeutet Arbeit und Aufarbeitung. Um uns zu befreien und wieder autark zu sein, müssen wir uns bewusst machen, wer wir sind und was wir brauchen. Nur wenn wir zu unserer wahren, weiblichen Natur wiederkehren und aufhören, den Männern krampfhaft gefallen zu wollen, können wir ihnen die wahre Liebe zeigen. Und Frieden zwischen den Geschlechtern kann nur entstehen, wenn Frauen und Männer lernen, zu lieben.

Es ist an der Zeit, zu unserer Energie zurückzufinden und uns mit unserer positiven weiblichen Macht zu verbinden. In dieser Macht der Weiblichkeit verbirgt sich ein sinnlicher Ort, und sobald wir dort hinkommen – zu der Essenz, zum Kern –, wird eine ungeheure Kraft entfesselt, die dazu führt, dass wir voll und ganz Liebe sind.

Deshalb möchte ich euch ermutigen, den Weg der Veränderung zu gehen, die Göttin der Weiblichkeit, der Liebe und der Schönheit in euch zu entdecken und zu leben. Dafür werde ich euch – so stark, ehrlich, verletzlich und persönlich wie eine beste Freundin – erzählen, wie ihr mit der Kraft, die euch inne ist, alles erreichen könnt. Wie ihr euch von der Frau, die so sehr liebt, dass es schmerzt, in die Frau verwandelt, die sich selbst genug liebt, um dem Schmerz ein Ende zu setzen.

Vielleicht erinnert ihr euch noch an den Sperrmüll-Mann aus »Im Namen der Venus«, der es mir mit seiner Freude, er selbst zu sein, ganz furchtbar angetan hatte, obwohl unsere Ausgangssituation alles andere als rosig war? Bis heute bleibe ich dabei: Die Art, wie er sich präsentierte, hätte auch sehr leicht dazu führen können, dass er nicht bei mir landen kann, aber stattdessen hat er mich verzaubert.

Diesmal verrate ich euch, was viele sich vielleicht schon gedacht haben: Eine Person zu lieben, mit der man keine Zukunftsaussichten hat, ist alles andere als lustig. Sosehr man auch versucht, sich davon zu überzeugen, dass man alles unter Kontrolle hat, muss man im Nachhinein doch feststellen, wie sehr man letztendlich idealisiert hat, nur um den Zustand besser ertragen zu können. Denn die Geschichte mit uns ging weiter, und zwar sehr lange. Die Anekdote im ersten Band der »Venus« war nur der sichtbare Teil, sozusagen die Spitze des Eisbergs, die ich mit den Männern teilen wollte, um mein Argument anzubringen und es zu unterstreichen. Diesmal aber sind wir unter uns, und mein Punkt ist ein anderer. In diesem Buch tauchen wir tief in die Geschichte ein und werden untergehen.

Der Sperrmüll-Mann und ich verfingen uns in einer sehr ungesunden Konstellation und machten beide riesige Fehler, die schlussendlich in der schlimmsten Beziehung endeten, die ich jemals hatte – und dem schlimmsten Liebeskummer. Damals war ich am absoluten Tiefpunkt meines Liebeslebens angekommen.

Zweieinhalb Jahre lang belogen wir uns mit demselben Motiv: Wir wollten einander nicht verlieren.

Er präsentierte mir nur halbe und geschönte Versionen seiner Zukunftswünsche, Freizeitgestaltung, vergangener und aktueller Beziehungen sowie seiner Persönlichkeit. Ich wiederum verließ ihn immer wieder, um zu testen, ob er um mich kämpfen würde. Dabei täuschte ich vor, dass es für mich in Ordnung wäre, keine gemeinsame Zukunft zu haben, und spielte die Rolle der nonchalanten, coolen und lockeren Freundin. Wir waren das perfekte toxische Pärchen, das sich auf verkorkste Weise wunderbar ergänzte, während es sich damit gleichzeitig immer wieder spiegelte. Wir bedienten unseren Schmerz gegenseitig perfekt.

Ich war die Meisterin des Verdrängens, eine Koryphäe auf dem Gebiet des Schönredens und ihn In-Schutz-Nehmens, die Erfinderin des Satzes »Was ich nicht weiß, macht mich nicht heiß« – Alles in der Hoffnung, dass sich etwas ändern würde. Alles, weil ich der festen Überzeugung war, wenn ich nur lange genug dranblieb, würde er seine Meinung schon ändern. Alles, weil ich arrogant und überheblich dachte, dass ich ein Fang sei und ein Mann wie er sich nach einer Frau wie mir die Finger lecken müsse. Alles, weil ich nur hörte, was ich hören wollte. Alles, weil ich jemandem meine Überzeugung überstülpen wollte. Alles, weil ich nicht akzeptieren wollte, dass es da draußen Männer gibt, die lieber alleine sein möchten.

Aber vor allem: Alles aus Angst, ihn zu verlieren, verlassen und nicht geliebt zu werden.

Auch wenn ich mich seit Jahren mit den Themen »Liebe«, »Dating«, »Sex« und »Partnerwahl« beschäftige, auch wenn ich jahrelang gedatet habe, auch wenn ich weiß, was »richtig« und was »falsch« ist, auch wenn es so wirkt, als hätte ich alles im Griff: Ich bin keineswegs geschützt davor, Rückschläge zu erleiden und den Verstand zu verlieren, wenn Gefühle mit im Spiel sind. Ich habe dieselben Fehler gemacht wie einige von euch.

Auch ich lerne noch jeden Tag dazu – während ich diese Sätze schreibe, während ich mich mit euch über Liebe und Beziehungen austausche, während ich Ratschläge gebe und während ich neuen Menschen begegne. Und wer weiß, ob ich in Zukunft nicht wieder aus Liebe Dummheiten begehen werde. Wichtig ist, zu verstehen, dass wir aus unseren Fehlern lernen können und dass es auch in Ordnung ist, sich trotzdem mal danebenzubenehmen. Ausrutscher sind okay, solange wir im Nachhinein verstehen, was die Ursache dafür war. Wie so viele Bereiche des Lebens ist besonders die Liebe mit kontinuierlicher Arbeit, Kommunikation, Reflexion, Achtsamkeit und Aufarbeitung verbunden.

Und deshalb möchte ich euch diesmal zum Einstieg die Geschichte von meinem Sperrmüll-Mann erzählen. Eine tragische und demütigende Geschichte, durch die ich endlich die Kraft fand, das Tor zu einer anderen Welt aufzustoßen. Zu einer Welt, die mich strahlender in das Leben entließ und mich mehr denn je mit meiner weiblichen Kraft verband.

Wir alle können unsere Weiblichkeit entfalten und unsere innere weibliche Essenz leben.

In uns allen steckt die Kraft der Venus.

# Der Sperrmüll-Mann und seine Sammlung

Sosehr ich auch beteuerte, die Sache mit Sperrmüll-Mann im Griff zu haben, musste ich mir irgendwann doch eingestehen, dass ich rein gar nichts im Griff hatte.

Allerdings bekam er von meinen tagtäglichen Kämpfen nichts mit. Vermutlich konnte er den Schmerz nur erahnen, den ich jedes Mal verspürte, wenn ich sah, dass er neuen Frauen auf Instagram folgte, und dieses Bauchgefühl hatte, dass da etwas faul war. Wie weh es tat, wenn er unterwegs gewesen war und mich nicht einmal darüber informierte, dass er inzwischen wieder zu Hause angekommen war. Es schmerzte jedes Mal, wenn er vor meinen Augen eine Frau, die an uns vorbeilief, anstierte, anlächelte oder sogar Kontaktdaten austauschte – und das nicht etwa, weil er sie als Neu-Kundin gewinnen wollte, sondern weil er sie geil fand, weil er schlichtweg *jede* »hot« fand. Wenn er Treffen mit mir absagte oder wenn er alleine oder mit seinen Kumpels in den Urlaub flog und es erst eine Woche vorher beiläufig erwähnte. Er bekam nichts davon mit, wie oft ich weinte, weil ich nicht verstehen konnte, warum es ihm reichte, mich nur zwei Mal die Woche zu sehen. Weil ich mir wünschte, er würde mehr auf mich eingehen und wäre kompromissbereit. Weil ich wollte, dass er mehr mit mir über das sprach, was ihn bewegte.

Er bekam nichts von meiner Verzweiflung mit, nichts von den Zweifeln, die mich ständig plagten, den Gedanken, die ich mir ununterbrochen machte: Warum will er mich nicht? Bin ich nicht gut genug für ihn? Was kann ich noch machen, damit er mich mehr will? Wer muss ich werden, damit er mich will? Muss ich sein wie seine Ex, weil er noch so oft von ihr redet? Wie kann ich ihm noch mehr die Sicherheit vermitteln, dass ich mich für ihn entschieden habe und ihn nie verlassen werde? Dass ich bleiben werde, egal was kommt, weil ich ihn liebe?

Ich wollte IHM die beste Freundin sein, die er jemals hatte. Ich wollte IHM keine Probleme machen. Ich wollte IHN nicht verlieren. Ich wollte IHM seine Freiheit nicht nehmen, weil er mir am Anfang der Beziehung gesagt hatte, wie wichtig es ihm war, sich frei zu fühlen.

Zu dem Zeitpunkt wusste ich noch nicht, dass für ihn »Sich frei zu fühlen« in erster Linie bedeutete, seinen Schwanz überall reinzustecken – aber dazu kommen wir später.

Ich wollte ihm alles lassen und alles sein. Mein Sperrmüll-Mann sollte nichts wegen mir aufgeben müssen. Allerdings war mein Motiv nicht bedingungslose Liebe, sondern ich handelte aus egoistischen Gründen. Tief in meinem Innern wusste ich ganz genau: Würde er auch nur einen kleinen Aspekt seines Lebens für mich umkrempeln müssen – in seiner Wohnung Platz für mich machen, Renovierungsarbeiten nach meinem Gusto vornehmen oder auch nur ein wenig Rücksicht auf meine Wünsche oder Gefühle nehmen –, würde das das Ende unserer Beziehung bedeuten. Ich wusste genau, dass er nicht mehr mit mir zusammen sein wollen würde, wenn die Sache zu schwierig wurde. Seine Bedürfnisse waren ihm das Wichtigste. Das sagte er nicht nur, sondern das ließ er mich auch spüren, indem er mir respektlos demonstrierte, wie sehr er entschlossen war, an seinem Lebenskonzept festzuhalten.

Während unserer gemeinsamen Zeit machte er keinen Hehl daraus, wie stolz er darauf war, dass er sich von keiner Frau etwas sagen oder sich kontrollieren ließ. Niemals wollte er sich rechtfertigen, und er fand es regelrecht verabscheuungswürdig, dass einige seiner Kumpels, die feste Freundinnen, Frauen, Familie und Kinder hatten, ihr Leben danach richteten, was ihre Frauen mochten. Jede Frau, die Ansprüche oder Wünsche äußerte, war für ihn zu »High Maintenance«.

Einige seiner Äußerungen sind mir bis heute im Gedächtnis geblieben:

*»Die macht einen Aufstand, den ich nie dulden würde.«*
*»Bei mir würde sie so was nur einmal abziehen, das würde ich mir nicht geben.«*
*»Wenn ich Leonardo DiCaprio wäre, würde ich mir ein Unterwäschemodel (die übrigens in seinen Augen die einzigen Frauen sind, die wirklich eine Zehn sind, aber auch nur die retuschierten Models auf den Plakaten) holen, und dann soll die Alte die Klappe halten.«*

Und ich schrumpfte immer mehr, versuchte, immer weniger zu stören, stellte meine Bedürfnisse hintan, übernahm Teile seiner Einstellung gegenüber Bindungen und Partnerschaft. Je ähnlicher ich ihm in dieser Hinsicht werden würde, desto mehr würde ich mich in die Frau verwandeln, die es in seinen Augen doch wert wäre, sie mehr in seine Welt zu lassen – da war ich mir sicher.

Je öfter er mir mitteilte, dass er am liebsten seine Ruhe habe und ihm die meisten Menschen nach einer gewissen Zeit auf die Nerven gingen und dass er am allerliebsten alleine sei, desto ernster nahm ich seinen Affront gegen Bindung und Beziehung.

Dummerweise fühlte ich mich gleichzeitig außerordentlich geschmeichelt, wenn immer wieder ICH seine Auserwählte war, der er es erlaubte, Zeit mit ihm zu verbringen. Nach einer Weile verknüpfte ich mein eigenes Selbstwertgefühl mit dem Zeitaufwand, den er mir zuteilte. Von ihm geduldet zu werden, wertete mich auf. (Ich kriege Gänsehaut beim Schreiben dieser Eingeständnisse, aber genau so ist es leider gewesen.) Denn wenn ein Mensch wie er, der so wenig Nähe zulassen konnte, der Menschen hasste, mich gerne um sich hatte, musste das doch für mich sprechen, oder?

Allein bei dem Gedanken daran, meinen Platz in seinem Leben zu verlieren, fühlte ich mich plötzlich wertlos. Dass mein Seelenleben durch *seinen Platz* in *meinem Leben* immer mehr verkam und sich sein saures Gift, schwarz wie Teer, durch meine Venen fraß, ignorierte ich völlig. Dass ich mich mit ihm ungeliebt, zerrissen, gestresst, leer, nicht gut genug, bedeutungslos, unbefriedigt, ungewollt und verwirrt fühlte, war unwichtig, und ich verdrängte es erfolgreich. Ich wurde sehr gut darin, so zu tun, als ob ich nichts bräuchte. Unsere gemeinsame Zeit war schön und machte alles wieder gut. Ich redete mir, meinen Freunden, meiner Familie, meiner Therapeutin und meinem Tagebuch alles – und vor allem ihn als Person – so dermaßen schön, dass ich mich bis heute fast dafür bewundere, so viel fantastische Energie in mir zu tragen.

Ich fand immer wieder ein »Aber« für ihn und gegen mich, wo ich eigentlich hätte einen Punkt machen sollen. Ich weiß, es klingt absurd, aber ich redete mir ein, dass es mir doch gut ging und eben jeder seine Probleme hatte. Sein Verhalten erklärte ich mir ganz logisch mithilfe von harmlosen Persönlichkeitsstörungen, für die er ja nichts konnte, und mit meiner endlosen Liebe zu ihm – nur dass ich mich darin langsam und qualvoll auflöste wie in Säure.

Ganze zweieinhalb Jahre glaubte ich unerschütterlich daran, dass er einfach nur eins bräuchte: Zeit. Zum einen, weil das wirklich meine feste Überzeugung war – schließlich ist der Mensch ein Gewohnheitstier, nicht wahr? –, und zum anderen, weil er mir das am Anfang auch so weismachte.

Zu Beginn unserer Beziehung sagte er ganz viele wunderbare Dinge. Er machte mir so wunderschön den Hof, dass ich es, wie in »Im Namen der Venus« beschrieben, nicht nur erfrischend und ergreifend fand, wie sehr er sich traute, er selbst zu sein, sondern auch, wie charmant und aufgeschlossen er war.

Er blieb dran, wollte mir nahe sein. Er schrieb, er rief an, er führte mich aus… Ja, es stimmt, er sagte mir nie das, was ich hören wollte, aber ich fand eben genau das originell. Vor ihm kam für mich nie ein Mann infrage, der noch Kontakt zu seinen Ex-Freundinnen hatte oder zugab, lieber alleine in den Urlaub zu fahren als mit seiner Partnerin. Aber für all diese Dinge hatte der Sperrmüll-Mann eine gute Erklärung, und ich wollte nicht alles hinterfragen und anzweifeln, was er mir sagte. Ich wollte nicht alles gegen ihn auslegen, sondern sein Team-Partner werden.

Ich wollte uns damals unbedingt eine Chance geben, weil er anders war als die Männer, mit denen ich bislang zu tun gehabt hatte. Auch wenn er wirklich in keiner Weise das war, was ich mir jemals für mich vorgestellt hätte – und zwar nicht nur äußerlich –, hielt ich ihn für etwas Besonderes. Also traf ich mich immer wieder mit ihm.

Die ersten Monate verliefen wie im Märchen. Wir unterhielten uns über vieles, unter anderem auch darüber, dass er nur eine längere Beziehung – drei Jahre – gehabt hatte, dass er nach einer Trennung meist nur zwei Tage trauerte, dass es mit seinen Ex-Freundinnen im Laufe der Zeit meistens freundschaftlich geworden war und sie sich einvernehmlich getrennt hatten, dass er nur einmal im Leben heiraten wollte und dass es schön wäre, wenn seine nächste Freundin seine letzte werden würde.

Eine Woche später stellte er mich beim Italiener seinen Freunden als seine Freundin vor, und ich wehrte mich nicht. Auf ihr Nachfragen erzählte er, dass wir uns zwar über Tinder kennengelernt hatten, aber uns einen Monat später bei einer Reportage ohnehin über den Weg gelaufen wären.

»Das Schicksal wollte eben doppelt sicher gehen«, sagte er und lächelte mich an.

Seine Bekannte fixierte ihn mit ihrem Blick und stellte ihm nur diese eine Frage: »Haben wir uns dann auch bei Tinder abgemeldet?«

Zwei Monate später, als wir in der Tapasbar, in der ich damals noch neben meinem Job als Journalistin kellnerte, auf unser Essen warteten, fragte er mich, wie ich den Namen seiner Mutter fände, denn das wäre doch ein schöner Name für eine Tochter, und ob es mir etwas ausmachen würde, unserem Kind den Namen zu geben, sollte es ein Mädchen werden. Eigentlich wünsche er sich aber einen Sohn, ein »Bobbelsche«, einen kleinen Sperrmüll-Mann junior.

Da Zusammenziehen für ihn nur infrage kam, wenn man gemeinsame Kinder hatte, und er, so dachte ich, offensichtlich Kinder wollte – immerhin hatte er sich auch von seiner Ex getrennt, weil sie es sich nicht vorstellen konnte –, sah ich das als sichere Nummer.

Von der Idee, meinen kleinen Bruder kennenzulernen, zeigte er sich ganz entzückt. Er lud uns auf ein Spaghettieis in seinem Lieblingssalon ein, mit dem wir den ersten unserer drei gemeinsamen Sommer einläuteten.

Doch bereits in unserer Anfangszeit erwähnte er sehr oft diese eine bestimmte Ex, die er offensichtlich idealisierte, was mich verunsicherte. Aus seinen Anspielungen schloss ich, dass sie ihm sehr ähnlich war, also auch eher der unnahbare, kühle Typ, der sehr viel erzählte, ohne wirklich etwas über sich preiszugeben. Nachdem ihr Name das vierte Mal fiel, gab ich meine Bedenken offen zu und warnte ihn, während er an seinem Behandlungsstuhl rumschraubte, dass ich nicht so sei wie sie. Gar nicht. Ich sagte ihm ganz deutlich, dass ich zu den Frauen gehörte, die mehr Nähe brauchten und nicht am liebsten alleine waren.

Seine Antwort: »Das ist auch nichts, was für einen Menschen sprechen würde. Man hat ja gesehen, dass es nichts bringt, wenn beide *too cool for school* sind.«

Nach sechs Monaten fragte ich das erste Mal nach, ob er keine Lust hätte, mehr Zeit mit mir zu verbringen. Denn sich zwei Mal die Woche zu sehen, empfand ich als wenig, und auch davon abgesehen hatte ich nicht den Eindruck, dass sich unsere Beziehung entwickelte. Viel eher wunderte es mich, dass ich eine gewisse Unterströmung wahrnahm: Offenbar wurde er immer nonchalanter, unaufmerksamer und gleichgültiger mir gegenüber. Die Dynamik änderte sich. Es fühlte sich an, als würde ich mich für ihn abnutzen wie Autoreifen.

Als ich ihn darauf ansprach, antwortete er mir, er sei ein Mann, der in Sachen Liebe etwas länger brauche, weil er genau beobachte und man in seinem Alter nicht mehr so einfach hin und weg sei. Aber er wirkte auch betrübt und traurig darüber, als er sagte, dass er sein Leben nicht im Griff habe und sich in Sachen Liebe immer ungeschickt anstelle.

Plötzlich tat er mir leid. Ich wollte ihn bestärken und ihm beweisen, dass er nicht unfähig war, ihm ein gutes Gefühl geben.

Im Laufe des Gesprächs fügte er hinzu, dass es für ihn vollkommen verständlich sei, dass man auch mal Lust bekommen könne, mit jemand anderem zu schlafen, wenn man beispielsweise über zehn Jahre mit ein und derselben Person zusammen war. Seiner Meinung nach könne man dann darüber reden, ob man die Beziehung öffnet. Er sehe das nicht mehr so eng wie früher. Danach tischte er mir eine herzzerreißende Geschichte über seinen Kumpel auf, der auch bereits ganz lange mit seiner Freundin zusammen gewesen war, bevor es ernster geworden war, und der inzwischen an ihrer Seite stand, während sie dem Krebs die Stirn bot. Ich war von seiner Idee der Langsamkeit überzeugt, gelobte Geduld …

… und ich blieb.

Als er mir nach acht Monaten zu Weihnachten einen Smoothie-Mixer schenkte, wusste ich, wenn ich ehrlich bin, dass das mit uns niemals etwas Richtiges werden würde. Nicht, weil er mir einen Mixer schenkte, sondern weil er den gleichen Mixer in seiner Küche stehen hatte. Wenn man an eine gemeinsame Zukunft denkt, warum sollte man seiner Partnerin dann einen Mixer schenken, den man selbst schon hat? Tief in meinem Innern wusste ich, dass eine gemeinsame Wohnung für ihn nie infrage kommen würde. Aber ich sprach nichts an, sondern freute mich über den Mixer, den ich auch wirklich gebrauchen konnte.

Und ich blieb.

Die erste Diskussion gab es kurz vor Silvester, als ich beim Kochen fragte, was wir an Neujahr machen wollten.

»Ich mache das so wie immer«, lautete seine Antwort.

Für mich war das eine schallende Ohrfeige, da ich ganz selbstverständlich davon ausgegangen war, dass wir unseren ersten Jahreswechsel zusammen verbringen würden. Er sei nicht so der Typ fürs Planen, erklärte er mir, und dass wir uns dann mal darüber unterhalten müssten, wie wir das machen wollen. Ich kochte innerlich.

»Das reicht mir so nicht«, kündigte ich an und stand auf, um zu gehen.

»Das verstehe ich«, sagte er und klatsche mit beiden Händen auf seine Beine. Dann führte er mich zur Tür, hielt sie mir auf und verabschiedete mich mit den Worten: »Guck dich doch mal an. Du musst gar nicht so viele Kompromisse eingehen.«

Ich ging, von meiner Fassungslosigkeit paralysiert, aus der Tür und fuhr los. In meiner Tasche fand ich noch Briefe von ihm, die ich vor unserem Spaziergang am Mittag verstaut hatte. Ein willkommener Vorwand, um meine aufsteigende Panik zu beruhigen: Ich drehte auf halbem Weg um und kehrte zu ihm zurück.

Und so stand ich kurz darauf vor seiner Tür und wollte über alles reden. Ich verstand einfach nicht, wie er mich einfach so gehen lassen konnte, obwohl er davor den Eindruck gemacht hatte, als wollte er das mit uns. Als wollte er mich. Er aber hatte keine Lust, darüber zu reden, sondern wollte seine Ruhe haben. Deshalb ließ er mich nicht mal mehr in seine muffige Wohnung, die ich mittlerweile so liebgewonnen hatte, sondern wies mich ab. Mir blieb nichts anderes übrig, als auf seiner Fußmatte kehrtzumachen und wieder nach Hause zu fahren.

Er musste gar nichts dafür tun, dass wir uns wieder versöhnten. Schon am nächsten Tag machten wir einfach weiter wie gehabt. Retrospektiv wäre das der Moment gewesen, in dem ich für immer hätte wegbleiben und nie wiederkommen sollen.

Doch ich blieb.

Ab diesem Tag gab er immer und immer weniger. Er wusste, ich würde bleiben, und ich wusste, er würde mich nicht festhalten, wenn ich ging. Wir groovten uns ein, oder besser gesagt: Ich passte mich seinem Rhythmus an. Völlig passiv und geistesabwesend sagte ich zu, wenn er Zeit hatte, fragte nur selten nach einem Extra-Tag in der Woche und versuchte, meine Entrüstung darüber zu verbergen, wenn er wieder einen Urlaub ohne mich plante.

»Wir haben doch den Alltag zusammen, das ist doch schön«, erklärte er mir zum Thema Urlaub, wenn ich meine erneute Enttäuschung nicht ganz so professionell verstecken konnte, und: »Ich verreise anders als du. Man muss nicht alles zusammen machen. Jeden Urlaub, den ich bislang mit einer Ex gemacht habe, habe ich im Nachhinein bereut. Alleine hätte ich viel mehr davon gehabt.«

Manchmal hörten wir uns zwei Tage am Stück nicht, und wenn er abends ausging, erfuhr ich erst am nächsten Tag davon.

Ich fand dicke dunkle und feine blonde Haare in seinem Bett, sprach ihn darauf an.

»Das sind deine«, erhielt ich zur Antwort. Oder: »In meinem Beruf komme ich Frauen sehr nahe. Hier liegen überall Haare von anderen Frauen rum. Willst du jetzt jedes Mal jedes Haar inspizieren?«

Ich fand hellbraune Haare in der Bürste, die ich bei ihm deponiert hatte. Er wusste nicht, von wem sie waren, und erzählte mir dann irgendwann, dass sie wohl von der Affäre seines Freundes sein müssten.

Seit drei Jahren ließ sein Freund – nennen wir ihn Rumpelstilzchen – mit seiner Affäre – nennen wir sie Baba Jaga – beim Sperrmüll-Mann im Gästezimmer die Sau raus, meistens montags, während die Putzfrau sauber machte. Danach kehrten beide am späten Nachmittag wieder zu ihren Familien zurück.

Rumpelstilzchen wollte lieber mit Baba Jaga zusammen sein als mit seiner Frau. Er sah in ihr die Eine, die Wahre, die Seelenverwandte. Die beiden hatten nicht nur Spaß im Bett, sondern auch Stress außerhalb der körperlichen Blase. Seine Frau zu verlassen, kam für ihn aber nicht infrage, weil er seine Kinder aufwachsen sehen wollte – so lautete zumindest die Theorie meines Freundes. Ich hingegen war eher der Meinung, dass er für sie nicht reichte als Mann an ihrer Seite. Denn als besonders männlich oder angenehm empfand ich ihn nicht. In seiner Gegenwart fühlte ich mich eher befangen, und seine unruhige Art stresste mich. Er schien nonstop unter Strom zu stehen. Intuitiv spürte jeder auf hundert Meter Entfernung, dass dieser Mann flatterhaft war. Baba Jaga wollte wohl einfach ihren Ehemann nicht für jemanden wie ihn verlassen, und deshalb ging Rumpelstilzchen lieber auf Nummer sicher und blieb – feige, wie er war – bei seiner Frau, die nichtsahnend ihre Date-Nights und ihre gemeinsame Zukunft in einem Altersheim plante.

Etwas belächelte mein Sperrmüll-Mann die Situation von Rumpelstilzchen und Baba Jaga, denn seiner Meinung nach war sie nicht nur seine »Fickse« (seine Wortwahl), sondern eine zweite richtige Beziehung. Aber er bewunderte Baba Jaga auch. Auf seiner persönlichen Liste der »Stone-Cold-Bitches« schaffte sie es immerhin auf Platz zwei … selbstverständlich nach seiner Lieblings-Ex. Außerdem beschwerte er sich darüber, dass sein Rumpelstilzchen nun zum ersten Mal in seinem Leben treu war – nicht seiner Frau, sondern seiner Baba Jaga gegenüber. »Furchtbar!« Anscheinend sollten alle, bis auf zwei seiner Kumpels, ihre Frauen betrügen. Eine logische Konsequenz, denn plötzlich war Mr. Die-nächste-Freundin-soll-meine-letzte-Sein und Mr. Ich-will-nur-einmal-im-Leben-Heiraten der festen Überzeugung, es sei vollkommen natürlich, dass Menschen nach spätestens zehn Jahren die Nase voll voneinander haben. Für ihn stand fest, dass wir gar nicht dafür geschaffen sind, so lange mit ein und derselben Person zusammen zu bleiben. Offenbar hatten die Kumpels, die er gefragt hatte, behauptet, dass sie sich, wenn sie noch mal die Wahl hätten, nicht mehr dafür entscheiden würden, ihre aktuellen Frauen zu heiraten.

Natürlich umgab Sperrmüll-Mann sich fast ausschließlich mit Menschen, die ihn in seinen Glaubenssätzen bestärkten und bestätigten. Mit Menschen, die hauptsächlich dann zu ihm, dem ewigen Junggesellen, kamen, wenn sie sich ausheulen, Party machen oder sich einmal ordentlich über das Familienleben auskotzen wollten. Von den guten Momenten bekam er nichts mit, denn diese genossen die Männer dann in ihrer familiären Idylle, zusammen mit ihren Frauen. Offensichtlich war es dort nicht allzu schlimm, denn ihre Familien zu verlassen, kam für die Männer ja nicht infrage.

Mit seinem Freund aus Kindertagen geilte er sich bei jedem Wiedersehen an der Vorstellung auf, dass sie eines Tages in einer Senioren-Einrichtung gemeinsam alt werden würden. In seinem Freundeskreis lästerte jeder über jeden, und ich fragte mich insgeheim, ob er bei seinen Freunden wohl auch so über mich herzog. Wenn ich heute darüber nachdenke, gibt es in seinem wirklich großen Freundeskreis nur einen einzigen Mann, den ich einer Freundin oder meiner Schwester vorstellen würde. Für alle anderen schämte ich mich auch damals schon.

Natürlich entlarvte er sich mit alldem schonungslos selbst.

Allerdings ist »entlarven« hier wohl das falsche Wort, denn offensichtlich versuchte er gar nicht, irgendetwas vor mir zu verstecken. Schon gar nicht seine Einstellung in Bezug auf Ehe, Verrat und Untreue.

Es ekelte mich an. Ich fand das ganze Konstrukt so unsexy und unästhetisch, so schwach, dass ich im echten Leben wohl niemals auch nur drei Minuten freiwillig mit solchen Männern verbracht hätte. Mit Männern, die so verachtend über Frauen sprachen, sie be- und ausnutzten. Und ich, mittendrin, war die Braut des Psychopathen-Clan-Chefs und bekam im Hinterzimmer deren Machenschaften mit.

Alles daran war hässlich, berechnend, kalt, roh und stinkend. Doch das Kranke daran war: Ich fühlte mich all diesen betrogenen Frauen überlegen, weil ich einen exklusiven Einblick in die Psyche ihrer Männer und meines Mannes hatte. Durch dieses Wissen fühlte ich mich gewappnet, unbesiegbar, der Wahrheit näher als alle anderen. Es war, als könnte ich alles aushalten, für IHN, damit das mit uns funktionierte.

Und ich blieb.

In unserem zweiten Sommer bekam ich eines Tages eine anonyme Nachricht über Instagram. Darin stand, dass sich mein Sperrmüll-Mann mit anderen Frauen traf und möglicherweise mit einer oder auch mehreren Freundinnen des unbekannten Nachrichtenverfassers ins Bett ging. Ich antwortete, dass ich wisse, dass er sich mit anderen Frauen traf, denn schließlich hatte er mir ja erzählt, dass er weibliche Freunde hatte und auch mit der ein oder anderen Ex Kontakt hielt. Den Rest ignorierte ich.

Allerdings konfrontierte ich meinen Freund ganz ruhig mit den Screenshots, woraufhin er lachte und die »Heldentat« des

Nachrichtenverfassers ironisch abschmetterte. Ich hielt loyal zu ihm. Mit klopfendem Herzen und zitternden Händen blieb ich an seiner Seite und antwortete der anonymen Person: »Wenn du etwas klären möchtest, dann melde dich doch einfach direkt bei ihm.«

Wir trafen uns weiter an zwei Tagen in der Woche. Der Sonntag spielte sich fest ein, und hier und da gab es auch mal einen zusätzlichen »Aktionstag«. Einmal verbrachten wir sogar ganze sechsunddreißig Stunden am Stück miteinander, was sich für mich absurderweise wie ein unfassbarer Triumph anfühlte. Wir gingen ins Theater, wanderten, machten zusammen Mittagsschläfchen, besuchten Restaurants, kochten zusammen und schauten Filme und Serien. Ich war die Erste, die mit ihm eine Runde flog, als er seinen »Flugzeugschein« (ein kleiner Insider, der durch einen Versprecher von mir entstand) gemacht hatte.

Zwar machte er mir nur selten Komplimente, aber er zeigte mir mit anderen kleinen Aufmerksamkeiten oder wenn er mich stolz vorstellte, dass er mich gut fand. Immer öfter holte er nach dem Abendessen nicht nur für sich Gummibärchen und Schokolade, sondern brachte auch mir etwas mit.

Die Momente, in denen er zutraulich und zärtlich war, meine Nähe einforderte, häuften sich. Wir tranken aus demselben Glas, aßen von einem Teller (das war für mich unser kleines Ritual der Zusammengehörigkeit) und schliefen aneinander gekuschelt ein. Morgens ging er nicht, ohne sich mit einem Kuss von mir zu verabschieden, egal wie früh er rausmusste. Er zauberte für mich und stellte mich fast jedem seiner Freunde vor. Wir gingen zusammen auf Geburtstage und grillten in seinem Garten, sogar die Wandfarbe für seinen neuen Praxisraum suchten wir gemeinsam aus. Wenn er aus dem Urlaub kam, wollte er mich

»am liebsten so schnell wie möglich« wiedersehen. Vor seiner Lieblingspizzeria gab er dem Pizzabäcker auf die anerkennende Frage, ob ich seine Frau sei, die Antwort: »Noch nicht!«, und drehte sich lächelnd in meine Richtung. Seine Freunde, aber auch Fremde reagierten entzückt auf uns, sagten uns, wie toll sie uns beide zusammen fanden. Alles schien zu passen.

Wenn wir Zeit zusammen verbrachten, gab es so gut wie keine Probleme, allerdings tauschten wir uns nur selten über unser Innenleben aus. Ich hatte einfach nie das Gefühl, mich wirklich öffnen zu dürfen, verstanden, gehört und gesehen zu werden. (Er wusste nicht mal, welche Musik ich gerne hörte.) Dafür hatten wir Spaß, lachten viel und ließen einander wir selbst sein. Obwohl wir uns auf seelischer Ebene nicht wirklich berührten, war er sich sicher, dass wir auf ewig miteinander verbunden bleiben würden. Das versicherte er mir.

In dieser Zeit eröffnete er mir auch zum ersten Mal, dass es für ihn absolut gar nicht infrage käme, mit einer Frau zusammenzuziehen oder Kinder zu kriegen. Alles, was er darüber jemals gesagt habe, sei rein hypothetisch gewesen. Wenn er eine Familie wollen würde, hätte er längst eine. Außerdem wolle er gar nicht, dass man sich in ihn verliebe, denn das sei eine zu große Verantwortung.

Obwohl zusammen zu wohnen für mich eigentlich nicht verhandelbar ist, blieb ich.

Obwohl ich immer traurig war, wenn ich am nächsten Tag seine Wohnung verließ, weil ich spürte, dass sie nie auch mein Zuhause werden würde, blieb ich.

Wenn wir uns zufällig beim Feiern über den Weg liefen, gab es meistens Drama, weil Alkohol im Spiel war und er es einfach nicht draufhatte, die Situation zu handhaben. Anstatt dass wir sexy auf der Tanzfläche verschmolzen, miteinander flirteten, in irgendeiner schummrigen Ecke herumknutschten, Spaß hatten und dann gemeinsam nach Hause gingen, war alles an diesen Situationen verkrampft und unangenehm. Besonders dann, wenn er mit Rumpelstilzchen unterwegs war und mit ihm weiterzog, mich weder anständig begrüßte noch verabschiedete. Am nächsten Tag sah ich in der Regel das Ergebnis ihrer gemeinsamen Jagd auf Instagram, wo die Anzahl seiner Follower um eine Frau oder auch mehrere Frauen gewachsen war.

Als ich ihn in unserem zweiten Winter zusammen mit Rumpelstilzchen und einer Frau in einer Bar sichtete, verlor ich sowohl den Verstand als auch die Geduld. Vor allen Leuten machte ich ihm eine Szene und bat ihn, mit mir Schluss zu machen, weil ich selbst nie die Kraft dazu aufbringen würde, mich von ihm zu trennen.

Am nächsten Tag wurde mein Ausbruch als »psycho« und »crazy« bezeichnet.

»Damit muss man eben rechnen, wenn man sich eine Rothaarige anlacht«, witzelte der Sperrmüll-Mann, so wie jedes Mal, wenn ich eifersüchtig reagierte oder ihn auf Ungereimtheiten ansprach.

Ich suchte wieder das Gespräch, aber diesmal war es anders. Diesmal redete er. Er sagte, er sei erleichtert, da ich zum ersten Mal betrunken genug gewesen sei, um zu sagen, wie ich mich wirklich fühle, und auch mal an mich zu denken.

»Es würde mich zwar traurig machen, wenn Schluss wäre, aber ich gehe meistens schon traurig in Beziehungen, weil ich von vornherein weiß, dass es irgendwann zu Ende sein wird«, sagte er.

Ich hätte wohl recht, und er müsse es beenden, auch wenn es für ihn nicht besser laufen könnte als mit mir. Auch wenn es für ihn ewig so weitergehen könnte.

*Ewig.*

Wenn es für ihn ewig so weitergehen könnte, könnte es das auch für mich, solange das nur bedeutete, dass wir weiterhin zusammen sein würden und ich bei ihm bleiben durfte. Für immer.

Ewig, das bedeutete, dass ich ewig viel Zeit hatte, um ihm zu zeigen, wie großartig ich war und was ich alles für ihn machen würde, wenn er mich zu seiner Frau nahm. Wenn es für ihn ewig so weitergehen könnte, bedeutete das, dass er eine Zukunft mit mir wollte. Also bat ich ihn, die Beziehung nicht zu beenden. Ich behauptete, dass ich nichts von dem, was ich in der Bar gesagt hatte, ernst gemeint hätte.

Dieses Mal gab ich mich noch cooler, noch lockerer, noch unkomplizierter. Ich brachte Argumente vor, die gegen ein Aus und für uns sprachen, und ich blieb in der Hoffnung auf ein Ewig. Ein Ewig unter seinen Bedingungen.

Im zweiten Herbst unserer Beziehung gingen wir gemeinsam auf eine Halloweenparty im Frankfurter Bahnhofsviertel. Im Laufe des Abends kam plötzlich eine verschreckte brünette Frau auf uns zu, die meinen Sperrmüll-Mann zur Seite nahm und in den Bereich der Aufzüge und Treppen zog. Die beiden verschwanden bestimmt eine halbe Stunde, und mit jeder Minute, die verstrich, wurde ich unruhiger. Verunsichert fragte ich Freunde, ob sie ihn gesehen hätten.

Irgendwann kamen die beiden gemeinsam zurück. Sie sah mich mit aufgerissenen Augen an, verkrümelte sich aber, als ich ihr einen durchdringenden Blick zuwarf und meinen Sperrmüll-Mann entgegennahm.

Wer die Frau gewesen sei und was sie so lange gemacht hätten, wollte ich wissen.

»Ich habe keine Ahnung«, lautete seine Antwort. Dabei wirkte er irgendwie blutleer, gleichzeitig aber seelenruhig und heiter.

Ich fragte nichts weiter. Keine einzige weitere Frage stellte ich zu dieser Aktion. Nichts. Ich erwähnte diese Begegnung nie wieder auch nur mit einer Silbe, doch das Gesicht und die Augen der Frau brannten sich mir ins Gedächtnis.

Und ich blieb.

Zu unserem zweiten gemeinsamen Weihnachtsfest durfte ich mir etwas für vierhundert Euro aussuchen. Ich fand italienische Goldohrringe in einem Antik-Laden, die ich mir kaufte und für die er mir dann das Geld gab. Obwohl er davor immer gesagt hatte, dass es sich nicht lohnen würde, mir teure Geschenke zu machen, weil ich ja irgendwann sowieso weg sei, wie all seine anderen Freundinnen auch, kaufte er mir tatsächlich diesen teuren Schmuck! Ich platzte vor Freude und Stolz. In meinen Augen waren die Ohrringe der handfeste Beweis dafür, dass er sich doch eine Zukunft mit mir vorstellen konnte. Ich schonte und verehrte diese Goldstücke ebenso wie eine aufgefaltete Herz-Ass Karte, die er mir einmal gezaubert hatte. Die beiden Geschenke waren für mich persönlich das Wertvollste, was mir bis zu dem Zeitpunkt jemals jemand gegeben hatte.

An meinem Geburtstag nach unserem zweiten Silvester, das wir diesmal ohne Diskussionen miteinander verbrachten, willigte er ein, meine Schwester kennenzulernen, und außerdem lud er mich zu einem Abendessen in einem teuren französischen Restaurant ein. Ich dachte, wir würden Fortschritte machen.

Im Februar, einen Monat nach meinem Geburtstag, begann ich eine Therapie. Natürlich wusste ich, dass es Dinge aus meiner Kindheit, meiner Jugend, meinen vergangenen Beziehungen und meinem aktuellen Leben gab, die ich aufarbeiten musste. Auch dass sich in den letzten zwei Jahren mein Essverhalten stark verändert und ich acht Kilo zugenommen hatte, belastete mich.

Ich wollte beziehungstechnisch so nicht weitermachen. Tief in meinem Inneren wusste ich zwar, dass die Beziehung zu meinem Sperrmüll-Mann der Grund war, warum es mir immer schlechter ging, aber insgeheim begann ich die Therapie vor allem aus einem Grund: Ich wollte lernen, die Situation mit ihm besser auszuhalten und ihn besser zu verstehen, um mich für ein Leben an seiner Seite zu wappnen. Tatsächlich wollte ich mich verändern, um mich noch passender für ihn zu machen.

Als er im selben Monat von einer Abenteuerreise aus Papua-Neuguinea zurückkam, spürte ich auf einmal, dass etwas bei mir nicht stimmte. Ich kenne meinen Körper genau, weiß, wie ich rieche, schmecke und wie ich mich anfühle. Doch damals spürte ich, dass etwas zwischen meinen Beinen nicht normal war.

Um ehrlich zu sein, hatte ich während meiner Beziehung zum Sperrmüll-Mann so viele Probleme mit meinem pH-Wert, mit bakteriellen Vaginosen und Blasenentzündungen wie noch nie zuvor in meinem Leben, sogar Streptokokken hatte ich plötzlich am Anfang unserer Beziehung. Doch ich nahm die wiederkehrenden Symptome einfach so hin und behandelte die Beschwerden mit endlosen Kuren und Cremes. Regelmäßig bettelte ich bei meiner Frauenärztin um einen Notfalltermin, weil ich mir einfach nicht erklären konnte, woher diese Beschwerden immer wieder kamen.

Aber diesmal fühlte es sich anders an. Also ging ich wieder zu meiner Gynäkologin und sprach zum ersten Mal laut aus, was ich die ganze Zeit schon dachte: »Ich glaube, dass mein Freund mich betrügt, und deshalb wollte ich Sie bitten, jeden erdenklichen Abstrich zu machen, den es gibt, egal, wie viel es kostet.«

Chlamydien it was!

»Woher habe ich Chlamydien?«, fragte ich ihn noch in derselben Stunde. Gott, war ich sauer!

Er wisse es nicht, vielleicht aus Papua-Neuguinea.

Aber anstatt ihn weitersprechen zu lassen, fing ich an, ihm eine Ausrede für die Geschlechtskrankheit zu servieren. Ich stimmte ihm zu, dass er sie sich auf der Reise zugezogen haben könnte – oder aber Rumpelstilzchen hatte, nachdem er seine Baba Jaga bestiegen hatte, versehentlich das falsche Handtuch benutzt.

Fragt eure Frauenärztin, oder lest es nach.[1] Es steht überall: Man KANN sich nicht über ein Handtuch mit Chlamydien infizieren. Die Bakterien überleben nur in lebenden Zellen, nicht auf Textilien, Toiletten oder anderen Oberflächen. Ich habe jede einzelne Frauenärztin, die mir in den letzten Jahren begegnet ist, inklusive der Freundin meiner Mutter, gefragt, ob es eine andere Möglichkeit gibt, sich mit Chlamydien anzustecken, als über Geschlechtsverkehr. Die Antwort: »Zu neunundneunzig Prozent nicht.«

Obwohl ich mich noch am selben Tag in die Materie einarbeitete und überall genau diese Information bekam, wollte ich unbedingt, dass mein Fall eine seltene Ausnahme war. Ganz sicher gehörte ich zu diesem einen Prozent.

Ich schickte ihm ein Foto meines Antibiotikums, das er sich dann selbst verschrieb. Er reagierte erleichtert.

»Wie faszinierend, dass du direkt spürst, wenn etwas bei dir nicht stimmt. Ich habe mich noch nie untersuchen lassen.«

Ich dachte, ich spinne!

Aber ich blieb.

Obwohl er mich offensichtlich mit Chlamydien angesteckt hatte. Obwohl ich wusste, dass er auf seiner Hin- und Rückreise aus Ozeanien Zwischenstopps in Würzburg gemacht hatte.

Nach zwei Jahren nahm das Drama langsam seinen Lauf, bevor schließlich die große Bombe platzte. Alles begann damit, dass ich eines Abends aufgebracht nach Hause ging, weil wir über eine Woche nicht miteinander geschlafen hatten und er auch an diesem Abend keine Anstalten gemacht hatte, mir körperlich nahezukommen.

Dabei war es bestimmt nicht so, als ob der Sex mit ihm für mich so überirdisch gewesen wäre. Zugegebenermaßen passten wir anatomisch perfekt ineinander, und er achtete auch immer darauf, dass ich auf meine Kosten kam. Dennoch war es mit ihm fantasielos und nie besonders aufregend oder feurig. Außerdem ging die Initiative so gut wie immer von mir aus.

Obwohl er mir währenddessen nie in die Augen schauen konnte und immer irgendwie distanziert wirkte, reichte es mir. Er tauchte ab, wie in einen Tunnel, wir verbanden uns nicht auf einer höheren, innigen Ebene, und er küsste mich so gut wie nie. Einmal fragte ich ihn, ob ich Mundgeruch habe oder ob er mir beibringen könne, wie er am liebsten küsste, aber er beteuerte, dass alles gut sei.

Egal, wie oft ich versuchte, an der Tür über ihn herzufallen und den Begrüßungskuss in ein leidenschaftliches Rasen übergehen zu lassen – er blockte es ab. Es nervte ihn sogar manchmal, wenn ich *horny* war und ihm sagte und zeigte, dass ich es kaum aushalten konnte.

Aber er war nun einmal ein Gefangener in seiner eigenen Haut; er kam nicht aus sich heraus. Auch beim Tanzen nicht. Er war eher Kopf als Herz, mehr Verstand als Gefühl. Seine Augen blieben kalt und leer, wenn er lachte. Es fiel ihm schwer, etwas zu genießen. Für ihn war es das Gleiche, ob er eine Tiefkühltorte von der Putzfrau als Weihnachtsdessert aß oder meine selbstgebackenen Mürbeteig-Tartelettes mit gebrannten und karamellisierten Nüssen.

Wenn wir nicht miteinander schliefen, verunsicherte mich das. Es waren für mich die Momente, in denen ich ihm ganz nahe sein konnte, in denen ich meine Liebe frei und ungezwungen – verschleiert durch die Sicherheit, die die Erregung mir gab – mitteilen und ausdrücken konnte. Außerdem war mir natürlich klar, dass ein satter Mann auswärts nicht so viel oder gar nicht aß, wenn er dann doch mit einem Büfett konfrontiert wurde. Also schlief ich vorbeugend auch dann mit ihm, wenn ich eigentlich keine Lust hatte.

Am Tag nach meinem aufgebrachten Abgang fragte ich ihn, ob wir unsere »sexy time« auf heute schieben wollten, und versuchte, keine große Sache aus dem Abend davor zu machen, auch wenn ich impulsiv reagiert hatte. Er rief mich an, während er auf seinem Hometrainer im Keller Fahrrad fuhr, und ich hörte, dass jedes Fitzelchen der Zärtlichkeit mir gegenüber, die sonst in seiner Stimme lag, verschwunden war. Streng schlug er mir vor, Schluss zu machen. Nach zwei Jahren gehe man in einer Beziehung normalerweise immer den nächsten Schritt, aber das wolle er nicht, und er werde seine Meinung auch nie ändern. Er habe schon einige Frauen unglücklich gemacht, und er wolle meine Zeit nicht verschwenden.

Wenn ich noch einen Mann finden wolle, der mit mir zusammen leben möchte, müsse ich mich so langsam auf die Suche machen, schob er noch hinterher. Ich solle es mir mit ihm nicht zu gemütlich machen. Ich hätte einen Besitzanspruch an ihn entwickelt, aber für ihn fände unsere Beziehung inzwischen auf einer freundschaftlichen Ebene statt, und bei seinen Freundinnen käme er ja auch nicht auf die Idee, mit ihnen zu schlafen. Das mit uns beiden sei endlich, und wir müssten jetzt langsam mal einen Abschluss finden, denn noch ein Jahr könne das so nicht mehr weitergehen. Der einzige Grund, warum wir es nicht durchziehen würden, sei, dass es wehtue, aber ich sei nun mal nicht sein Typ. Keine sei sein Typ. Also lieber jetzt beenden, bevor es in einem Drama mündete.

Dieses Gespräch zerfetzte mich buchstäblich, doch gleichzeitig spürte ich nichts, denn ich glaubte ihm nicht. Meine Hoffnung war unzerstörbar, obwohl ich tief in meinem Inneren wusste, dass ich ihn loswerden musste.

Doch stattdessen bot ich ihm an, mit anderen Frauen zu schlafen. Und ich schwöre euch, ich meinte es ernst. Wenn er eine Frau auf einer Party oder sonst irgendwo gut fände, könne er doch einfach einmal mit ihr schlafen, solange das nicht darin mündete, dass man Kontaktdaten austauschte oder sich mehrmals traf. Außerdem müsse er natürlich auf die Hygiene achten.

Es war mein verzweifelter Versuch, einer Beziehung einen Rahmen zu geben, die ohnehin schon längst am Ende war. Doch selbst mit diesem Vorschlag stellte ich einen Anspruch, den ich seiner Meinung nach nicht zu stellen hatte.

»Lass uns einfach so weitermachen und die Momente genießen. In der Zeit schaue ich mich nach anderen Männern um, die auch etwas mit Zukunftsaussichten wollen«, war mein abgeklärter Vorschlag.

So beendete ich unsere Auseinandersetzung, und er erklärte sich einverstanden.

Und ich blieb.

Während ich so tat, als würde es kein Morgen geben, hielt ich die Füße still, genoss den falschen Frieden und hatte kein einziges Date mit einem anderen Mann.

Fast ein halbes Jahr später ging einer meiner größten Wünsche in Erfüllung, was gleichzeitig unser Ende einleitete. Er fragte mich, ob ich noch Urlaubstage frei hätte. Im Oktober sei er wieder auf einer Kreuzfahrt als Dozent geladen, und man habe eine Doppelkabine für ihn gebucht.

Hätte ich keine freien Tage mehr gehabt, ich hätte welche gekauft, nein, ich hätte gekündigt, das könnt ihr mir glauben. Die Erleichterung und Freude waren so groß, dass ich gar nicht fassen konnte, dass er mich wirklich gebeten hatte, ihn zu begleiten. Nach fast zweieinhalb Jahren würden wir zum ersten Mal neun Tage am Stück zusammen verbringen, gemeinsam ein Abenteuer erleben, rauskommen aus Deutschland.

Doch dann kam alles anders als geplant: Einige Wochen vor der Abreise wurde sein Vater sehr krank, und er half ihm wieder auf die Beine. Das konnte niemand voraussehen, und ich hatte volles Verständnis, verbrachte fünf der acht Nächte alleine auf dem Schiff. Er wollte nachkommen.

Auf dem Schiff senkte ich das Durchschnittsalter erheblich. Nur ein weiteres Mädel, das in Begleitung eines älteren Mannes reiste, von dem ich nicht wusste, ob er ihr Vater oder ihr Sugardaddy war, musste sogar jünger sein als ich. Ich beobachtete sie ständig. Ihre Anwesenheit machte mich unruhig. Sie verunsicherte mich, und ich starrte sie an, lächelte ihr verstohlen zu. Was würde passieren, wenn mein Sperrmüll-Mann kam? Sie war sein Typ, eindeutig. Auch wenn er nicht dabei war, spürte ich diese innere Unruhe und Sorge in Anwesenheit von Frauen mit hellen Augen und dunklen Haaren ständig. Immer wieder fragte ich mich, ob er sie anmachen würde, und unmittelbar darauf hasste ich mich dafür, so zu denken. Also schob ich den Gedanken beiseite, blieb aber in Alarmbereitschaft.

Als er endlich ankam, begrüßte ich ihn sehnsüchtig wie eine Seemanns-Gattin mit wehendem Haar am Hafen der Kanaren. In der Kaffeepause am Nachmittag nach seinem ersten Vortrag sah ich aus den Augenwinkeln, dass sie sich hinter mich und ihm direkt gegenübersetzte. Seine Blicke tanzten bei süßen Stückchen und Kaffee zwischen mir und ihr hin und her. Ich wollte mir nicht die Blöße geben und hinter mich schauen, wusste aber, dass sie sich registriert hatten. Zwar trat mir bei dem Gedanken daran, dass mehr zwischen ihnen laufen könnte, der Schweiß auf die Stirn, dennoch wollte ich nicht daran glauben.

Es dauerte keine vierundzwanzig Stunden, bis meine schlimmsten Befürchtungen sich bewahrheiteten.

Jeden Abend gab es einen Vortrag für alle Passagiere. Ich betrat den Vorlesungsraum und suchte ihn ab. Am Podium und in der Nähe der Bühne keine Spur von meinem Sperrmüll-Mann. Mein Blick wanderte bis ganz nach oben zu der Reihe, von der ich wusste, dass sie dort die Tage zuvor immer gesessen hatte. Und wen fand ich direkt neben ihr, Schulter an Schulter? Ihn.

Obwohl im Saal noch viele Plätze frei waren, war er also nach seinem Vortrag sieben Reihen bis ganz nach oben gegangen, um sich zwischen sie und einen anderen Typen zu quetschen. Mir wurde heiß, mir wurde schlecht. Meine größte Befürchtung hatte sich bestätigt, der Kontakt zwischen ihnen war hergestellt. Während sie sich unterhielten, ertrug ich es nicht länger und ging in die Kabine. Plötzlich verspürte ich das unbändige Bedürfnis, alles um mich herum zu zerschlagen. Angespannt wartete ich auf ihn.

Um 19 Uhr gab es immer Abendessen, an diesem Tag ein Barbecue auf Deck sieben. Ich wartete.

19.15 Uhr.

19.27 Uhr.

19.38 Uhr.

19.42 Uhr.

20.01 Uhr.

Vielleicht war er ja schon nach oben gegangen und wartete da auf mich?

Ich suchte Deck sieben ab – und fand ihn nicht.

Ich fragte die anderen Dozenten – sie hatten ihn nicht gesehen.

Der Mann, mit dem das Mädel da war, saß alleine an seinem Tisch. Ich ging zu ihm hin und fragte ihn, ob er wisse, wo seine Begleitung sei – er wartete auch schon seit fünfundvierzig Minuten auf seine Tochter.

20.15 Uhr.

Ich stürmte regelrecht in den Vorlesungssaal.

Und da standen sie, vertieft in ihr Gespräch, und schauten sich innig in die Augen. Er trug meinen weißen Pullover, den ich ihm gegeben hatte, weil er im Saal fror. Mein Innerstes krempelte sich nach außen. Auch wenn es wie eine Kleinigkeit erscheinen mag und ich mir auf dem Weg zum Saal sogar schlimmere Szenarien ausgemalt hatte, beschäftigte mich das, was ich da sah, noch tagelang. Es traf mich tief.

»Dein Vater wartet auf dich«, sagte ich in einem Ton, als sei ich ihre Mutter, und beide schreckten hoch. Die Tochter entschuldigte und verabschiedete sich mit einem »Bis später«.

Da stand ich also vor ihm, mit rasendem Herzen und einem Kloß im Hals, bebender Stimme und zitternden Händen. Ich konnte es einfach nicht fassen!

Er hatte auf mich geschissen, fast eineinhalb Stunden lang, nur weil er sie geil fand. Obwohl wir uns durch die Situation mit seinem Vater ohnehin seit Monaten so selten sahen. Obwohl ich alles versuchte, um ihm diese schwere Phase einfacher zu machen, damit er Zeit hatte für seinen Vater, den er mir nie vorgestellt hatte. Und obwohl das unser erster gemeinsamer »Urlaub« war, der durch die besonderen Umstände ohnehin schon auf ein Minimum verkürzt worden war. Es war ihm scheißegal, was mit mir war! Er verschwendete nicht einen müden Gedanken daran, wie ich mich fühlte, weil er lieber mit einer zweiundzwanzigjährigen Medizinstudentin flirtete, als mit mir den Abend zu verbringen.

Noch viel schlimmer: Er verletzte mich vorsätzlich und sinnloserweise, für nichts! Wir waren mitten auf dem Pazifischen Ozean. Zu zweit in einer Kabine. Er hätte mir nicht einmal abends absagen können, um sich mit ihr zu treffen. Auf der Kreuzfahrt gab es keine Möglichkeit für die beiden, eine Nacht miteinander zu verbringen, und trotzdem blamierte und demütigte er mich für dieses bisschen Unterhaltung, für dieses Nichts.

An diesem Abend checkte ich aus, reiste geistig ab. Unbewusst musste ich wohl irgendeine Art Entschluss gefasst haben, denn ich weiß noch, dass sich etwas in mir zu regen begann. Ganz langsam breiteten sich Ruhe und Erkenntnis in mir aus, wie ein Tropfen Tinte in Wasser. Als ich ihn ansah, war er plötzlich nicht mehr so schön.

»Hallo?! Ich bin mit meiner Freundin hier«, sagte er und zeigte auf mich. Dann fügte er abfällig hinzu: »Außerdem ist sie noch ein Kind.«

Ich widersprach.

»Ich möchte seit zweieinhalb Jahren mit dir in den Urlaub fahren; dann ist es endlich so weit, wir haben gerade mal drei Tage zusammen, und anstatt dass du die Zeit mit mir verbringst, muss ich dabei zusehen, wie du mit einer anderen flirtest?«, fragte ich verletzt. Und um sein Ego zu erschüttern, fügte ich hinzu: »Glaubst du allen Ernstes, dass sie dich ranlässt?« (Sie ließ ihn ran. Zweieinhalb Monate später fuhren sie zum Skifahren in die Dolomiten und fotografierten ihre zweisamen Schatten auf unberührtem Schnee. Ihr Vater erzählte mir bei einem späteren Gespräch auf dem Schiff noch, dass seine Tochter einen Spleen für vergebene Männer habe, sie sei nun mal in ihrer Sturm-und-Drang-Phase.)

Wir versöhnten uns noch am selben Abend, denn er erzählte mir von einer Situation in seiner Kindheit, in der er sich auch mit einer Nachbarin am Zaun komplett verquatscht hatte und von seinen Eltern gesucht, gefunden und zusammengestaucht worden war. Ungefähr so hätte er sich heute auch gefühlt. Außerdem müsse man sich ja vor Augen führen, was eigentlich zwischen ihm und ihr passiert sei, nämlich gar nichts.

Am letzten Abend der Kreuzfahrt küsste er meine Hand am Tisch vor allen Dozenten, nachdem eine von seinen Kolleginnen gesagt hatte, er habe Glück mit mir, ich sei konkurrenzlos. Ich legte meine Stirn an seine Lippen, schmiegte mich an ihn und war so stolz an seiner Seite. Was am Tag zuvor geschehen war, wurde durch Momente wie diese unwichtig.

Auf dem Weg zum Flughafen bot ich ihm an, das Praxistelefon zu übernehmen und die Anrufe entgegenzunehmen, bis er eine Sprechstundenhilfe gefunden hatte. Seine Assistentin, die sich vorher darum gekümmert hatte, konnte es nicht weitermachen, und ich sah, dass es ihn belastete, seine Zeit und seine Nerven fraß. Wie gerne wollte ich ihn unterstützen, ihm etwas abnehmen, auch als Friedensangebot für meine Eifersuchts-Szene auf dem Schiff und um ihm wieder ein Stückchen näherzukommen. Er nahm das Angebot dankend an, und ich war überglücklich darüber.

Kurz darauf wurde mir klar, dass dieser Mann keineswegs zu wenig Zeit, Energie oder Kraft hatte…

An dem Tag, an dem er mir das Handy übergab, bat er mich, nicht nur die Telefonate entgegenzunehmen, sondern auch die WhatsApp-Nachrichten zu beantworten.

Da saß ich also am nächsten Morgen, das Praxistelefon in der Hand – und hatte einen Geistesblitz. Erst seit eineinhalb Jahren hatte mein Freund eine neue Nummer, die das Private vom Geschäftlichen trennte. Das hieß, dass er diese Nummer im ersten Jahr unserer Beziehung auch privat genutzt hatte. Als ich die Anzahl der archivierten Chats sah, scrollte ich runter. Noch bei keinem meiner Verflossenen hatte ich den Drang verspürt, das Handy zu durchsuchen. Es war das erste Mal, dass ich im Handy eines Partners herumschnüffelte. Die Versuchung war einfach zu groß, denn ich wusste: Wenn ich jetzt nachschauen würde, würde ich es endlich wissen. Ich würde frei sein – weil ich entweder alles erfahren oder gar nichts finden würde.

Also scrollte ich runter bis zu dem Frühling, in dem er mich zum ersten Mal abgeholt hatte, um mich zu einem Spaziergang zu entführen. Zu dem Frühling, in dem er offenbar noch seine spanische Tandem-Partnerin getroffen hatte, die so »jung und süß war wie ihr Puppy«. Die er an Neujahr, circa eine Stunde, nachdem ich nach Hause gegangen war, nach einem Date gefragt hatte, weil er kommende Woche Zeit für sie habe, *»mi amor«*.

Ich erstellte einen Zeitstrahl.

Einundzwanzig Frauen.

Seit unserer ersten Begegnung war seine Maschinerie 24/7 am Laufen. Er betrieb eine Art Leistungssport, sammelte nicht nur Sperrmüll, sondern auch Menschen, um sie danach in eine Tonne zu werfen wie ein benutztes Taschentuch. Und das waren nur die Frauen, mit denen er über WhatsApp Kontakt hatte und nicht über sonstige Plattformen. Außerdem fehlten all diejenigen, die er traf, seit er die neue Nummer hatte.

- Nona, eine seiner Zürich-Mäuse, besuchte er in der Schweiz. Er schrieb, wie sehr er sich darauf freue, sie wiederzusehen, »zumal so ein paar Stunden im Zug ganz guttäten«. Dann fragte er, ob sie noch etwas anderes außer Botox brauche. Als er das Botox für seinen Zürich-Trip gepackt hatte, saß ich neben ihm im Wohnzimmer und fragte auch noch, für wen er so viel mitnehme. Ich weiß noch, wie mies ich es fand, dass er mich nicht fragte, ob ich mitkommen wolle. Dass ihm so ein paar Stunden im Zug guttäten, schrieb er auch mir auf dem Weg nach Hause. Sie schickte ihm Selfies, auf denen sie verwuschelt und mit glühenden Augen befriedigt in die Kamera lächelten. Als er sie Monate später wieder besuchen wollte und nach einer Übernachtungsmöglichkeit fragte, sagte sie ihm ab, weil sie nun vergeben sei. Erst dann fragte er mich, ob ich ihn begleiten wolle. Wir beide machten keine Selfies. Ich musste ihn um Sex anflehen, er meckerte an meinem Koffer herum, ich brauchte ihm zu lange im Bad und schluckte zu laut beim Trinken.
- Susan bezeichnete er als Diamant und fragte sie, ob sie bereits vom Heiratsmarkt gepflückt worden sei. Er wolle ihr beim Date zwar etwas bieten, aber sie könnten sich auch auf eine Parkbank unter eine Decke kuscheln und Glühwein trinken. Als es ihr schlecht ging, bot er ihr an, vorbeizukommen. Er könne sich das ja »als Doktor mal anschauen«. Im Frühling schrieb er ihr um acht Uhr morgens, dass der Sommer komme und er noch einen Platz

auf seiner Picknickdecke frei hätte, anstatt mir einen guten Morgen zu wünschen.

- Patientinnen schlug er vor, die Besprechung in die Freizeit zu verschieben.
- Louisa schrieb ihm, dass das nicht das sei, was sie sich unter einer Beziehung vorstelle, und Olga, dass sie von einem gebildeten Mann mehr erwartet hätte, »eben gentlemanlike«.
- Von Alison wünschte er sich, dass sie ihn so küsste wie den Hund auf ihrem Profilbild.
- Auf die Frage von Anita, wie bei ihm sein Dating-Leben so laufe, antwortete er: »Keine nennenswerten Ergebnisse.« Zu diesem Zeitpunkt waren wir bereits knapp ein Jahr ein Paar.
- In Kroatien wollte er mit Ivonna segeln und flirtete maßlos anzüglich. Damit war dann die Frage, warum er lieber solo verreiste, auch endlich erschöpfend geklärt, ebenso wie die Ursache der Chlamydien und aller Ungleichgewichte an meiner empfindlichsten Stelle.
- Von Esra wollte er wissen, ob sie für ein drittes Date zur Verfügung stehe.
- Bei Katharina, einer sehr gelenkigen Dame, die er beim SUP kennengelernt hatte, meldete er sich mit »Dr. Sperrmüll-Mann (persönlich)«.
- Alina wollte er mit in den Kolumbien-Urlaub nehmen und sich ein paar chillige Tage machen.
- Auf einen romantischen Sundowner verabredete er sich mit Carmen, weil er immer an sie dachte.
- Mit Maria wollte er telefonieren, um auch mal ihre Stimme zu hören, nachdem er ihr von einem wunderschönen Tag mit Freunden erzählt hatte, mit anregenden Gesprächen bei Frankfurter Küche. Bei diesem wunderschönen Tag mit anregenden Gesprächen und Schnitzel mit Grüner Soße

war ich dabei. Wir aßen meinen Teller gemeinsam leer, und ich lernte seine Freunde aus der Schweiz kennen.

- Mit seiner Lieblings-Ex, die jetzt mit seinem besten Freund zusammen war, flirtete er unablässig. Fast sehnsüchtig spielten sie sich gegenseitig den Ball zu, er nannte sie »Hon«, »Little Dino« und schrieb ihr »That's my Girl«, weil sie ihm »Treats« mitbringen würde, wenn sie sich das nächste Mal trafen.
- Im Juni fragte er am 15. Lizzy nach einer Verabredung, bedankte sich am 16. für ein Date bei Tina und redete am 17. mit Elisa über die wunderbare Zeit, die sie hatten. »Genau so müsse es sich anfühlen« – *Hot Girl Summer*!

Die Fotos von seinen Reisen, seinem Hund Salt oder seinen Flugstunden, die er mir geschickt hatte, waren auch an die anderen Frauen und seine Ex-Freundinnen rausgegangen.

Nichts hatte je nur mir und ihm gehört.

Er verhielt sich wie ein Straßenköter – nirgends zugehörig, heimatlos, auf der Flucht vor Nähe und bedürftig nach Zuwendung, schnupperte überall. Irgendwo würde schon was abfallen. Egal, was man ihm vor die zerzauste Schnauze in den Dreck warf – er verschlang es gierig und anspruchslos, ungeachtet dessen, ob es verschimmelte Reste oder feine Leber war.

Mit jeder dieser Frauen zog er dieselbe Masche ab. Er machte ihnen allen gleich den Hof, schrieb dieselben Dinge. Dieselben Dinge wie mir damals.

Es wäre mir lieber gewesen, wenn er sie alle nur flachgelegt hätte. Denn *DAS* hatte nichts mehr damit zu tun, dass er mal mit einer anderen Frau schlafen wollte, weil er Lust auf etwas Neues hatte. *DAS* hatte auch nichts mit einer respektvollen offenen oder polygamen Beziehung zu tun, in der man sich im besten Falle ständig reflektiert und den Liebschaften mitteilt, dass man vergeben ist: Er war aktiv auf der Suche nach mehreren Beziehungen. Nach Bestätigung. Nach Bewunderung und Aufmerksamkeit. Nach dem Kick. Die Frauen, von denen er sich seinen regelmäßigen Ego-Boost holte, waren ihm, inklusive mir, alle gleichermaßen egal.

Das hätten alles meine Dates, meine Zeit mit ihm sein können. Mit den Ressourcen und der Kraft, die er an bedeutungslose Liebschaften und Flirts verschwendete, hätte er mit mir etwas Wunderbares aufbauen und alles in unsere Entwicklung stecken können. Der Mann, der immer beteuerte, wie sehr er es liebte, alleine zu sein, war nicht alleine. Nie.

Der einsam umherstreifende Wolf, wie er sich so gerne bezeichnete, war ein Gänserich umgeben von Gänsen. Weder Engel noch Teufel, nur eine Kreatur – schmerzlich gewöhnlich, von Unsicherheiten geplagt. Leer. Ein stinkender Abfluss, durch den alles hindurchlief und verschwand.

Wie hätte ich ihm jemals genug sein können, wenn nicht mal mehr als einundzwanzig Frauen ihm genug waren?

Seit dem ersten Tag unserer Beziehung, schon bevor er mich im April in seinem beigen Auto abholte und mir das erste und letzte Mal verzückt die Tür aufhielt, zerstörte er jede Chance für uns. Seit dem ersten Tag war ihm klar gewesen, dass er sich niemals auf mich einlassen würde. Er hatte nie vorgehabt, allen anderen Frauen mitzuteilen, dass er jetzt vergeben war.

Wessen Gunst fürchtete er zu verlieren, wenn er sich dazu bekannt hätte, eine Freundin zu haben? Die seiner Lieblings-Ex? Die der anderen Frauen in seinem Ersatzteillager, auf die er in schweren Zeiten zugreifen konnte? Oder ging es ihm um seinen Ruf als »ungezähmter« Einzelgänger?

Er blockierte uns und alles Romantische. Er zwang mich in die Autonomie und beschwerte sich dann, dass ihm Romantik fehle, die doch nur durch Intimität und Zweisamkeit entstehen kann, welche er wiederum durch seine Sabotage verhinderte.

Auf einmal ergab alles Sinn.

Egal, wo wir waren, er kam immer super schnell super gut bei Menschen im Allgemeinen und bei Frauen im Speziellen an. Er schien mit allem davonzukommen. Er gewann immer – bis er irgendwann mal erwischt wurde.

Er war ein guter Zuhörer, der die Frauen tief ansah und genau das Richtige sagte, als könnte er ihre Hirne röntgen. Durchdringend ruhten seine honigbraunen Augen auf einem, als sei man die einzige Frau auf der Welt.

Und er war ein guter Geschichtenerzähler, intelligent, vielseitig interessiert, lustig, gesellig und charmant. Seiner Ausstrahlung war er sich bewusst – viel Show and Shine, aber in unschuldig statt prollig! Man war einfach gerne mit ihm zusammen. Für einen Abend, ganz oberflächlich, leicht, konnte man viel Spaß mit ihm haben. Mit dem »Don«, wie ihn alle seine Freundinnen und Verflossenen außer mir nannten. (Ich fand diese Bezeichnung für ihn schon immer lächerlich und unpassend.)

Auch durch seine Stellung als Arzt hatte er immer gleich einen anderen Zugang zu Frauen. Vor allem zu den jungen Kolleginnen, denen er großherzig anbot, sie in seiner Praxis helfen und zugucken zu lassen. Es interessierte ihn gar nicht, dass die meisten nur nett zu ihm waren, weil sie hofften, sich umsonst von ihm glätten oder füllen zu lassen. Solange er sie danach auf andere Weise füllen konnte, ging sein Plan ja auf.

Alle, die jetzt denken, ich hätte in diesen zweieinhalb Jahren jemals Botox umsonst bekommen, irren sich: Dr. Sperrmüll-Mann nahm mir für jede Spritze Geld für das Material ab.

Dr. Sperrmüll-Mann setzte mich zweieinhalb Jahre lang gesundheitlichen Risiken aus. Mit dem geöffneten Chat-Verlauf von Julie auf meinem Schoß – an der er schon sehr lange baggerte, die ihn aber nicht ranließ, weil sie bald den Mann, den sie sehr liebte, heiraten würde, »aber wenn das nicht der Fall wäre, könnte sie sich bestimmt auch nicht zurücknehmen«, machte ich noch in der Minute einen Termin bei meiner Frauenärztin, um mich erneut von Kopf bis Fuß auf alles Erdenkliche kontrollieren zu lassen.

Ich fühlte alles und nichts zugleich. Ich wusste, ich würde sterben, wenn ich bei ihm blieb, und ich würde sterben, wenn ich ihn verlor. Doch zur selben Zeit fühlte ich mich auch ungewöhnlich klar und unbezwingbar. In mir breitete sich eine friedliche, taube Ruhe aus – eine Art Windstille, wie sie im Auge eines Tornados herrscht. Eine mächtige Stärke stieg in mir auf, die meine Wirbelsäule emporkroch und mich aufrechter stehen ließ. Ich sammelte meine Kräfte für die bevorstehende Zerstörung, denn ich wusste, dass ich etwas Besseres verdient hatte. In meinen Augen war er nur noch dieses kleine Häufchen Erbärmlichkeit. Zum ersten Mal sah ich ihn als den feigen Schwächling, der er wirklich war.

Mit voller Wucht bekam er die Leidenschaft einer betrogenen Frau zu spüren. Ich konfrontierte ihn, wollte wissen, warum es so viele sein mussten, warum er das brauchte. Wie er die Zeit für all die anderen Frauen fand, warum er nicht schon in sein Tinder-Profil geschrieben hatte, dass er nur ficken wolle. Warum er nicht von Anfang an ehrlich gewesen war und warum er mich fragen musste, ob wir unserer gemeinsamen Tochter den Namen seiner Mutter geben wollen. Wutschnaubend riss ich alles nieder und sprach zum ersten Mal laut aus, was ich die ganze Zeit über nur gedacht hatte.

»Dass ich die Nachrichten gefunden habe, war das Beste, was

mir passieren konnte. Jetzt kann ich endlich von dir wegkommen«, sagte ich, und das meinte ich auch so.

Alles, was er zu meinen Ausbrüchen zu sagen hatte, waren vier Dinge:

1. Dass er mir von Anfang an gesagt hätte, dass er sich frei fühle, also solle ich mich jetzt nicht darüber wundern.
2. Dass ich seine Privatsphäre und sein Briefgeheimnis verletzt hätte.
3. Dass er sich nicht mehr daran erinnern könne, solche Dinge zu mir gesagt zu haben.
4. Und dass, wer nichts finden will, auch nicht suchen sollte.

Bei Punkt vier muss ich ihm recht geben.

Aber selbst jetzt hörte er nicht auf, mir etwas vorzumachen:

»Frauen nutzen jede Gelegenheit, um belastendes Material gegen einen zu finden. Du hast dem Schicksal ganz schön auf die Sprünge geholfen.« Wenn es nach ihm ging, war unser Schicksal zu dem Zeitpunkt bereits seit einem Jahr besiegelt. Er glaubte seinen eigenen Lügen.

Er wollte sein Praxistelefon erst am nächsten Tag bei mir abholen, und absurderweise beantwortete ich bis zur letzten Minute alle Anrufe und Nachrichten. Ich machte Termine, teilte ihm mit, dass eine Patientin sich verspätete, feilte meine Nägel kurz, weil ihn das Geräusch von langen, tippenden Nägeln auf dem Screen nervte, und schlich leise umher. Kurz: Ich implodierte und wollte nicht wahrhaben, dass es vorbei war.

Am Nachmittag wollte er kommen und das Handy holen. Ich solle es einfach auf den Stuhl vor meiner Tür legen.

Ich rief an.

»Wir waren nie zusammen«, sagte er mir. »Das zwischen uns war nur eine Scheinbeziehung. Ja, das zwischen uns war eine Lüge; es hat nie gepasst. Ich habe eh schon die ganze Zeit überlegt, wie ich es beenden kann, und wollte bis zum Ende des Jahres aufräumen. Jetzt ist der perfekte Zeitpunkt. Vielleicht hatte ich zu den anderen Frauen ein anderes Verhältnis. Das mit uns war nichts Ganzes und nichts Halbes. Es ist sehr harmonisch zwischen uns, aber wir führen keine Liebesbeziehung – wenn ich denn wüsste, was für mich eine Liebesbeziehung ausmacht. Ich habe mich nicht in dich verliebt, zumindest nicht so wie du dich in mich. Eine glückliche Beziehung lebt davon, dass beide Seiten nicht so genau hingucken. Du hast alle Privilegien einer Freundin genossen und lebst so an meiner Seite, und es macht dir nichts aus. Ich bin fünfundvierzig, ich will noch leben. Ich will gar keine Beziehung. Ich will keine Beziehung mit dir. Ich will keine Rücksicht mehr auf dich nehmen müssen. Du würdest keiner deiner Freundinnen raten, weiterzumachen, wenn sie dir erzählen würden, dass ihre Beziehung so ist wie unsere. Es ist deine Zeit und dein Körper, du kannst flirten und vögeln, mit wem du willst. Ich will dich nicht mehr in meinem Leben haben. Was glaubst du, wie groß die Rolle war, die du in meinem Leben gespielt hast? Wir telefonieren jetzt schon über eine Stunde und diskutieren darüber, dabei wollte ich einfach nur das Handy abholen. Muss ich ein neues kaufen? Wenn ich jetzt vorbeikomme, will ich nicht noch mal stundenlang darüber diskutieren.«

Ich flehte und bat ihn, es sich noch mal zu überlegen. In zwei Tagen, wenn wir uns ein wenig beruhigt hätten, könnten wir noch einmal über alles sprechen. Mithilfe von Aussagen, die er selbst einmal getätigt hatte, versuchte ich, seine Argumente zu entkräften – nichts half.

Vor meiner Tür nahm er den kleinen, hässlichen Kühlrucksack ab, den wir zusammen gekauft hatten, holte meine Bürste, meine Haarspange und meinen 90-Cent-Make-up-Entferner in einer kleinen Tüte heraus und übergab sie mir. Ich hielt alles in den Händen, was in seiner Welt je auf meine Existenz hingedeutet hatte. Mehr als das hatte ich in zweieinhalb Jahren nicht bei ihm gelassen. Mehr als das war von mir nie in seinem Leben gewesen. Mehr als das war es nie gewesen.

Ich schaute ihm in die Augen.

»Bist du dir sicher, dass du nicht mehr willst?«

»Ja.«

»Dann war das zwischen uns nur eine Lüge?«

»Ja.«

Ich stand vollkommen erstarrt in meiner Tür. Er davor, so wie ich damals vor seiner, nur dass ich alles dafür getan hätte, dass er reinkam und nicht mehr ging.

Er breitete seine Arme aus und drückte mich an sein Herz; ich vergrub mein Gesicht an seiner Schulter, unfähig, unsere letzte Umarmung zu genießen. Er begann in meinen Armen zu beben. Ich löste mich, sagte seinen Namen, legte meine Hand auf sein Gesicht, hielt mit der Rechten noch seine fest, wollte ihm in die Augen sehen – sehen, dass seine Worte Lügen waren, ihn bitten, uns eine richtige Chance zu geben und von neu anzufangen –, doch er riss sich los und stürmte die Treppe hinunter.

Ich schloss die Tür und brach zusammen, wie ich es seit meiner Kindheit nicht mehr getan hatte.

Drei Tage später sah ich ihn zum letzten Mal, auf der Halloween-Party, bei der wir im Jahr zuvor zusammen gewesen waren. Ich betrat das geschmückte Foyer und entdeckte ihn sofort auf der Tanzfläche, mit einem Freund. Mein Herz blieb stehen. Ich hatte das Gefühl, dass er mich sah, mich in der Verkleidung aber nicht erkannte, also ging ich auf ihn zu.

»Ich wollte nicht so tun, als hätte ich dich nicht gesehen«, brüllte ich gegen die Musik in sein mit einem Stöpsel verstopftes Ohr an.

Jedes Stückchen Würde, das ich noch irgendwo in mir trug, kratzte ich heraus und verbrannte es eigenhändig und ungeniert. Ich empfand noch so viel Zärtlichkeit für ihn, dass ich es nicht ertrug und nicht einsehen wollte, dass es aus war. Ich flehte ihn an, uns noch eine letzte Chance zu geben. Eine letzte Runde. Ich wollte doch noch mit ihm nach Venedig und ihm Krakau zeigen.

Ich küsste seine frisch rasierten Wangen, die er immer öfter rasierte, um seine zunehmend grauen Bartstoppeln zu kaschieren. Er roch anders. Ich hielt seine Hände, seine wunderschönen Hände, legte seine Arme um mich, damit er mich festhielt, machte ihm klar, wie gerne ich es noch einmal mit ihm versuchen wollte, doch er hing wie ein nasser Sack an mir, drückte mich entkräftet von sich. Er war eiskalt, wie ausgeschaltet.

Ich bat ihn, einen Drink mit mir zu nehmen und an einem ruhigen Ort über alles zu reden.

»Nein, wir sind nicht mehr zusammen. Das ist mein erster Abend in Freiheit, und du machst mich mürbe. Schau dich doch mal um, der halbe Club will mit dir ins Bett. Wir können in einem halben Jahr noch ein letztes Mal vögeln, aber ich fühle mich nicht mehr wohl dabei, es so weiterzuführen. Ich habe jetzt ein schlechtes Gewissen. Wenn wir weitermachen und noch mehr zusammen erleben, wird es nur immer schwerer.«

Wir waren beide erbärmlich.

Mit unerschütterlichem Willen, der wahrscheinlich daher

rührte, dass er bereits mit der zweiundzwanzigjährigen Medizinstudentin in Kontakt stand oder eins der Teile aus seinem Ersatzteillager abgestaubt und poliert hatte, blieb er bei seiner Entscheidung und rührte sich nicht vom Fleck.

Wieder schleuderte er mir mit brutaler Ehrlichkeit entgegen, wie er wirklich dachte.

»Wir blockieren uns gegenseitig, auch heute Abend wieder«, brüllte er gegen die Musik an. »Du wirst mit mir im Hintergrund nie jemanden kennenlernen. Die schlimmen Nachrichten hast du gar nicht gelesen. Ich bin fünfundvierzig. Willst du mich wirklich zwingen, weiter nur mit dir zu schlafen? Aus den Nachrichten, die du gelesen hast, ist kein Geschlechtsverkehr erkenntlich. Ich habe mit diesen Frauen nicht geschlafen, auch wenn ich gekonnt hätte – nicht etwa, weil ich treu wäre, sondern weil ich einfach zu faul war. Ich habe die Nachrichten nicht so geschrieben, dass sie dir gefallen. Du hast es rekordverdächtig lange geschafft, es mit mir auszuhalten. Ich will dich doch auch nicht verlieren, aber es war eine schöne Zeit, du hattest zwei Jahre – genauso viel wie Ina, Sille und Kerstin –, und jetzt gehen wir getrennte Wege.«

Das war es also. Meine Zeit war abgelaufen. Und ich verstand besser denn je, warum er »blutjunge« Frauen bevorzugte. Warum er bislang nur einmal verliebt gewesen war. Warum er nicht lieben konnte. Warum er Liebe mit Lust verwechselte. Warum er keine Antwort darauf hatte, was für ihn eine romantische Liebesbeziehung ausmachte. Warum er noch nie mit einer Frau zusammengewohnt hatte, keine Kinder wollte oder echte Bindungen eingehen konnte. Für ihn würde *das,* solange er noch einen hochbekam, ewig so weitergehen.

Er verließ die Party mit seinem Freund, ohne sich von mir zu verabschieden. Aber das war ich von ihm ja gewohnt.

Ab diesem Abend träumte ich jede Nacht von ihm, weinte jeden Tag bitterlich. Ich litt unter Durchfall und Übelkeit, meine Haare fielen mir büschelweise aus, ich schlief nicht, aß nicht, und mein Bewegungsdrang quälte mich. Ich wollte spazieren, laufen, weglaufen, wegrennen, wegfahren, wegfliegen. Weg. Weg. Weg. Ich stand völlig neben mir, verlor mein Portemonnaie zwei Mal in zwei Wochen. Mich zu waschen nervte mich, mich normal zu kleiden raubte mir die Geduld. Mehrmals täglich brach ich zusammen und überall in Tränen aus.

Ununterbrochen rekonstruierte ich die letzten zweieinhalb Jahre. In Gedanken sezierte ich jedes geschriebene und gesprochene Wort, jedes Foto, das er mir geschickt hatte, wollte wissen, wer er war. Ich telefonierte mit Diamant-Susan und ein paar anderen seiner Eroberungen, um einen Einblick zu bekommen, wie die Sache zwischen ihnen gelaufen war, wie er sich verhalten hatte.

Einige seiner Freunde kontaktierten mich, als sie von der Trennung hörten, und fragten, wie es mir ginge. Sie mochten mich ja – auch an seiner Seite.

In meiner Verzweiflung erzählte ich ihnen distanzlos alles. Ich erhoffte mir von ihnen Antworten, die er mir verwehrte.

Keiner von ihnen war wirklich verwundert. In dieser Phase erfuhr ich, dass es auch vor mir schon Frauen gegeben hatte, die seine Untreue aufgedeckt hatten, und dass der Sperrmüll-Mann noch nie treu gewesen war – welch eine Überraschung! Mit aller Kraft versuchte ich, weiterhin mit ihm verbunden zu bleiben, wenn auch über viele Ecken. Meine Gedanken kreisten jede Sekunde des Tages um ihn, alles von mir widmete ich immer noch ihm.

Ich trug das Leid in meinen Augen. Der Schmerz erdrückte mich, nahm mir meinen Körper. Mein Herz hämmerte dumpf und hartnäckig gegen die Rippen, sodass ich mir an die Brust fassen musste, um es daran zu hindern, sie zu brechen.

Nach auf den Tag genau vier Wochen war die körperliche Bedrückung als mein täglicher Begleiter plötzlich verschwunden, und ich spürte eine solche Taubheit, dass ich nicht mal mehr sagen konnte, ob es mir gut ging oder nicht.

Mir ging es nicht gut.

Als ich nach eineinhalb Monaten das erste Mal wieder mit mir selbst intim wurde, weinte ich danach bitterlich. Ich weinte ihm nach und vermisste ihn furchtbar, das Gute und das Schlechte. Seine Hände.

Umarmungen von Freunden und Küsschen von meiner Familie ließen mich zusammenfahren. Ich erstarrte durch jede Berührung, war völlig ausgedünnt.

Als ich das erste Mal wieder knutschte, spürte ich gar nichts, deshalb drückte ich ihn vorsichtig von mir weg, bevor ich mit dem Aufzug hoch zu meinem Hotelzimmer fuhr, weil ich lieber allein sein wollte.

Ich hatte mich in einen emotionslosen Stein verwandelt. Ich hatte mich in *ihn* verwandelt.

Vier endlose Monate lang ging es mir nicht gut, danach wurde es mit jedem Tag, mit jeder Woche besser. Ich fasste den Entschluss, dass ich nicht mehr wegen ihm weinen wollte. Keine einzige schlaflose Nacht sollte mehr ihm gehören, in keinen meiner Gedanken sollte sich sein Name einweben. Ich wollte sein flaches Lachen nicht mehr in meiner Erinnerung hören, seinen geduckten Körper nicht mehr durch den Türrahmen laufen sehen, sein Gesicht vergessen.

Schließlich löschte ich seine Nummer. Er interessierte mich nicht mehr.

Ich war entschlossen und bereit für einen Mann in meinem Leben. Für einen Mann, der dasselbe unter Liebe verstand wie ich. Für jemanden, der Freude an meiner Art hatte, der an Fortschritt interessiert war, der nicht konstant andere Frauen um sich brauchte, um sich wertig und lebendig zu fühlen. Für einen Mann, der mich heranließ, anstatt mich künstlich auf Abstand zu halten, und der wollte, was ich zu geben hatte. Für einen Mann, der mich wollte.

Ich distanzierte mich von Familienmitgliedern und Freunden, die mich als Mensch nicht zu schätzen wussten. Ich war es leid, ihnen mein Herz hinterherzutragen. Wer mich nicht in seinem Leben wollte, sollte wegbleiben.

Es wurde langsam, aber sicher immer besser. Mein Schlaf war erholsamer als jemals zuvor, und ein wohliger Frieden floss durch meinen Körper – bis mir eines Tages plötzlich auffiel, dass ich seit zwei Wochen gar nicht mehr an ihn gedacht hatte. Auf einmal tat mir der Gedanke, dass eine andere Frau auf meiner Seite seines Bettes schlief, nicht mehr weh. Stattdessen tat es mir für sie leid, weil sie wirklich glaubte, er sei zärtlich, pflichtbewusst und vertrauenswürdig, sanft und ernsthaft interessiert an ihr – ein weiteres Insekt in seinem Spinnennetz. Ich konnte nur hoffen, dass er sie ehrlicher behandeln würde als mich. Dass sie verhüten und besser auf sich aufpassen würde, als ich es an seiner Seite getan hatte.

Er hatte mich angezündet, um sich dann zu wundern, dass ich brannte.

Und natürlich wünschte ich, er wäre von Beginn an ehrlich zu mir gewesen. Natürlich wäre es stark gewesen, mir von Anfang an zu sagen, dass er nichts weiter wollte als oberflächliche, kurze Bekanntschaften mit sexuellem Bonus. Es wäre reif und reflektiert gewesen, mir von Beginn an mitzuteilen, dass er neben mir noch mit anderen Frauen verkehrte, denn dann hätte ich mich entscheiden können, ob ich mich darauf einlassen wollte.

War es unfair, mich in dem Glauben zu lassen, dass er eine gemeinsame Zukunft und sogar Kinder mit mir wollte? Selbstverständlich! Ohne Frage, es war eine perfide Nummer, mir etwas vorzumachen und mich dem Risiko von Geschlechtskrankheiten auszusetzen. Er hatte wahrscheinlich nicht vor, mich so zu verletzen, aber er hatte auch nie vor, mich zu lieben.

Ich hätte tausend Gründe finden können, um ihn zu hassen, aber irgendwann wurde mir klar: An alldem war einzig und allein ich schuld. Ich hatte mir das alles jahrelang selbst angetan. Nach spätestens sieben Monaten hatte ich genau gewusst, was er mir zu bieten hatte und was nicht. Niemand hat mich gefangen gehalten, gefesselt oder zu irgendwas gezwungen. Im Gegenteil: Er hätte mich nie und unter keinen Umständen jemals auch nur daran gehindert, zu gehen. Er hat mir die Tür im wahrsten Sinne des Wortes aufgehalten. Sogar dann, als ich bereit war, alles zu verzeihen, wollte er nicht. Er wollte all das nie.

Mein Herz hat wegen ihm schon früh Schmerz verspürt, aber ich habe es trotzdem immer wieder für ihn geöffnet. Ich bin geblieben. Ich wollte ihn aufbrechen und durch meine Liebe heilen. Ich wollte einem Leblosen Blut abnehmen.

Es wäre in meiner Verantwortung gewesen, mich für mich und mein Seelenwohl zu entscheiden, mich zu schützen, aber ich entschied mich für ihn und verriet mich selbst.

Er war nicht meine Lebensaufgabe.

Zwei Jahre lang jagte ich der Version von ihm hinterher, mit der er mich in den ersten sechs Monaten geblendet hatte. Zwei ganze Jahre für eine Fantasie-Vorstellung. Diesen Sperrmüll-Mann gab es nie. Was ich mit diesen zwei Jahren sonst alles hätte anstellen können! Wie viel Energie ich in mich hätte investieren können!

Im Nachhinein stellte ich mir oft die Frage: Was habe ich wirklich an ihm geliebt?

Er selbst ist gar nicht fähig, zu lieben, und ich selbst fühlte mich an seiner Seite furchtbar bedeutungslos. Wie oft hatte ich das Gefühl, nicht liebenswürdig zu sein, dabei war er derjenige, der nicht liebenswert ist. Das Beste an ihm sind seine Frauen. Und ich glaube, das weiß er auch.

Während meiner Trauerphase erwartete ich die ganze Zeit eine Entschuldigung und eine Wiedergutmachung von ihm – dafür, dass ich mir selbst wehgetan hatte. Ich erhoffte mir die Linderung meiner Schmerzen durch ihn, bis ich schließlich erkannte, dass ich mir nur selbst helfen konnte. Ich musste lernen, mir selbst zu verzeihen, dass ich mich so sehr in sein Potenzial verliebt und alle Warnzeichen ignoriert hatte. Dass ich gegen mein Bauchgefühl gehandelt und mich selbst aufgegeben hatte.

Nachdem ich mir das klargemacht hatte, war nichts mehr so, wie es vorher war.

Ich bereue nicht, was ich daraus gelernt habe. Ich bereue, ihm jemals vertraut und ihn so nah an mich rangelassen zu haben. Aber am allermeisten bereue ich, nicht früher gegangen zu sein.

Es war das alles nicht wert.

Trotzdem schäme ich mich für nichts.

Ich habe Frieden damit geschlossen.

# P.S.: Ich vermisse mich

Ich sehe viele Frauen, die dazu tendieren, sich in Beziehungen klein zu machen, ihre Bedürfnisse hintanzustellen und ihr wahres Wesen verkümmern zu lassen. Sie vergessen, wer sie sind. Auch ich wurde schon oft von Männern verleugnet, weil ich mich plötzlich selbst verleugnet habe.

Völlig kopflos begeben sich Frauen in Beziehungen, in denen sie unterdrückt werden, lassen sich einlullen und Unsicherheiten einpflanzen, die sie daran hindern, sie selbst zu sein.

Vielleicht kennt ihr dieses Gefühl, wenn ihr angespannt und krumm dasteht und Frauen beobachtet, die frei, fröhlich und losgelöst lachen und ganz natürlich mit ihrer Umgebung und dem Moment verschmelzen? Wie im Film versprühen sie kapriziöse Anmut und Leichtigkeit mit einer Prise Eleganz, bewahren sich gleichzeitig ihre Verspieltheit und wirken dabei auch noch unverschämt sexy. Diesen Frauen scheint, ohne dass sie sich anstrengen müssen, alles zuzufliegen.

Ertappt ihr euch in solchen Situationen auch dabei, wie ihr sie beobachtet, fast anstarrt? Ihr wünscht euch diese Ausstrahlung, werdet vermutlich sogar unruhig und unsicher? Auf einmal ist da eine große Sehnsucht, auf die eine resignierte Traurigkeit folgt?

Ich kann euch sagen, was dahintersteckt: Ihr trauert um euch selbst. Ihr vermisst euch. Diese unbeschwerte Frau seid ihr! Ihr tragt das alles, die weibliche Essenz, in euch. Tief in eurem Herzen spürt ihr eure eigene Kraft wie einen entfernten Donner, bedauert, dass ihr die leuchtenden, strahlenden Teile von euch ausgeschaltet habt und immer grauer und farbloser geworden seid, immer kraftloser, gestresster und angespannter.

Ihr habt aufgehört, ihr selbst zu sein – für die Beziehung, für einen Mann, eine Freundschaft, eure Eltern –, und die Konsequenz daraus ist, dass ihr euch, von Selbstzweifeln geplagt, gar nicht mehr dieser reduzierten Version von euch bewusst seid.

Ich habe schon viele Frauen gesehen, die sich mit angespannten Muskeln für ihren Typen verbogen, geduckt und krumm gemacht haben, alles aus Angst, ihm nicht zu gefallen, wenn sie nicht alles richtig machen. Dabei fühlten sie sich immer schlechter, weil all ihre Bemühungen den Mann an ihrer Seite nicht zu ihrem Traummann machten. Doch die Wahrheit ist: Sie fühlten sich nicht einsam, isoliert und verwundet, weil sie nicht ihren Traummann gefunden hatten, sondern weil sie den Kontakt zu ihrer Seele und die Verbindung zu ihrem Innersten verloren hatten.

Aber ihr müsst weder alles richtig machen noch euch verstellen. Ihr müsst für niemanden besser, schöner oder schlauer werden. Im Gegenteil: Alles immer richtig zu machen, sich anzupassen und sein Profil zu verlieren, ist langweilig. Euch selbst für eine andere Person aufzugeben, ist nicht aufregend, sondern unauthentisch. Ihr seid gut und richtig, und zwar genau so, wie ihr seid. Ihr müsst gar nichts dafür tun, um Liebe zu verdienen. Eure Kraft ist einzigartig, vergesst das nicht!

Ein besonderer Mann hat einmal etwas zu mir gesagt, was ich an dieser Stelle auch gerne mit euch teilen möchte, weil es mir geholfen hat, mich immer wieder daran zu erinnern, wer ich bin.

Es war einer dieser Tage, an denen ich mich unsicher fühlte und mir selbst ganz schlimm leidtat. Ich jammerte, weil ich so große Selbstzweifel in mir trug und mich weder beruflich noch privat traute, den nächsten Schritt zu machen. Er bestärkte mich und gab mir diesen Tipp:

»Klebe dir überall rote Punkte hin, wo du im Alltag vorbeiläufst – und zwar auf Augenhöhe. An deine Spiegel, in die Küche, ins Auto, an deinen Arbeitsplatz … Und dann erinnere dich an die Kraft, die du in dir trägst, wann immer du einen dieser Punkte anschaust. Erinnere dich auch an deine Kraft, wenn du gerade nicht an dir zweifelst. Mit der Zeit wirst du immer weniger Punkte brauchen, um dir dessen bewusst zu sein. Jeder Punkt, der äußerlich verschwindet, wird innerlich in dir auftauchen.«

Eine weitere Anekdote, die ich an euch weitergeben möchte, kommt von dem bislang wichtigsten Mann in meinem Leben. Er begegnete mir zu einem Zeitpunkt, an dem ich es am wenigsten erwartet hätte und der zu einem der schönsten Momente für mich geworden ist.

Es war mein erstes Mal auf dem Oktoberfest in München, und ich hatte noch leichten Herzschmerz, weil ein Kerl mir drei Wochen davor nach fast sechs Monaten Beziehung mitgeteilt hatte, dass er sich nicht binden wolle. Doch an diesem Tag war ich mit einer Gruppe von wundervollen Frauen unterwegs. Ich erwartete nichts von dem Abend, wollte einfach nur leben. Wir tanzten, tranken, aßen und hatten Spaß.

Als ich mir die Hände waschen ging, die Reste der Ente mit Zahnseide aus meinen Zahnlücken zog und gerade wieder zurück zum Tisch gehen wollte, sah ich ihn sich durch die Menge drängen. Er sah mich, ich sah ihn, wir strahlten uns an und konnten es beide nicht fassen. Fast zwei Jahre, nachdem ich mich von ihm nach sechs Jahren On-Off auf ziemlich stillose Weise per Sprachnotiz gelöst hatte, begegneten wir uns vierhundert Kilometer von unserem Zuhause auf der Wiesn wieder. Wir freuten uns so sehr, uns wiederzusehen, dass sich unsere glänzenden Augen nicht mehr voneinander lösen konnten und uns unser Dauergrinsen selbst amüsierte. Eine ungeheure Energie wurde freigesetzt. Die Magie der Vertrautheit und der Neugier lag in der Luft, zwei sich fremd gewordene Menschen, deren besondere Verbindung ihre Herzen wieder erwärmte. Es war wie immer mit ihm, und doch war alles anders. Ich hatte mich verändert und entwickelt, und er auch. Dennoch kannten wir uns so gut, wie es nur Freunde von sich behaupten können, die intimste Momente miteinander geteilt und verbrannte Erde hinterlassen haben.

Nachdem wir uns auf Stand gebracht hatten, fragte er nach meinem Liebesleben, und ich erzählte ihm, dass ich gerade verlassen worden war. Was er dann zu mir sagte, inspirierte mich und bereitet mir bis heute jedes Mal Freude, wenn ich eine Diskokugel sehe. Ich hoffe, euch auch.

»Siehst du diese Diskokugel?«, fragte er und zeigte auf die hölzerne Decke der rustikalen Hütte. »Sie schillert und funkelt und gibt ihr Glitzern ab, egal, ob unter ihr zehn oder zehntausend Menschen sind und Party machen. Selbst wenn alle unter ihr nur rumstehen würden, würde sie ihren Glanz nicht verlieren. Wenn jemand kommt, sie bewundert und anhimmelt, staunt und sich streckt, um sie zu berühren und ihr nahe zu kommen, dann ist das schön, aber sie leuchtet weiter. Und auch wenn niemand kommt, leuchtet sie trotzdem weiter. Wenn du nicht nur verstehst, dass Selbstliebe wichtig ist, sondern auch damit anfängst, dich selbst so zu achten, dass niemand daran rütteln kann, dann wird dir eine Wertschätzung entgegengebracht, die du dir jetzt nicht mal ansatzweise vorstellen kannst. Du musst nicht nur wissen, dass es wichtig ist, dich selbst zu lieben, du musst es internalisieren. Wenn du abends ins Bett gehst und fühlst, wie krass du bist, werden die Menschen dich jede Sekunde vermissen, die du nicht bei ihnen bist. Und diejenigen, die mit deinem Feuer – und ich weiß, wie viel du davon hast, weil wir uns da sehr ähnlich sind – nichts anfangen können, werden dich automatisch kalt lassen.«

Erinnert euch an eure Kraft!

Erinnert euch daran, wer ihr seid und wozu ihr fähig seid!

Erinnert euch daran, dass ihr die Antworten längst in euch tragt!

Vertraut euch und dem, was ihr fühlt!

Verbindet euch wieder mit eurer entkoppelten Seele!

Verinnerlicht, wie einzigartig, liebenswürdig und toll ihr seid, kommt wieder ins Fühlen und findet zu euch zurück, zu der Liebe zu euch und allem Lebendigen auf diesem Planeten.

# Kopf im Bauch

Unser Bauchgefühl, unsere Intuition und sogar unsere Träume sind mächtige Gaben, durch die wir schon am Anfang einer Situation wissen, ob etwas gut für uns ist oder nicht. Und deshalb sollten wir wieder lernen, besser auf unsere Gaben zu hören.

Wir spüren meist sofort, wenn etwas nicht richtig ist, wenn unser Partner uns fremdgeht oder wenn wir belogen werden. Spätestens, wenn dann Schluss ist, fällt nicht selten der Satz: »Mein Bauchgefühl hat mir von Anfang an gesagt, dass da etwas nicht stimmt.«

Ganz ehrlich: Wie oft habt ihr genau diesen Satz schon gesagt oder zumindest gedacht?

Nicht umsonst schauen wir ganz genau hin, wenn es um diese eine bestimmte Person geht, die mit unserem Partner Zeit verbringt. Wenn wir sehen, wie sie ihn anlächelt und sich mit ihm unterhält, wissen wir einfach, dass etwas faul ist.

Wenn wir in der Kennenlernphase Sätze hören wie »Die Trennung von meiner Ex war nicht so schlimm, immerhin konnte ich in der Wohnung bleiben«, »Da ist gar nichts mehr zwischen ihr und mir« oder »Ich hatte noch nie eine Beziehung, die länger als ein Jahr ging«, zieht sich etwas tief in unserem Innern zusammen. Manchmal hören wir ein leises Stimmchen in uns, wenn er über diese eine bestimmte Frau redet oder behauptet, noch nie fremdgegangen zu sein. Vielleicht meldet es sich auch, wenn ihr euch fragt, ob ihr ihm schreiben solltet?

Das Geschöpf in unserem Innern stupst uns an und warnt uns, dass da etwas ist, was gegen unsere Prinzipien verstößt. Es ist lebendig und echt, warnt uns vor Lügen, Intrigen, gefährlichen Situationen oder schlechten Menschen. Es zwickt uns, damit wir wach werden oder uns aus einer schädlichen Situation befreien.

Ein schlechtes Bauchgefühl ist der Grund, warum ihr diesen einen bestimmten Freund nicht mögt, seinem Bruder oder anderen Familienmitgliedern nicht traut. Wegen diesem Gefühl steigt ihr lieber in ein anderes Taxi, wollt einen bestimmten Job oder eine Wohnung nicht. Wegen ihm werdet ihr bei seiner besten Freundin stutzig und beobachtet die neue Person in seiner Follower-Liste ganz genau. Und ja, dieses Gefühl steckt auch dahinter, wenn ihr auf Spurensuche geht, seine Nachrichten oder Profile durchforstet und bei den zwei schmutzigen Weingläsern, die neben seiner Spüle stehen, etwas nicht ganz so Unschuldiges vermutet.

Unser Bauchgefühl ist unser Wegweiser, durch den wir die Witterung aufnehmen und den Dingen auf den Grund gehen, bis wir das Gefühlte mit Fakten untermauern können. In aller Regel werden wir unsere Vermutungen bestätigt finden, denn unser Bauchgefühl führt uns in unser Zentrum, zu unserem Herzen.

Lasst euch von niemandem diesen wertvollen Urinstinkt absprechen oder euch einreden, dass das, was ihr fühlt, nur Hirngespinste sind. Ihr seid nicht verrückt! Lasst euch von niemandem manipulieren, nur weil ihr eine Person bei etwas Peinlichem erwischt oder eine unangenehme Wahrheit herausgefunden habt. Lasst euch nicht klein machen! Steht zu und hinter eurem Bauchgefühl! Vertraut darauf, dass das Alarmsystem –

dieses Gehirn im Bauch, das euch von Geburt an mitgegeben wurde – funktioniert, und zwar einwandfrei. Traut euch, das auszusprechen, was euer Herz längst weiß.

Auch der hektische Alltag und soziale Normen tragen dazu bei, dass wir dazu tendieren, eher auf unseren Verstand und andere Menschen als auf unsere innere Stimme zu hören. Funktionieren statt fühlen, Beton und Hochhäuser statt Bäume und Natur. Unser Instinkt reagiert auf das, was im »Jetzt« passiert, und zieht uns auf ganz natürliche, ruhige Art zu etwas hin oder von etwas weg. Unser Instinkt ist keine impulsive Übersprungshandlung, die uns übermannt und stachelig in Stress versetzt wie unsere Emotionen, sondern eine erdige, runde, satte, deutliche Reaktion.

Jedes Mal, wenn wir unseren inneren Alarm ignorieren und ihn verleugnen, verkümmert er. Mit jedem Mal wird er schwächer werden, bis wir irgendwann ganz verlernen, auf ihn zu hören und ihm zu trauen.

Das passiert vor allem dann, wenn Frauen sich in ungesunden Umgebungen aufhalten. Das kann in ihrem Beruf sein, wo sie jeden Tag in erdrückender Atmosphäre arbeiten oder mit einem eindimensionalen und launischen Chef zu tun haben. Das geschieht aber auch, wenn Frauen jahrelang in einer Beziehung oder sogar Ehe mit einem Mann verharren, der nicht zu ihnen passt, sie nicht zu schätzen weiß oder ernst nimmt, vielleicht sogar misshandelt. Eine andere Ursache sind Familienmitglieder und Freunde, die sie klein machen und ihnen ihre Energie abzapfen, schlechte Stimmung verbreiten oder lästern.

Angestrengt beißen Frauen die Zähne zusammen, wenn sie an ihre Grenzen kommen, und reden sich ein, sie seien glücklich. Dabei sehen sie nur allzu oft über die leuchtend roten Warnsignale hinweg. Tag für Tag schuften sie weiter für den Job, die

Familie, den Mann, die Kinder, die Freunde, den Nachbarn oder sogar Fremde. Man muss nur lange genug in der Scheiße sitzen, bis man nicht mehr riecht, wie sehr sie stinkt.

Wie viele von uns stopfen ihr Bauchgefühl, das tobt, schreit und heult wie eine Sirene, ganz bewusst beiseite, knebeln und fesseln es, damit wir nur noch ab und an das Zucken spüren müssen, wenn es sich zu befreien versucht? Zu verlockend ist die schillernde Hoffnung, dass es doch etwas werden könnte, zu zermürbend die Angst, nicht geliebt zu werden, etwas zu verpassen oder schlichtweg alleine zu sein.

Aber genauso, wie ihr euch abtrainiert habt, auf das Geschöpf in euch zu hören, oder es brutal mundtot gemacht habt, könnt ihr euch auch wieder antrainieren, darauf zu hören, und es befreien. Verbindet euch mit eurer Intuition, und ihr werdet ein mächtiges und anmutiges Team.

Am besten gelingt es Frauen, ihre intuitive Intelligenz zu stärken und sich mit ihr zu vereinen, indem sie kreativ werden. Malen, Singen, Tanzen, Schreiben, Lesen … all das sind ganz konkrete Beschäftigungen, die Frauen mit ihren Sinnen und ihrem Körper machen können, um zu ihrem weiblichen Urgrund zu finden. Aber auch Zeit in der Natur, im Wasser oder mit anderen Frauen zu verbringen, Achtsamkeitsübungen und vor allem Meditation können dabei helfen, die eigene Mitte zu finden und eins zu werden mit dem »Jetzt«, der Liebe und der schöpferischen Urkraft.

Meditation ist ein mächtiges Tool, um wieder Ruhe und Frieden in sich zu finden und alte Wunden zu heilen, denn sie bringt uns dazu, ins Fühlen zu kommen. Und das Schöne daran ist: Jeder kann ein wenig Zeit dafür in den Alltag einbauen.

Meditation ist wie eine Art Fitnesstraining für unseren Aufmerksamkeitsmuskel. Sie hilft uns dabei, still zu werden und die eigenen Gedanken und Gefühle in Richtung Liebe und Heilung zu lenken. Mit ihrer Hilfe können wir unsere inneren Regungen beobachten, ohne auf sie zu reagieren, und Zugang zu unserem Unterbewusstsein bekommen. Durch diesen erhöhten emotionalen Zustand gelingt es uns, uns wieder für Liebe, Dankbarkeit und Empathie zu öffnen.

Am liebsten meditiere ich morgens. Mittlerweile stehe ich liebend gerne fünfzehn Minuten früher auf und freue mich auf meine morgendliche Meditation wie auf einen guten Kaffee.

Ich empfehle jedem, zu meditieren. Es hat mir geholfen, einen besseren Zugang zu mir selbst zu finden und meine eigenen Gefühle und Wünsche deutlicher wahrzunehmen, aber auch Spannungen zu lösen und meine Sehnsüchte zu erkennen. Bei manchen Meditations-Sessions, auch beim Yoga und besonders dann, wenn ich eine etwas schwierige Phase in meinem Leben habe, weine ich währenddessen. Es überkommt mich einfach, weil ich so gerührt darüber bin, wenn ich spüre, wie sich meine Seele wieder mit meinem Geist und meinem Körper verbindet. Die Tränen fließen einfach still aus mir heraus, und doch empfinde ich nichts als Glückseligkeit, wenn sich mein Körper-Geist-Gefühle-System wieder reguliert. Es fühlt sich für mich an wie eine Säuberung.

Wer sich mit Meditation schwertut, kann auch einen sanften Einstieg anhand von Atemübungen wählen. Augen zu und aktiv tief in den Bauch atmen. Über sieben Sekunden ein und über sieben Sekunden wieder ausatmen, ungefähr zehn Minuten lang. Die Atemvertiefung wird euch helfen, die Hindernisse am Anfang einer Meditation zu überwinden und euren gesamten Körper besser zu spüren. Dann könnt ihr euch geerdeter und einfacher in Richtung Meditation wenden.

Doch nicht nur während der Meditation, sondern auch im Schlaf verbinden wir uns mit unserem tiefen weiblichen Ort. Unsere Träume geben uns Antworten und weisen uns auf Unterströmungen hin, die wir zwar im Wachzustand spüren, aber verdrängen oder nicht so stark wahrnehmen.

Achtet unbedingt darauf, was eure Träume euch mitteilen wollen. Schreibt eure Träume auf, wenn ihr euch an sie erinnert. Hört auf die Stimme eures Unterbewusstseins, darauf, was sie euch sagen will. Nehmt auch die Signale ernst, die euch im ersten Moment nicht ganz so eindeutig erscheinen mögen wie Dämonen, Blutsauger oder Menschen mit Tentakeln, die nach euch greifen und euch in die Tiefe ziehen. Und erinnert euch daran, wie ihr euch in der Traumwelt gefühlt habt.

Ihr werdet Antworten im Schlaf finden. Eure Träume zeigen euch, wo ihr eure Augen öffnen solltet.

# Andere Mütter haben auch schöne Söhne

Das ist nicht nur ein Spruch. Es ist eine Tatsache.

Egal, mit welcher Frau ich bislang über gescheiterte Beziehungen gesprochen habe, die meisten von ihnen bereuen am Ende vor allem eins: Dass sie nicht früher gegangen sind.

Auch wenn ihr zwanzig Dates hattet, die in einer totalen Katastrophe geendet haben, und das einundzwanzigste dann endlich mal »ganz nett« oder sogar »überragend« war, heißt das noch lange nicht, dass daraus etwas entstehen wird, geschweige denn, dass ihr wirklich zueinander passt. Nur weil ihr nach ein paar Griffen ins Klo mal einen soliden Typen angetroffen habt, mit dem ihr auch noch ein sehr gutes Treffen hattet, bedeutet das noch lange nicht, dass diese Person kompetent genug ist, mit euch eine anständige Beziehung zu führen oder auf eure Bedürfnisse einzugehen. Besonders dann, wenn er sich nach dem guten Date tage- oder wochenlang nicht mehr meldet und ihr dem Typen nachtrauert – vergesst nicht, dass es erst mal nichts zu bedeuten hat, dass ihr so viel Spaß zusammen hattet. Ihr habt keine Erkenntnisse darüber, ob er einen passenden Partner für euch abgeben wird. Er hat euch nur gezeigt, dass er ein Mensch ist, mit dem man lachen kann, mehr nicht. Vielleicht ist er in eurer Vorstellung eine faszinierende und attraktive Person, doch den realen Menschen dahinter müsst ihr erst noch kennenlernen. Ihr habt noch nichts Besonderes miteinander. Und wäre es wirklich etwas Besonderes für euch beide: Hätte euer Date dann ins Nirgendwo geführt?

Es gibt keinen Grund zur Panik. Es gibt genug Männer auf dieser Welt. Einer davon wird es werden.

---

*»Der Richtige« heißt nicht umsonst so.*

---

Wenn jeder zweite Typ, mit dem ihr einen schönen Nachmittag verbringt, das Zeug dazu hätte, sich zu »dem Einen«, »dem Richtigen« für euch zu entwickeln, dann würde er nicht so heißen. Einen Partner oder sogar einen Lebenspartner zu finden, ist mit Zeitaufwand, Kraft und Investitionen verbunden. Ihr werdet selektieren müssen. Und ihr werdet auf mehr Männer treffen, die ihr blöd findet, mit denen ihr nichts aufbauen könnt, die nicht dasselbe wollen wie ihr und mit denen ihr euch nicht wohlfühlt, als auf Männer, die ihr wirklich richtig gut findet und mit denen ihr euch eine Beziehung oder sogar Ehe vorstellen könnt.

Das ist nicht nur in puncto Dating so. Wie oft begegnet ihr Menschen, mit denen ihr befreundet sein und eure Geheimnisse austauschen wollt? Wie viele von euren Bekanntschaften wollt ihr um euch haben und in euer Zuhause lassen? Und bei wie vielen Menschen würdet ihr sogar noch weiter gehen und euer ganzes restliches Leben mit ihnen verbringen, zusammen wohnen, eine Familie gründen? Bei wie vielen Männern könnt ihr euch vorstellen, den anderen jeden Abend nach seinem Tag zu fragen?

Bis man jemanden findet, dessen Unvollkommenheiten gut zu den eigenen passen, kann das schon einmal eine ganze Weile dauern. Wir alle sind doch ein bisschen komisch.

Wenn es darum geht, den richtigen Partner zu wählen, machen viele von uns den entscheidenden Fehler, für ihn zu performen und dabei beide Augen zuzudrücken. Dabei wäre es viel wichtiger, den Mann zu beobachten und eingehend zu prüfen, ob ER überhaupt das Zeug dazu hat, mit uns zu wachsen und einen kompatiblen Partner abzugeben. Ungeachtet dessen, ob er überhaupt zu uns passen könnte, wollen wir ihn rumkriegen, um ihn dann schon irgendwie passend für uns zu machen.

In der Tierwelt tanzt das Männchen für das Weibchen, um es von sich zu überzeugen. Wenn das Männchen ein Weibchen begehrt, verfolgt es sie so lange, bis sie ihm eine eindeutige Antwort gibt. Die Initiative geht von ihm aus, der Verkörperung des maskulinen Prinzips. Es ist natürlich, dass die Frau sich ihren Partner aussucht und nicht umgekehrt. SIE entscheidet – Damenwahl!

Doch aus Verzweiflung, Einsamkeit oder schlicht, um unser Ego aufzupolieren, melden wir uns dann trotzdem bei ihm, obwohl es uns bitter aufgestoßen ist, wie er mit der Kellnerin gesprochen hat, oder seine anzüglichen Fragen uns bereits sehr deutlich gemacht haben, dass er nur an einer Bettgeschichte interessiert ist. Wir fühlen bereits, dass er uns nicht das geben kann, was wir brauchen, dass er nicht mit sich im Reinen ist, und dennoch melden wir uns. Immer noch besser als kein Partner, oder? Wann werden wir das nächste Mal jemanden kennenlernen, der uns gut findet?

Wir wollen der Sache noch eine Chance geben oder haben schlichtweg die naive Hoffnung, dass wir ihn doch ändern werden und zu dem Mann transformieren können, den wir uns an unserer Seite wünschen. Nur allzu schnell sind wir der Überzeugung: »MIR wird das ganz bestimmt nicht passieren! MICH wird er nach zwei Jahren nicht gegen eine andere eintauschen, wie er es schon seit immer macht!«

Wie viele Beispiele in eurem Umfeld kennt ihr, in denen diese Herausforderung angenommen wurde und es dann auch zugunsten der Frau ausgegangen ist? Und wie viele Frauen kennt ihr, die anfangs siegessicher gelächelt und später unter Tränen als Verlierer aus dem Experiment herausgegangen sind?

Ja, jede von uns ist eine außergewöhnliche Frau, einzigartig und mit ganz besonderen Qualitäten – nur eben nicht passend für jeden Mann. Und schon gar nicht für einen Mann, der nicht will.

---

*Ihr könnt das ganze Paket sein, aber*
*wenn ihr an die falsche Adresse geliefert werdet,*
*wird euch das eben nichts bringen.*

---

Manche wollen nicht, was ihr zu geben habt. Sie wollen es nicht mal geschenkt. Das hat überhaupt nichts mit euch zu tun.

Natürlich könnt ihr euch am Tag nach einem klärenden Gespräch, in dem er euch gesagt hat, dass er für eine feste Beziehung nicht bereit ist, melden, als wäre nie etwas geschehen, und mit ihm abhängen, als gäbe es kein Morgen. Aber das wird euch einholen, irgendwann in der Zukunft. Und eure Zukunft ist wichtig. Ihr seid wichtig. Eure Gefühle und euer Herz sind wichtig.

Männer haben es viel besser drauf, ganz rational und klar einzuschätzen, ob die Dame vor ihnen nur eine Kurzzeitbegleitung oder eine Frau fürs Leben werden soll. Da Männer aber biologisch darauf gepolt sind, mit so vielen Frauen wie möglich zu schlafen, werden sie häufig lockeren Liebschaften gegenüber nicht abgeneigt sein und eine Frau nicht sofort abweisen, nur weil sie kein Potenzial hat, die Mutter ihrer Kinder zu werden.

Doch wenn es um die Wahl der Lebenspartnerin geht, wissen die meisten Männer ganz genau, welche Ansprüche sie haben und welche Bedingungen eine Frau erfüllen muss, um für sie infrage zu kommen. (Ob wir ihre Bedürfnisse nun nachvollziehbar finden oder nicht.) Und sie sind viel weniger dazu bereit, ihre eigenen Wünsche für eine andere Person hintanzustellen, als wir. Außerdem meistern sie ihre Emotionen geschickter, fokussieren sich auf das gesamte Leben und nicht nur auf eine Frau, die vor fünf Minuten auf der Bildfläche erschienen ist. Wir können in dieser Hinsicht viel von ihnen lernen. Beispielsweise sollten wir versuchen, ihre Lässigkeit zu übernehmen und uns etwas häufiger die Realität vor Augen zu führen, um in der Kennenlernphase einen kühlen Kopf zu bewahren.

Doch einen Vorteil haben auch wir Frauen in dieser Phase: Wir sind mit einem Bauchgefühl gesegnet, mit dessen Hilfe wir spüren, ob der Mann, der vor uns steht, auch für uns taugt. Es gibt kein Gegenstück zu der weiblichen intuitiven Intelligenz. Sie weiß mehr, als ihr ahnt. Traut eurer inneren Stimme, und lasst euch nicht von einem vermeintlichen Mangel in eurem Leben vorgaukeln, ihr bräuchtet irgendjemanden, um euch weniger einsam oder wieder begehrenswert zu fühlen. Frauen brauchen keine Männer, um lieben zu können. Frauen brauchen niemanden, um sich weich, sexy, liebenswürdig oder lebendig zu fühlen. Wir sind die Hüterinnen und Herrscherinnen über die Energie der Liebe. Wir tragen sie in uns.

Bei der Partnerwahl ist es also essenziell, das Verhalten des Mannes ganz genau zu beobachten und dabei bei euch zu bleiben. Anstatt euch zu fragen, was ihr machen müsst, damit er in euch die Frau sieht, mit der er zusammen sein will, fragt euch, was ihr benötigt, um mit einem Mann zusammen sein zu wollen. Seid dabei radikal ehrlich. Niemand kennt euch so gut wie ihr euch selbst. Stellt euch beispielweise die folgenden Fragen:

- Was brauche ich, um mich sicher zu fühlen?
- Fühle ich mich in seiner Gegenwart wohl genug, um meine verschiedenen Facetten zu zeigen und mich gehen zu lassen, mich verletzlich zu zeigen?
- Traue ich mich, das auszusprechen, was gerade in mir vorgeht?
- Kann ich mit ihm Frau sein?
- Komme ich auf Dauer damit zurecht, dass er mit seinen Eltern im selben Haus wohnen möchte?
- Wie sehr beeinflussen seine Launen mich? Komme ich mit so viel Negativität auf Dauer zurecht?
- Ist es für mich in Ordnung, dass es für ihn nicht infrage kommt, dass ich mit meinen Mädels auch mal alleine in den Urlaub fahren möchte?
- Kann ich damit umgehen, dass er Kinder oder einen Hund / eine Katze mit seiner Ex hat und sie deshalb noch in Kontakt stehen?
- Ist es wirklich okay für mich, dass er nur was Lockeres will und sich nebenbei noch mit anderen Frauen trifft / dass ihm Sex unwichtig ist?

- Was brauche ich von meinem Partner, um aufzublühen? Um mich durch seine Präsenz nicht gestresst und ausgelaugt zu fühlen?

Liebe scheitert oft daran, dass wir uns zu wenig selbst reflektieren, uns fehlt schlichtweg das Selbstverständnis. Dabei sollten wir uns zunächst bewusst machen, was wir brauchen und wollen, und uns dann die Frage stellen, was wir uns von einer Partnerschaft erhoffen.

---

*Der Mann sagt euch immer, was Sache ist, ihr müsst nur richtig zuhören.*

---

Ihr könnt nicht am Anfang zu allem »Ja« sagen und euch einreden, dass das alles schon irgendwie passt oder er sich für euch verändert. Der Mann ist, wie er ist. Er ist kein Welpe, den ihr trainieren könnt. Denkt gründlich darüber nach, ob ihr ihn als Person leiden könnt und ob seine Vorstellungen und Ideale mit euren übereinstimmen. Denn die Zugeständnisse, die ihr heute macht, werden in der Zukunft euer Leben formen. Leider merken viele von uns zu spät, dass sie doch lieber hätten »Nein« sagen sollen und jetzt in einem unpassenden Leben gefangen sind.

Beobachtet ihn genau, und stellt euch taub, auch wenn er euch die richtigen Antworten auf eure Fragen geben sollte. Seine Worte sagen erst mal gar nichts, nur seine Taten zählen. Was zeigt er euch? Wie verhält er sich?

Beobachtet ihn ganz rational, als würdet ihr rechnen: Stimmt das, was er sagt, mit dem überein, was er tut? Und ich sage bewusst »ganz rational«, also ohne sein Potenzial mit einzubeziehen, das ihr irgendwann habt durchschimmern sehen. Ohne euch vorzustellen, wie es sein könnte, wenn er nur ein bisschen mehr Bindungswillen an den Tag legen oder für euch den Traum von einer Großfamilie aufgeben würde.

Potenzial ist unsichtbar, reine Fantasie. Es ist nicht die Realität. Eure Realität ist wahrscheinlich, dass ihr euch den Kopf über sein Verhalten zerbrecht, weil er eben nicht so ist, wie ihr euch den Partner an eurer Seite wünscht. Vielleicht zieht er an den Wochenenden lieber mit seinen Kumpels durch die Clubs, und ihr bekommt am nächsten Tag die verkaterte, pflegebedürftige und entkräftete Version von ihm. Möglicherweise nimmt er euch nicht mit auf Hochzeiten oder Geburtstage.

Welche Gründe er auch immer dafür angibt, dass er etwas mit euch nicht kann – ihr solltet die Erkenntnis daraus ziehen, dass die auf dieser Grundlage basierende Realität euch auf Dauer nicht zufriedenstellen wird, weil ihr etwas anderes wollt und braucht, um euch sicher und furchtlos zu fühlen.

*Er muss sich sicher sein, dass er mit euch zusammen sein will!*

Das ist die unverzichtbare Voraussetzung dafür, dass das ernsthaft etwas mit euch werden kann. Er muss sich für euch entschieden haben. Das ist dann die Basis, mit der man arbeiten, auf der man aufbauen kann. Nur dann besteht Hoffnung für euch – auch wenn er sich nicht immer so verhält, wie ihr es gut findet, und auch wenn er mal etwas Dummes macht oder ein Treffen absagt, weil er mit seinen Jungs etwas trinken geht. Nur wenn er euch wirklich will, solltet ihr euch Gedanken darüber machen, wie ihr ihm am besten mitteilt, dass sein Verhalten euch verletzt hat. Ansonsten gibt es nicht mal einen Punkt, an dem ihr anknüpfen könnt.

Ich verstehe, dass es schwer ist, sich nicht die Frage »Was wäre, wenn?« zu stellen. Ich verstehe jede Einzelne von euch, die in einem Mann das sieht, was er sein könnte – obwohl er euch verletzt hat, obwohl er euch nicht respektiert, obwohl er euch zeigt, wie er wirklich ist. Auch wenn es wundervoll ist, dass ihr so sehr an jemanden glauben könnt: Es ist nichts weiter als eine reine Projektion eurer Sehnsüchte und Wünsche, eine Ideal-Version, die ihr zusammenfantasiert habt und ihm überstülpt.

Diese Ideal-Version könnt ihr theoretisch jedem beliebigen Mann überstülpen und euch in ihn verlieben, denn streng genommen verliebt ihr euch nur in die reine Vorstellung davon, wie es mit ihm sein könnte, nicht in den Mann, der wirklich vor euch steht.

Mögt ihr diesen Menschen überhaupt? Oder gefällt euch nur das Gefühl, verliebt zu sein? Geht es darum, dass da jemand ist, der eure Zukunftsträume wahr werden lassen könnte?

Es gibt nichts Gegensätzlicheres als Liebe und das flüchtige Gefühl von Verliebtheit. Verliebt zu sein, zielt darauf ab, wie ihr euch durch jemanden fühlt, und gaukelt euch vor, den idealen Menschen gefunden zu haben. Liebe hingegen ist, jemanden zu akzeptieren, wie er ist, und ihn anzunehmen, obwohl er nicht perfekt ist. Ganz allgemein solltet ihr euch im besten Fall von einer Idealversion von irgendwas verabschieden und niemanden auf ein Podest stellen. Niemand möchte idealisiert werden. Auch ihr nicht. Ihr wollt auch Fehler machen dürfen. Ihr wollt, dass man euch vergibt, dass man euch sieht und akzeptiert – auch dann, wenn ihr euch mal nicht von eurer besten Seite zeigt. Jemanden in den Himmel zu heben hat eine entfremdende Wirkung. Sogar jemand, den ihr als euren »Seelenverwandten« bezeichnen würdet, ist ein Mensch wie ihr auch.

Es kann zwar schön sein, bewundert zu werden, aber ganz wichtige Aspekte, die einen Menschen auch ausmachen, fallen dadurch weg. Wir wollen alle ganz gesehen werden, und wir sind alle unvollkommen, unfertig und im Wachstumsprozess. Also schaut wirklich hin, wenn ihr einen Mann kennenlernt, und macht euch eins klar: Wenn ihr ihn wirklich liebt, müsstet ihr die Frage, ob ihr mit ihm zusammenbleiben wollen würdet, wenn er genau so bliebe, wie er jetzt ist, mit einem klaren »Ja« beantworten können. Aber das könnt ihr wahrscheinlich nicht. Vielleicht habt ihr am Anfang zu allem »Ja« gesagt, weil ihr die Hoffnung hattet, dass ihr das schon hinkriegt. Aber jetzt wollt ihr, dass es anders wird. Er müsste sich verändern und besser werden, damit ihr in der Beziehung mit ihm aufblühen und ausgelassen sein könnt. Er müsste ein anderer Mensch werden, mit anderen Zielen, Zukunftsvisionen, Idealen und Werten. Er müsste zu einem Mann werden, der euch wirklich will.

Warum nicht nach jemandem Ausschau halten, der dieser Version schon sehr nahekommt, anstatt jemanden in die Version seiner selbst zwingen zu wollen, die er gar nicht sein will?

Es ist nicht eure Aufgabe, ihn zu verändern. Und es ist auch nicht euer Job, an der Hoffnung festzuhalten, dass er eines Tages aufwacht und plötzlich so ist, wie ihr ihn haben wollt, und euch so lieben kann, wie ihr es braucht. Euer Job ist es, ihm zu glauben, wenn er euch zeigt, wer er wirklich ist und wie er zu euch steht. Und vor allem ist es euer Job, zu gehen, wenn euch nicht gefällt, was ihr seht.

Nehmt ihn beim Wort, und nehmt ihn für das, was er euch zeigt. Wenn er schon bei der ersten Hürde versagt und nicht mal in der Lage ist, eure essenziellen Bedürfnisse zu erfüllen –

was wollt ihr dann mit ihm? Wenn ihr euch ständig fragt, wie er dies oder jenes gemeint haben könnte – wie sollt ihr euch je in seiner Gegenwart entspannen?

Er ist es nicht. Er hat euch längst gezeigt, dass er nicht der Richtige für euch ist. Er ist nicht euer Mann. Geht weiter daten.

Wir können andere nur bis zu einem gewissen Grad beeinflussen. Und auch wenn wir glauben, die richtigen Dinge zu sagen und zu machen, minimieren wir nicht das Risiko, daran zu scheitern. Im Gegenteil: Egal, was ihr macht, und egal, wie oft ihr es versucht, ihr werdet ihn und seine Haltung gegenüber Beziehungsfragen nicht ändern. Er hat sich nicht für euch entschieden, und das müsst ihr ebenso akzeptieren wie schlechtes Wetter.

Er hat ganz bestimmt nicht vergessen, euch auf ein romantisches Date auszuführen, mit euch ins Kino zu gehen oder ein Wellness-Wochenende mit euch zu verbringen. Und er hat auch ganz bestimmt nicht vergessen, sich bei euch zu melden. Und nein, er hat auch ganz bestimmt nicht vergessen, dass ihr euch den Abend für ihn freigehalten habt. Er steht einfach nicht auf euch. Es reicht nicht für mehr. Er will euch nicht.

Eure Hoffnung, dass das mit euch etwas wird, ist zu einer Bürde geworden. Ihr müsst sie aufgeben, auch wenn sich das so anfühlt, als würdet ihr damit die Liebe aufgeben.

Wenn ein Mann sich für euch verändert, dann tut er es, weil er es selbst will. Und dann verändert er sich nicht nur für euch, sondern in erster Linie für sich, weil er die Beziehung mit euch will. Dafür müsst ihr rein gar nichts tun oder aushalten, wirklich null. Er wird es einfach aus eigenen Stücken angehen.

Auch wenn der Drang groß ist, immer wieder einen Schritt auf ihn zuzugehen, und die Angst, einen Menschen zu verpassen, der es eventuell für euch gewesen sein könnte, noch größer – manchmal verbirgt sich hinter all dem Hoffen und Spekulieren … nichts. Gar nichts. Ihr verpasst nichts. Da ist nichts. Der Raum ist leer.

Stille Wasser sind nicht immer tief oder gar mysteriös, sondern oft nur trüb. Und die Trübe verklärt den Blick darauf, dass es sich höchstwahrscheinlich um eine sehr flache, ziemlich unspektakuläre Pfütze handelt, in der das Wasser steht und bald anfängt zu stinken. Manche Menschen sind so entkoppelt von ihren Gefühlen und haben es sich so gut antrainiert, uns jede Version, die wir uns in unserer Fantasie über sie ausmalen, widerzuspiegeln, dass sie auf uns wirken, als könnten sie uns die Welt zu Füßen legen, obwohl sie uns nichts zu bieten haben.

Dass wir auf diese Lügen und Illusionen reinfallen, haben wir uns allerdings selbst zuzuschreiben. Wenn wir nach dem schnellen Rausch suchen, sind wir selbst für den Schmerz verantwortlich, der dadurch entsteht. Meistens wissen wir bereits nach den ersten fünfzehn Minuten, was es mit dieser Person auf sich hat, und doch tun wir so, als hätten wir nichts gesehen, und geben uns dem Kick hin – für drei Stunden, eine Nacht, für eine Woche, für ein paar Monate oder sogar Jahre.

Wenn er euch in der Kennenlernphase ghostet, verliert ihr so sehr das Interesse an ihm, dass ihr nicht mal mehr antwortet, sollte er sich jemals wieder melden.

Wenn er nicht weiß, was er will, und euch erst unbedingt kennenlernen möchte, dann aber doch an nichts Ernstem interessiert ist, ist das ein absoluter Abturner. Er soll sich weit weg von euch darüber im Klaren werden, was er will.

Wenn er sich nach drei Monaten langsam zurückzieht oder die Sache mit euch keine Fahrt aufnimmt, reist ihr ab – uninteressant, zurück in den Dating-Pool!

Wenn er sich seiner Gefühle nicht sicher ist, sucht euch jemanden, der sich für euch entscheiden kann, weil er sich sicher ist, dass Gefühle entstehen werden!

Wenn er nicht kommunizieren kann und daran nichts ändern will, wollt ihr euch nicht mit ihm herumschlagen!

Wenn er euch nach sechs Monaten klarmacht, dass sich die Dinge nicht so entwickelt haben, wie er sich das vorgestellt hat – was natürlich nicht an euch, sondern an ihm liegt –, er aber die Zeit mit euch wunderschön findet, dann bedankt euch für die schöne Zeit und geht! Kindisch! Unspektakulär!

Wenn er euch nach Jahren immer noch nicht den Eltern vorgestellt, einen Antrag gemacht oder Zukunftspläne geschmiedet hat, er aber weiß, dass euch das wichtig ist, dann entfernt euch aus der Sackgasse und blickt nie wieder zurück!

Noch mal: Er wird sich nicht ändern und ihr ihn schon gar nicht. Ab jetzt nehmt ihr ihn beim Wort und beurteilt ihn nach seinen Taten. Er sagt es, und er zeigt es euch: Er will nicht das von euch, was ihr von ihm wollt! Wendet euch erhobenen Hauptes ab, und verwehrt ihm jeglichen Zugang zu euch. Der Nächste kriegt seine Chance. Und wenn der es nicht hinbekommt, dann wieder der Nächste… Es gibt genug tolle männliche Geschöpfe auf dieser Erde, die in dieselbe Richtung schauen wie ihr.

Wenn ihr bleibt und ausharrt, unterschreibt ihr eigenhändig den Vertrag für eine halbgare Nicht-Beziehung. Und warum sollte er eure Zeit dann auch nicht verschwenden? Warum sollte er sich nicht nur um drei Uhr morgens melden, wenn er weiß, dass ihr das mitmacht? Warum sollte er Rendezvous mit euch planen, wenn er weiß, dass ihr für Last-Minute-Dates zu haben seid?

Es ist Gift für ihn und für euch, weil es ihm erlaubt, unreflektiert so weiterzumachen wie bisher, und ihr nicht die Partnerschaft bekommt, die ihr wollt. Er genießt alle Vorteile einer Beziehung, ohne Verantwortung zu übernehmen oder Verpflichtungen eingehen zu müssen. Und das alles auf Kosten eures eigenen Seelenfriedens.

Ihr seid loyal und lustig, gebt euch als der lockere Team-Player und zeigt ihm, wie besonders es sich anfühlt, eure Aufmerksamkeit und Liebe zu spüren, auch ohne dass er euch bloß ein kleines bisschen entgegenkommen muss. Warum sollte er nicht genau so weitermachen wollen? Warum sollte er euch respektieren, wenn ihr euch selbst nicht respektiert und nicht dafür einstehen könnt, was ihr wirklich wollt? Warum sollte er auf eure Wünsche und Bedürfnisse eingehen, wenn ihr sie verleugnet?

Er weiß und spürt, dass ihr mehr wollt, aber trotzdem bleibt, weil ihr hofft, dass er seine Meinung ändern wird. Aber er wird sie nicht ändern. Er wird genau so bleiben, wie er ist.

Jetzt ist das vielleicht noch spannend. Es ist spannend, ihn haben zu wollen, weil ihr ihn nicht haben könnt. Die Aufregung, der Nervenkitzel, das Ego, die Jagd. Aber spätestens in ein paar Jahren, wenn ihr mit ihm feststeckt, werdet ihr merken, wie langweilig ein Mann ist, der euch nicht priorisiert. Wie uninteressant es ist, wenn der Mann lieber mit seinen Kumpels in der Bar abhängt, als seine Zeit mit euch zu verbringen. Ihr werdet das langweiligste Leben an seiner Seite führen, das ihr euch vorstellen könnt!

Steckt die Energie, die ihr dazu aufwendet, ihn zu dem Mann zu machen, den ihr wollt, lieber in euch, in eure Weiterentwicklung. Umgebt euch mit Menschen, die euch guttun, die euch nähren. Investiert in eure Seele, damit ihr die Frau werdet, die *IHR* sein wollt. Eine Frau, die sich nicht mehr mit halben Sachen vertrösten lässt und die deshalb für jeden emotional unerreichbaren Mann uninteressant ist.

Meditiert, malt, geht eine Runde laufen, lernt Klavier spielen, ruft eure Mutter an oder arbeitet an euren Zielen. Füllt euer Leben mit Aktivitäten, die euch Freude bereiten und euch weiterbringen. Vor allem aber: Bevor ihr versucht, sein Verhalten zu lesen und zu analysieren, schaut lieber genau hin, welche Teile von euch eure Aufmerksamkeit und Heilung benötigen. Manchmal brauchen wir selbst das am meisten, was wir anderen geben.

Kommt zurück zu euch, zu eurem wahren Ich. Haltet nicht nur an den schönen und guten Dingen fest und verliert dadurch das Gesamtbild aus den Augen. Vergesst nicht die gemeinen Dinge, die er zu euch gesagt hat, oder die zermürbenden Kopfschmerzen, die er euch bereitet hat, als er euch wieder einmal abgesagt oder belogen hat. Vergesst nicht die Momente, in denen ihr euch so klein und unzureichend gefühlt habt.

Warum genau wollt ihr euch mit so einem Menschen abgeben? Warum wollt ihr mit einem Menschen zusammen sein, der euch nicht will?

Geht …

… auch wenn es sich so anfühlt, als würdet ihr nie wieder jemanden finden, der so küsst und so lächelt wie er.

… auch wenn ihr glaubt, dass ihr kurz vor einem Durchbruch steht und er vielleicht nur noch ein halbes Jahr braucht, bis er euch endlich das geben kann, was ihr braucht, bis er sich für euch entscheidet.

… auch wenn ihr schon viel investiert habt.

… auch wenn ihr glaubt, nie wieder jemanden zu finden, der so gut riecht wie er, mit dem der Sex so gut ist wie mit ihm, der so lustig ist wie er, mit dem die Chemie so stimmt wie mit ihm, mit dem ihr lachend und singend zusammen auf dem E-Scooter über die Straßen flitzt, seine Wange an eurer Wange, sein Körper gegen euren gepresst.

... auch wenn ihr euch sicher seid, dass er die einzige Person auf diesem Planeten ist, die euch je lieben wird: Ihr habt genau das über den Mann davor und davor und davor auch gedacht! Es gab ein Leben vor ihm, und es wird ein Leben nach ihm geben.

Geht!

Denn manchmal müssen wir den Mann, den wir lieben, für den Mann verlassen, den wir verdienen. Es wird sich nicht mit jedem genauso anfühlen wie mit ihm, aber mindestens genauso gut oder vielleicht sogar besser.

Denn irgendwann wird euch ein Mann begegnen, der alles, was ihr zu haben geglaubt habt, in den Schatten stellt.

# Sex gegen Bindung

Die Wahrheit ist: Ihr werdet einen Mann durch das rein Körperliche nie an euch binden! Natürlich könnt ihr ihn drei Mal am Tag mit Sex locken, nur damit ihr ihn seht und so die ersehnte Zeit miteinander verbringt. Natürlich könnt ihr ihm sagen, wie heiß ihr auf ihn seid und wie sehr ihr euch nach seinen Küssen und seinen Händen sehnt, nur um seine Aufmerksamkeit zu bekommen. Und ja, ihr werdet dadurch mehr Zeit mit ihm verbringen. Und ja, ihr werdet garantiert auch seine Aufmerksamkeit bekommen – aber nicht, weil er euch sehen will, und nicht, weil er Zeit mit euch verbringen will, sondern weil er Sex will.

So einfach es euch auch erscheinen mag, die Angel der Verführung auszuwerfen, um wieder in Kontakt mit ihm zu treten: Ihr könnt durch Sex aus einer instabilen Bindung keine stabile machen. Wenn ein Mann menschlich nicht an euch interessiert ist, sondern nur an eurem Körper, ihr aber eigentlich an einer Beziehung interessiert seid, dann solltet ihr die erotische Komponente nicht in den Fokus rücken und euch somit selbst auf das Sexuelle reduzieren.

*Macht euch nicht zum Spielzeug.*

Wenn ihr eure Bedürfnisse sexualisiert, bürdet ihr euren Genitalien eine Aufgabe auf, für die sie nicht erschaffen wurden und die sie nie erfüllen können. Vor allem dann nicht, wenn ihr insgeheim an seelischer Nähe interessiert seid.

Auch wenn ihr vielleicht Panik bekommt, dass er sich seine Befriedigung dann nicht mehr bei euch, sondern bei einer anderen Frau verschafft, dürft ihr nicht vergessen, dass Sex immer verbindet. Auch wenn ihr nur unverbindlichen Spaß wollt – oder vorgebt, ihn zu wollen –, solltet ihr vielleicht vorher einmal überlegen, wen ihr da in euch reinlasst. Wer ist es, der die zarte und verletzliche Haut berühren darf und sich seinen Weg durch eure empfindlichsten Stellen in euren Körper bahnt, in euren Schoß, wo die Frucht der Liebe, das neue Leben, entsteht. Wenn ihr jemanden in euch hineinlasst, tauscht ihr automatisch eure Energien miteinander aus. Das ist auch der Grund, weshalb ihr euch nach dem Sex mit manchen Männern nicht so gut fühlt, vielleicht sogar schwermütiger als vorher, irgendwie belastet oder ausgelaugt. Oder vielleicht sogar Herpes, Bauchschmerzen oder andere konkrete Beschwerden bekommt.

Besonders, wenn ihr wisst, dass ihr zu der Sorte Frau gehört, die nach dem Sex nicht mehr unbedingt klar denken kann und sich schnell verliebt, solltet ihr euch gut überlegen, ob ihr mit jemandem schlafen wollt, bevor eine emotionale Bindung entstanden ist. Manchen von uns fällt es nach dem Beischlaf unglaublich schwer, den Mann noch richtig einzuordnen und Entscheidungen mit kühlem Kopf zu treffen. Das Kuschel- und Bindungshormon Oxytocin, das nach dem Sex ausgeschüttet wird, spielt dabei eine entscheidende Rolle.

Sex kann tief wirken. Er berührt unsere feinen Energien und lässt sie frei, besonders dann, wenn wir mit unserem Herzen verbunden und beide wirklich bei der Sache sind.

Frauen wissen alles über Sex und seine Urqualität. Nur fühlt er sich für viele von uns eher dumpf an und wird zur Zerreißprobe zwischen Denken und innerem Wissen, zwischen Kopf und Körper, anstatt dass er für uns eine Quelle von Liebe und Lust ist, geschweige denn lösend und heilsam sein kann.

Sex lebt von der Energie, die von unseren Herzen ausgeht. Doch anstatt sich von Herz zu Herz und von Seele zu Seele zu begegnen, Verbindungen zu stärken und die eigene sexuelle Wahrheit zu leben, lassen sich viele von uns auf ausbeuterische Konstellationen ein, die uns stressen, nach denen wir uns benutzt und ausgehöhlt fühlen und immer mehr abstumpfen. Die sexuelle Begegnung ist heutzutage für viele nicht mal mehr etwas Besonderes, sondern eine ganz gewöhnliche Interaktion zwischen zwei Menschen. Miteinander zu schlafen ist nicht viel anders, als eine Cola zusammen zu trinken.

Auf der Jagd nach dem unendlichen ersten Mal, nach immer neuer Stimulation, auf der Suche nach dem oberflächlichen High, nach Intimität ohne Risiko, dem Hormon-Kick, bei dem man sich nicht mit sich selbst beschäftigen muss, fehlt leider nur allzu oft das Zusammenspiel der Seelen. Und am Ende des Tages müssen viele von uns feststellen, dass wir nicht weiterkommen, weil wir uns niemandem mehr wirklich offenbaren. Auch wenn das das Gegenteil von dem ist, was wir eigentlich wollten.

Zwangloser Sex hat seinen Preis, wenn das Herz ausgeklammert und er benutzt wird, um Zuneigung zu ertricksen.

Dass viele Singles sich eigentlich eher eine feste Bindung wünschen, zeigt auch das Ergebnis einer Studie des Kinsey Instituts. Im Rahmen der Studie wurden zweitausend amerikanische Singles befragt, welchen Einfluss die Covid-Pandemie auf ihre Sicht auf Beziehungen und Sex hatte. Zweiundfünfzig Prozent der befragten Singles gaben an, als Nächstes eine feste Beziehung zu wollen, und mehr als die Hälfte war nicht interessiert an One-Night-Stands.[2] So bleibt für viele das Einzige, was zählt, das Verlangen nach einer tiefen Liebesbeziehung und einer echten Verbindung.

Und doch ignorieren viele Menschen diesen tiefgehenden Wunsch, indem sie sich jemandem hingegeben, der ihnen nie auf einer intimen Ebene begegnen wird, die über den sportlichen Akt des Geschlechtsverkehrs hinausgeht. Viele Menschen haben schlichtweg gelernt, dass die einzige Möglichkeit, geliebt und akzeptiert zu werden, in der Penetration besteht. Währenddessen sind sie so weit weg von sich, dass sie vielmehr Sex aneinander vorbei statt miteinander haben.

Dabei wünschen sich die meisten Frauen jemanden, der seine Gefühle aushalten kann. Einen Partner, der sich seiner selbst bewusst ist, sich öffnen und mit Unsicherheiten umgehen kann. Jemanden, der sein Herz zeigt und einen friedvollen, sicheren Raum für uns schafft, einen Mann, dem wir uns auch im Bett vollends hingeben können. Aber dafür müssen sie genau das erst mal selbst lernen. Wir Frauen sollten uns vornehmen, uns nur denen körperlich zu öffnen, die uns auch wirklich berühren. Niemals sollten wir uns verschleudern, weil wir jemanden durch unseren Körper an uns binden wollen.

Beim Sex sollte es um Liebe gehen. Nur so kann eine Verbindung zwischen Mann und Frau entstehen, bei der sich ein rätselhaftes Tor zu einem verborgenen Teil des anderen öffnet. Und dabei wird eine Kraft entfesselt, die uns dem Himmel näherbringt.

# Gibt er kein Gummi, gibst du nicht

Eigentlich könnte ich hier auch einen Punkt machen. Kapitel zu Ende. Denn die einzige Möglichkeit, sich vor sexuell übertragbaren Krankheiten zu schützen, ist konsequenter Safer Sex.

So einfach ist es nämlich. Wenn ein Mann sich wehrt, ein Kondom überzustreifen, ist das ein großes Problem. Ich denke, dass wir uns alle einig sind, dass es nichts gibt, was attraktiver ist als ein Mann, der ein Gummi holt, die Packung aufreißt und es sich überzieht, ohne dass man auch nur etwas sagen muss. Das ist sexy und ein Zeichen von Respekt, sowohl eurem als auch seinem Körper gegenüber. Denn sind wir mal ehrlich: Bei einem One-Night-Stand weiß man ohnehin nichts voneinander. Der Typ kann gepflegt, gebildet, nett, ordentlich, reinlich, ja, sogar Arzt sein, doch all das wird euch keine Informationen über seinen Gesundheitszustand geben.

Dabei muss es nicht einmal um HIV gehen. Es reichen auch schon die kleinen, fiesen Geschlechtskrankheiten, die man sich bei ungeschütztem Sex einfangen kann und die einen noch lange danach ganz schön jucken, weil es ihn nicht gejuckt hat und er »mehr spüren« wollte.

Selbst am Anfang einer Beziehung wisst ihr streng genommen nicht, wann er sich das letzte Mal hat untersuchen lassen. Es sei denn, ihr fragt nach und vertraut auf sein Wort.

Aber sich bei Affären, Sex mit Männern in offenen Beziehungen, Freundschaft Plus und Ähnlichem dem Risiko auszusetzen, halte ich für kopflos und unverantwortlich. Auch wenn er beteuert, er würde »nur bei euch da eine Ausnahme machen«, macht ihr da keine Ausnahme. Auch wenn er euch verspricht, dass »ihr die Einzige seid, mit der er neben seiner Freundin Sex hat«, wollt ihr trotzdem lieber auf Nummer sicher gehen. Und auch wenn er »mit den anderen eins benutzt, aber mit euch mehr Spaß ohne hat«, habt ihr auch mit genug Spaß. Denn Fakt ist: Ihr wisst es nicht. Ihr wisst nicht, was sonst noch getrieben wird, wenn ihr nicht dabei seid. Und schon gar nicht wisst ihr, was die anderen Frauen treiben, mit denen er es treibt.

Fakt ist auch: Ihr seid nicht zusammen. Er kann es krachen lassen, mit wem er will, wann er will und wie er will. Das unterliegt nicht eurer Kontrolle. Was ihr aber kontrollieren könnt, ist euer Verhalten, indem ihr auf einem Kondom besteht.

Wenn er schmollt, euch zu überreden versucht oder emotional unter Druck setzt, weil Kondome ihm nicht passen (Ein ganzer Fuß inklusive Wade passt da rein.), er eine Latexallergie hat (Es gibt latexfreie.) oder ihr ihm wohl nicht vertraut (Tut ihr nicht, na und?!), ist das eine so perfide und abturnende Nummer, dass euch ohnehin die Lust an einer Nummer mit ihm für immer vergehen sollte!

## *Tut das weh, oder kann das weg?*

*»Jeder sagt, Liebe tut weh, doch das ist nicht wahr.*
*Einsamkeit tut weh. Ablehnung tut weh.*
*Jemanden zu verlieren, tut weh. Eifersucht tut weh.*
*Jeder verwechselt das mit Liebe, doch in Wahrheit ist Liebe*
*das Einzige auf der Welt, das diesen Schmerz überwinden*
*kann und jemandem wieder ein wundervolles Gefühl gibt.*
*Liebe ist das Einzige auf dieser Welt, was nicht wehtut.«*

*Liam Neeson*

Jeder wird euch glauben, dass ihr aus tiefstem Herzen liebt, auch wenn ihr keine Höllenqualen für die Liebe ausgehalten und in Kauf genommen habt.

Die romantische und leidenschaftliche Liebe ist eine Erfindung der Literaten und der Popkultur. In den Romanen der großen Schriftstellerinnen und Schriftsteller wie Jane Austen, Gustave Flaubert und Emily Brontë verlieren die Protagonisten sich in unglücklichen Liebschaften voller Bangen, Verzehrung und Aufopferung für den Liebsten.[3] Auch in Shakespeares »Romeo und Julia« und Goethes »Die Leiden des jungen Werther« wird die Liebe als unkontrollierbare, krankheitsartige Macht dargestellt, die das ganze Sein eines Menschen bestimmt. Sie kann über Leben und Tod entscheiden, überfällt beide Seiten auf den ersten Blick und völlig unkontrolliert, zieht sie in einen tiefen

Strudel der ewigen Leidenschaft hinein. Im Liebesschmerz wird das Objekt der Begierde in diesen Geschichten idealisiert, bis sie meist höchst tragisch enden.

Lieben und Leiden gehören für manche zusammen wie Kaffee und Zigaretten oder wie Alkohol und Party. Die Bereitschaft, für die Liebe zu leiden, wird als positiv angesehen. Als sei das Leid der Preis für die Liebe und etwas ganz Normales. Wenn es nicht schmerzt, macht es keinen Sinn. Das Leiden scheint uns in unseren und den Augen anderer wertvoller und tugendhafter zu machen. Wer für die Liebe nicht gelitten hat, hat es anscheinend nie wirklich versucht, hat nie alles gegeben, davon sind viele Frauen und auch Männer überzeugt. Sie nehmen den Schmerz einfach so hin, weil er doch zur Liebe zu gehören scheint.

Wir müssen nur den Fernseher anschalten, Romane oder Gedichte lesen, um mitzukriegen, wie Mann und Frau sich verlieben (sollen): durch Hindernisse und Liebesleid. Überall sehen wir Abhängigkeit, Beziehungen ohne jede Perspektive, für die dennoch gelitten und gekämpft wird. All das wird romantisch verklärt, lustig überspielt oder ironisch aufgearbeitet und dann Leidenschaft genannt. Doch Leidenschaft beinhaltet schon das Wort *Leid.*

Nicht nur die Medien suggerieren uns diese dramatische Form der Liebe als die einzig wahre. Dass wir derart bereit sind, für die Liebe zu leiden, geschieht in einem größeren Zusammenhang. Die meisten lernen schon in ihrem Elternhaus, dass Liebe und Leid ein Paar abgeben. Menschen, die in dysfunktionalen Familien großwerden, früh mit Sucht oder dem Rosenkrieg der Eltern nach einer Scheidung konfrontiert werden, sich um ein Elternteil kümmern müssen und ihre eigenen Bedürfnisse somit hintanstellen, können unter einem niedrigeren Selbstwertgefühl leiden. Häufig entwickeln sie einen Hang dazu, andere kontrollieren und verändern zu wollen, und sie verspüren häufiger das Bedürfnis, gebraucht zu werden. Außerdem steigt ihre Bereitschaft, zu leiden. Denn wenn ein Kind nicht die Zuwendung eines Erwachsenen erfährt, die es braucht, um sich geborgen zu fühlen, übernimmt es die emotionale Fürsorge für sich und die Eltern kurzerhand selbst. Da es mit seiner Aufmerksamkeit immer im Außen ist, vergisst es dabei die eigenen Bedürfnisse.

Leider passiert das nicht nur in Extremfällen, sondern zu dieser Rollenverkehrung kommt es schon dann, wenn Eltern ihre Kinder wie kleine Erwachsene behandeln, sie zu vermittelnden Postboten oder Streitschlichtern machen. Es geschieht auch dann, wenn das Kind Mama und Papa immer unglücklich und überfordert erlebt. Kinder spüren die Not der Eltern und lesen ihre Bedürfnisse und Wünsche, springen ein und verschenken ihre Liebe völlig bedingungslos.

Für viele von uns ist Leiden deshalb nichts Neues. Im Gegenteil: Die Stärke der Liebe wird für sie am Grad des durch sie verursachten Leides gemessen. Chaos fühlt sich an wie Leidenschaft und Liebe.

Frauen mit weniger Selbstbewusstsein nehmen das bisschen Leid für die in Aussicht gestellte Liebe gerne in Kauf. Wenn es da endlich jemanden gibt, der sagt, dass er sie liebt, sind sie bereit, alles dafür zu tun, dass er sie nicht verlässt. Und mit alles meine ich wirklich alles. So harren Frauen endlose Jahre in ungesunden, manipulativen und gewalttätigen Beziehungen aus, in denen sie sich aussaugen, gaslighten, physisch und psychisch missbrauchen lassen, bis sie immer mehr ihr Licht verlieren.

Doch damit nicht genug. Anstatt sich darüber bewusst zu werden, dass man etwas Besseres verdient hat, und die Zelte abzubrechen, machen viele von uns absurderweise genau das Gegenteil: Sie überschütten ihren Partner mit noch mehr Liebe und Hingabe, geben sich noch mehr Mühe, strengen sich noch mehr an. Inbrünstig wird versucht, aufzumuntern und für ihn da zu sein (vielleicht wie bei Mama und Papa damals), in der Hoffnung, genau das auch irgendwann einmal zurückzubekommen. In der Hoffnung, dass der Partner sich dadurch in den Menschen verwandelt, den man sich wünscht (vielleicht, wie man es sich bei Mama und Papa gewünscht hätte). Und wenn das nicht schon reicht, reden sich viele dann auch noch ein: »So schlimm ist es doch gar nicht.« Weil sie es noch immer aushalten können. Weil sie der festen Überzeugung sind, sie müssten ihn nur genug lieben, um alles wieder in Ordnung zu bringen.

Häufig werden diese Frauen den Satz gebrauchen: »Niemand wird ihn je so lieben wie ich«, und damit meinen sie eigentlich: »Niemand wird sich je schlechter behandeln lassen, und niemand erträgt mehr von dem erniedrigenden Bullshit als ich.«

Eure Liebe ist nicht besonders, weil ihr euch wie Dreck behandeln lasst und trotzdem bleibt. Vielleicht sichert euch eure »bedingungslose Liebe« euren Platz an seiner Seite, aber damit verliert ihr jeglichen Raum für euch selbst sowie den Respekt, den ihr verdient. Euer Selbstwertgefühl und eure Selbstliebe werden komplett abgetötet.

Auch wenn Frauen für Männer leiden, werden sie dadurch nicht plötzlich geliebt. Auch wenn »gebraucht zu werden« für manche Frauen gleichbedeutend ist mit »geliebt zu werden«.

Vielleicht wünschen sich einige sogar heimlich, dass jemand bedürftig ist, weil sie dann immer alles wieder gut machen können. Oder sie brauchen den Schmerz, das Drama und den Kampf, um sich lebendig und geliebt zu fühlen. Manche wissen auch ohne den Schmerz, den sie für jemanden erleiden, gar nicht mehr, wer sie eigentlich sind. Frauen bleiben bei einem Mann, der ihnen nicht guttut, und leiden, tolerieren den emotionalen Missbrauch und versuchen dabei, für ihn da zu sein und ihn zu reparieren. Was sie übersehen, ist, dass sie sich dabei selbst kaputt machen.

Auch wenn seine hart erkämpfte Aufmerksamkeit euch vielleicht so viel bedeutet, weil ihr darum kämpfen musstet (vielleicht wie um die von Mama und Papa), und auch wenn ihr die guten Eigenschaften wie Fürsorge, Ethos, Zärtlichkeit, Anstand, Aufmerksamkeit und Liebe in diesem Mann vermutet – ihr werdet bei dem Versuch, diese Eigenschaften durch die Kraft eurer Liebe in ihm zu erwecken, ihn zu heilen und sein Leben dadurch besser zu machen, euer eigenes Leben opfern. Um zu lieben, müsst ihr euch nicht in eine unmögliche Liebe stürzen.

Im Kampf um seine Liebe und die Beziehung fühlen viele Frauen sich nicht berechtigt, sauer zu sein und diese Wut offen zu leben. Was viele nicht verstehen, ist, dass sie schon lange nicht mehr um die Beziehung oder um diesen Menschen an sich kämpfen. Sie kämpfen im Verborgenen für sich selbst. Sie kämpfen für das Recht, gut behandelt zu werden. Denn etwas in ihnen, still und aufmüpfig, flüstert ihnen die ganze Zeit schon zu: »Es reicht!«

Beziehungen sind harte Arbeit, ja. Vor allem diejenigen, die in ihrem Leben schon immer hart um Liebe kämpfen mussten, wissen das. Aber alleine um eine Beziehung zu kämpfen, ist, als würde man durch einen Fleischwolf gedreht: Es lässt einen hilflos, ratlos und seiner selbst beraubt zurück.

Wenn in einer gesunden Beziehung BEIDE motiviert sind

und versuchen, die Liebe zu erhalten, und BEIDE lernen wollen, wie man Risse kittet, dann bedeutet es etwas Wunderschönes, um eine Beziehung zu kämpfen. Und das kann sogar heilsam sein, denn in einer gesunden Beziehung macht sich niemand zum Opfer.

---

*In einer gesunden Beziehung gibt es keine Manipulation, keine ständige Achterbahn der Gefühle, keine Intrigen und kein konstantes Chaos.*

---

Die Liebe in einer gesunden Beziehung ist ehrlich, selbstbewusst, heilend, respektvoll, fürsorglich und vielleicht sogar ein bisschen langweilig, ohne Knall, ohne Spitzen oder Sprünge. Auch wenn so viele behaupten, Liebe bedeute für jeden etwas anderes und man könne sie nicht beschreiben, kann Liebe sehr wohl klar definiert werden. Nur würden sich dann zu viele mit einem schmerzenden Mangel konfrontiert sehen. Liebe ist ein ruhiges Gefühl. Fast schon eine Nulllinie. Und erst wenn wir bereit sind, den Schmerz, die Aufregung, das Auf und Ab und das Chaos gegen echte Nähe und Intimität zu tauschen, kommen wir in den Genuss der komplexen und großartigen Welt der Liebe.

# *Sucht und zu viel lieben*

Frauen, die für die Liebe leiden – oder zu viel lieben –, haben oft ein Suchtproblem.

Ich weiß, das klingt jetzt dramatisch, und im schlimmsten Fall sind sie auch tatsächlich alkohol- oder drogenabhängig, aber auch die Sucht nach Männern, Sex, Schmerz oder Sport ist für diese Frauen typisch.

Besonders häufig leiden sie auch unter einem gestörten Essverhalten. Die Betroffenen essen maßlos viel oder maßlos wenig – manchmal auch beides –, um die Realität auszublenden, sich abzulenken und die innere Leere zu füllen. Oft können sie nicht spüren, wann sie satt sind und es ihnen reicht. Gefühle wie Schuld, Scham, Angst und auch Selbsthass werden einfach weggegessen oder weggehungert. Nicht selten haben sie es so gelernt. Wenn Essen bereits im Elternhaus die einzige emotionale Nahrung war, steht es heute als Metapher für Liebe und Fürsorge. Der Vorratsschrank muss für diese Frauen immer randvoll sein, damit sie sich sicher und ruhig fühlen.

Auch ich habe seit meinem siebten Lebensjahr ein Problem mit meinem Gewicht. Damals ließen sich meine Eltern scheiden, und für mich begann eine Odyssee des Ab- und Zunehmens. Ich beobachtete, in welchen Situationen ich mehr aß und dicker wurde, und erkannte, dass ich in den Zeiten, in denen ich besonders viel zulegte, in Beziehungen zu Männern stand, die mir nicht guttaten. Während ich also in der Beziehung nicht genug Zuneigung und Liebe erfuhr, meine eigenen Bedürfnisse komplett wegschob und hintanstellte, schob ich mir die Liebe und Zuneigung, die mir fehlten, in Form von Essen in den Mund. Dieses Verhaltensmuster hatte sich seit meinem siebten Lebensjahr eingeschlichen und half mir dabei, weiter zu funktionieren und nicht den Verstand zu verlieren.

Besonders in der Beziehung zum Sperrmüll-Mann nahm ich sehr viel zu, wog zuletzt so viel wie am schlimmsten Punkt meiner Kindheit. Ich spürte im wahrsten Sinne des Wortes nicht, wann ich satt war, wann es genug war. Also machte ich immer weiter, aß immer mehr und dehnte meine Grenzen des Erträglichen – und meines Magens – aus, bis ich fast platzte oder mir kotzübel war, weil ich alles so zum Kotzen fand. Wenn ich morgens aus seiner Tür ging und die dumpfe, graue Leere über mir hing, kaufte ich schon auf dem Weg zur Arbeit oder nach Hause beim Bäcker oder im Supermarkt zuckriges Zeug, um mich im Laufe des Tages zu beruhigen und den Schmerz wegzufuttern.

Solange wir dabei bleiben, mithilfe von Genussmitteln vor einer gestörten Beziehung und vor den Qualen wegzurennen und sie zu vermeiden, bleiben wir krank und süchtig. Je verzweifelter wir nach Auswegen suchen, je verzweifelter wir versuchen, uns durch Suchtmittel die ersehnte Erleichterung zu verschaffen, desto stärker wird die Sucht, die wir uns auf der Suche nach einer Lösung für unser Problem angewöhnt haben. Denn die emotionale Energie muss irgendwo hin und sich ausdrücken.

Das besonders Tückische daran ist, dass die vermeintliche Problemlösung letztendlich zu einem zusätzlichen Problem wird, weil dann zum Beispiel das Abnehmen oder Zunehmen eine weitere Last ist, die einen bedrückt. Die Emotionen, die wir also nach innen gerichtet haben und in uns hineinfressen, werden zu unserer eigenen persönlichen Hölle. Sie drücken sich nicht nur in Sucht, sondern auch in Depressionen, Wut, Obsession, Gewalt und Zwang aus.

Häufig sind Frauen erst dann fähig, sich auf sich selbst zu konzentrieren und die Verantwortung für das eigene Leben zu übernehmen, wenn alle Versuche, die Kontrolle über die Situation und den Partner zu gewinnen, gescheitert sind. Wenn sie ihre Machtlosigkeit akzeptiert haben und den aufrichtigen Wunsch verspüren, dass sich etwas ändern muss. Wenn sie aufhören, alle Defizite wegzurationalisieren, und anfangen, realistisch und klar zu denken. Und erst dann können sie die Ursache ihres Leidens beseitigen und mit der Heilung der Symptome beginnen, um schließlich voller Liebe und Kraft ein neues Leben zu beginnen, das mit Glück und Erfüllung auf sie wartet.

## *Alles wird gut!*

Es wird so gut sein, dass ihr, wenn ihr zurückblickt, denken werdet: *Gott sei Dank! Wie schlecht wäre das Leben geworden, von dem ich dachte, dass es perfekt für mich ist.* Das verspreche ich euch! Aber bevor es so weit ist, müsst ihr die Zähne zusammenbeißen und durch die Trauer hindurch.

# Liebeskummer überwinden

Es tut mir leid, eure Hoffnung zerstören zu müssen, aber leider gibt es hier keine Abkürzung. Bei Liebeskummer geht es erst mal ums nackte Überleben. Alles schreit vor Schmerz, es ist unerträglich, und ihr realisiert, dass das Wort »Herzschmerz« nicht von irgendwoher kommt, sondern dass euer Herz buchstäblich in Flammen steht und eure Tränen es nicht löschen können.

Die nächste Zeit wird hart, das will ich gar nicht puderzuckern. Außerdem ist das Letzte, was man in diesem Moment hören will, dass alles schon wieder wird und dass es besser so ist. Auch wenn man insgeheim weiß, dass es stimmt. Es wird Momente geben, in denen ihr euch in Sicherheit wiegt und denkt, dass ihr endlich über den Berg seid, und dann erschlägt es euch wieder, und ihr knallt unsanft auf dem harten Boden auf. Weder an Essen noch an Schlafen ist zu denken, ihr habt das Gefühl, sterben zu wollen, weil es sich anfühlt, als wäre jemand gestorben – von heute auf morgen scheint man dem Menschen, dem man einmal so wichtig war, egal zu sein. Ihr werdet wie aus dem Nichts vor Arroganz und Selbstüberzeugung nur so triefen, die Überheblichkeit wird aus all euren Poren strahlen – und von einer Sekunde auf die nächste hüllt euch der Schatten der Unsicherheit und Bedeutungslosigkeit wieder ein, und ihr fühlt euch wie eine Versagerin.

Ihr werdet in eurem Innern tausend Stimmen hören:

»Er kriegt nie wieder eine wie mich!«
»Ich will ihn zurück!«
»Wann hört das endlich auf?!«
»Wie konnte er nur?«
»Wie konnte ich nur?«
»Was habe ich nur in ihm gesehen?«
»Warum will er mich nicht?«
»Warum lässt ihn die Trennung so kalt?«
»Vermisst er mich?«
»Ich vermisse ihn so!«
»Alles wird gut!«
»Nichts wird je wieder gut!«
»Er soll zur Hölle fahren!«

Das Gedankenkarussell wird sogar im Schlaf weiterlaufen. Nichts macht uns schizophrener als die Stimmen unseres gebrochenen, offenen Herzens. Das ist normal, Heilung verläuft nie linear, und die Seele spricht nicht durch Logik. Vielleicht werdet ihr sogar ein Leben lang immer mal wieder an ihn denken, vielleicht sogar alle zwei Jahre einen kurzen, wehmütigen Traurigkeits-Seufzer von euch geben.

Aber egal, wie schlimm und nervenaufreibend das alles für euch ist, egal, wie sehr ihr der Ohnmacht nahe seid, wie sehr ihr ihn vermisst, wie sehr es euch zerreißt, dass er nicht mehr Teil eures Lebens ist, und wie sehr ihr euch schnelle Linderung für den Schmerz wünscht: Haltet durch! Es tut erst weh, und dann verändert es euch.

## Geht nicht zu ihm zurück!

Ihr braucht Zeit für euch, um die Trennung und alles, was während der Beziehung passiert ist, zu verarbeiten. Erst nach circa acht Wochen könnt ihr wieder einigermaßen klar denken und die Geschehnisse und sogar die Beziehung besser einordnen.

Eure Liebe so zu sehen, wie sie wirklich war, kann ziemlich schmerzhaft sein. Also seid nett zu euch, und wartet ab, auch wenn es verlockend erscheint, in die Komfortzone, die rein gar nichts mit Komfort zu tun hat, zurückzugehen. Denn euer Hirn ist faul, und eure Erinnerungen werden euch einen Streich spielen. Mehr denn je werdet ihr nur an die schönen Momente denken und euch einreden, dass alles doch nur halb so schlimm war.

Aber es gibt einen Grund, warum ihr euch getrennt habt. Erinnert euch an diesen Grund. Werdet nicht schwach. Wenn er euch wollte, würde er sich bei euch melden. Er weiß, wie ihr zu ihm steht, und er weiß, dass das wehtut. Er hat eure Nummer, und er weiß, wo ihr wohnt. Wenn er wollte oder bereit wäre, würde er versuchen, es so schnell wie möglich wiedergutzumachen.

Aber wahrscheinlich macht er nichts. Er wacht jeden Morgen auf und entscheidet sich dafür, den Tag ohne euch zu starten, euch morgens nicht verschlafen anzulächeln und zu küssen. Er entscheidet sich aktiv jeden Tag gegen euch. Mehr müsst ihr nicht wissen, um wegzubleiben.

## Kontakt-Entzug

Ruft nicht an, und fragt nicht, wie es ihm geht. Schreibt ihm nicht, dass ihr ihn vermisst. Postet nicht extra sexy Fotos von euch oder Videos mit anderen Männern beim Feiern oder beim schicken Essen, um seine Aufmerksamkeit auf euch zu lenken und einen Aufhänger zu haben, ihm wieder zu schreiben. Verschwindet ohne jegliche Spur aus seinem Leben, und taucht ab.

Für alle, die Kinder haben: Abtauchen geht natürlich nicht. Aber ihr könnt euren Ex bitten, die Konversation auf das Wesentliche – wer nimmt wann die Kinder, Elternsprechtag, Kind krank und so weiter – zu beschränken. Nehmt außerhalb der Eltern-Zone keinerlei Kontakt auf, geratet nicht ins vertraute Plaudern.

Ich weiß, es gibt so viel, was ihr mit ihm teilen wollt, seitdem ihr aufgehört habt, miteinander zu reden. Ihr wollt wissen, ob es ihm genauso schlecht geht wie euch, ob er sich genauso traurig und gelähmt fühlt. Ihr wollt ihm dieses Meme schicken, von dem ihr wisst, dass er darüber lachen würde, ihn in einem Video markieren, weil es ein Thema behandelt, dass ihn interessiert, ihm ein Foto von dem Sandwich schicken, das ihr zusammen ausprobieren wolltet. Ihr wollt ihn anschreien und ihn fragen, wie es ihm nur so gut gehen kann ohne euch, während ihr euch so ungewollt und verlassen fühlt. Ihr wollt wissen, was er denkt, mit ihm lachen, mit ihm Quatsch machen und ihn bitten, es noch mal zu versuchen. Ihr wollt ihn auf keinen Fall loslassen, nicht einmal den Schmerz, weil ihr glaubt, ihn dann ganz zu verlieren.

Die erste Woche, ohne dass ihr von ihm gehört habt. Das erste Mal seit so langer Zeit, dass ihr einen ganzen Monat am Stück seine Stimme nicht gehört, sein Gesicht nicht gesehen, seinen Atem nicht gerochen, seine Haut nicht gespürt habt. Unerträglich.

Ihr wollt, dass die Welt wieder in Ordnung ist und alles wieder so wird, wie es einmal war. Nur ein Griff zum Telefon könnte alles wieder in Ordnung bringen …

Bitte, bleibt dabei, den Kontakt zu unterbinden. Ihr müsst durch diesen Entzug. Ihr müsst euch beweisen, dass ihr auch ohne ihn überleben könnt und nicht sterben werdet. Ihr müsst euer Nervensystem neutralisieren. Und ihr müsst lernen, ihn und die Beziehung, die ihr tatsächlich geführt habt, klar zu sehen.

Auch wenn erst mal eine Lücke in eurem Leben klafft und es sich so anfühlt, als hätte er ein Stück von euch rausgerissen und mitgenommen. Genau darum geht es: dass ihr bald an den Punkt kommt, an dem ihr euch vollständig fühlt und niemand euch ergänzen, ausfüllen oder ganz machen muss. Damit niemand euren Selbstwert oder euren Sinn des Lebens mitnehmen kann. Damit euch in Zukunft niemand mehr etwas rausreißen kann, weil ihr euch bereits genügt. Weil ihr alles habt, euch wertschätzt und für euch selbst sorgen könnt. Weil ihr ein erfülltes Leben führt und auch mal allein sein könnt, wenn es sein muss.

---

*Eine Beziehung sollte nicht dazu da sein, dass zwei sich unvollständig fühlende Wesen eins werden, sondern dafür, dass zwei sich vollständig fühlende Menschen etwas Drittes erschaffen, was nur sie verstehen und was nur ihnen gehört.*

---

Und noch was: Den Kontakt abzubrechen, wird von vielen als *DAS* Geheimrezept gehandelt, um den Ex wieder zurückzugewinnen. Ja, es mag sein, dass euer Ex wieder zurückkommt, wenn ihr den Kontaktabbruch konsequent durchzieht. Aber der Grund dafür, dass ihr den Kontakt abbrecht, sollte nicht der sein, dass der Mann, der euch verletzt hat, plötzlich erkennt, wie viel ihr ihm wert seid. Vielmehr sollt *IHR* euren Wert endlich erkennen! Und wenn ihr das geschafft habt, werdet ihr an den Punkt kommen, dass ihr ihn gar nicht mehr ihn euer Leben lassen wollt, selbst wenn er zu euch zurückkommen würde. Denn inzwischen habt ihr wahrscheinlich verstanden, dass er nicht der Mann ist, den ihr an eurer Seite seht.

Diese hoffnungsschürenden Videos aus dem Netz, die davon handeln, wie man seinen Ex zurückbekommt, sind gefährlich, weil sie jeden Tag mit eurer Hoffnung spielen. Auf diese Weise kommt die Enttäuschung über die Realität immer wieder hoch, und ihr findet nicht die Ruhe, die ihr braucht, um den Heilungsprozess einzuleiten. Wenn ihr euren Ex zurückwollt, müsst ihr ihn loslassen. Ernsthaft und ohne Hintergedanken müsst ihr ihn ziehen lassen. Alles andere ist ein Widerspruch in sich: Denn wie könnt ihr einen Ex wahrhaftig loslassen und eure Energie auf euch lenken, wenn ihr nur loslasst und eure Energie auf euch lenkt, um ihn wieder zurückzubekommen? Das ist schon wieder zu zweckgebunden, als dass ihr wirklich auf euch schauen und euch darum kümmern könntet, dass es euch gut geht.

Der Prozess, der nötig ist, um seinen Ex wiederzubekommen, und der, den man durchlaufen muss, um ernsthaft zu heilen, sind identisch. Und ja, es kann sein, dass die Zeit für euch noch nicht gekommen ist. Möglicherweise wart ihr beide noch nicht bereit füreinander und findet später wieder zueinander, nachdem ihr die Themen bearbeitet habt, die euch bei eurer ersten Begegnung im Weg standen. Das kann natürlich sein, weil Timing beim Dating so wichtig ist. Aber selbst dann müsst ihr euch bewegen und an euch arbeiten, damit es euch besser geht. Oder wollt ihr euch so lange verkriechen, weinen und warten, bis der Tag endlich gekommen ist? Welcher Mensch wärt ihr dann? Immer noch derselbe, oder? Je schneller ihr damit aufhört, euch Fragen zu stellen, die ihn betreffen, und damit anfangt, euch Fragen zu stellen, die dazu führen, dass ihr euch wieder sammelt, heilt und reflektiert, desto schneller könnt ihr euch bereit machen für die Liebe, die euch bevorsteht.

## Rebound-Verbot

Natürlich verbiete ich euch nichts, aber ich rate euch dringend, euch in den ersten Monaten von jeglichen Rebound-Beziehungen fernzuhalten. Ihr seid in dieser Zeit so dermaßen verletzlich, dass ihr zu jedem, der euch über den Weg läuft und euch ein gutes Gefühl gibt, eine Verbindung aufbaut, egal, wie unpassend diese Person auch für euch sein mag. Die Gefahr ist groß, dass ihr auch hier wieder auf einen Menschen reinfallt, der euch nicht guttut, sodass ihr wieder in eine Abwärtsspirale geratet, anstatt den Ursachen, die zu einem bestimmten Verhalten geführt haben, auf den Grund zu gehen und diese zu reflektieren. Das wäre, als würdet ihr denselben Tanz tanzen, nur zu einer anderen Melodie.

Bleibt erst mal für eine gewisse Zeit allein, kommt zu euch, findet heraus, was ihr wollt, heilt in Ruhe. Datet niemanden und löscht alle Apps, alle Optionen. Geht jedem aus dem Weg, mit dem ihr versuchen könntet, euren Ex-Partner zu ersetzen. Das ist auch nur fair gegenüber demjenigen, dem ihr während dieser Zeit begegnet und der euch wirklich mag.

## Party-Verbot

Natürlich kann ich euch auch das Feiern nicht verbieten. Aber in einer Trauerphase Party zu machen, ist meiner Meinung nach eine ganz schlechte Idee. Euch zu betrinken, wird euch nicht helfen, im Gegenteil: Am nächsten Tag wird es euch schlimmer und dreckiger gehen, und ihr werdet euch noch trauriger fühlen. In Trauer zu feiern, ist, wie auf einen Dementor zu treffen: Es saugt euch aus, und ihr tanzt euch euer letztes bisschen Glück aus dem Körper.

Alkohol war noch nie eine Lösung für irgendwas. Nicht mal ohne Liebeskummer fühlt man sich nach einer durchzechten Partynacht besonders gut. Wenn man am nächsten Morgen völlig verkatert wach wird, nagt das auch schon ohne gebrochenes Herz an der Psyche. Abgesehen davon werdet ihr die meiste Zeit ohnehin damit verbringen, an ihn zu denken, oder ihr werdet das Bedürfnis verspüren, ihm zu schreiben, was mit steigendem Pegel nicht gerade sinkt. Zudem werdet ihr beim Feiern eure authentischen Gefühle unterdrücken, denn umgeben von Party-People, die völlig hohl, betäubt und mit toten Augen versuchen, euch in Stimmung zu bringen, möchtet ihr bestimmt nicht die Spaßbremse sein, die nachdenklich oder traurig dasitzt oder rumsteht, auch wenn es genau das ist, was ihr eigentlich in dem Moment lieber machen wollt.

## Wasser marsch!

Heult, flennt, wimmert, schreit, brecht zusammen, kauert euch hin – raus damit! Egal, wo ihr seid, egal, was ihr macht. Wenn die Tränen kommen, kommen sie. Ja, es kann sein, dass die

Leute euch angucken. Dann fragen sie euch, ob alles okay ist, und ihr könnt sagen: »Nein, aber das muss raus.« Sie geben euch ein Taschentuch, und ihr weint einfach weiter! Na und, wen interessiert's? Jeder musste da schon mindestens einmal im Leben durch, und alle wissen: Weinen befreit!

## Auf Konfrontation

So brutal und schwer euch das erscheinen und so komisch das auch klingen mag: Geht auf Konfrontationskurs! Besucht ohne ihn die Orte, die Bars und die Geschäfte, die ihr zusammen besucht habt. Ja, es wird komisch werden. Ja, es wird euch traurig machen, denn ihr werdet euch dort gemeinsam sehen. Ihr werdet euch daran erinnern, wie ihr genau da in dieser Ecke mal gestanden, getanzt oder euch geküsst habt oder dass ihr immer in diesem bestimmten Supermarkt eure Süßigkeiten gekauft habt. Ja, es wird sich eigenartig in euch zusammenziehen, wenn ihr die Dinge einkauft, von denen ihr wisst, dass er sie mag oder ihr sie immer zusammen geholt habt, aber es hilft.

Schaut euch eure Fotos immer und immer wieder an. Es wird der Tag kommen, an dem das Bedürfnis immer kleiner und die Tränen immer weniger werden. Ich bin sogar in eine Parfümerie gegangen und habe zu der Verkäuferin gesagt, dass ich meinen Ex vermisse und deswegen einfach nur an seinem Parfum riechen muss, das ich ihm zu Weihnachten geschenkt habe – und dann trug ich es den ganzen Tag auf meinem Handgelenk mit mir herum.

Macht Dinge alleine oder mit Freunden, die ihr normalerweise mit ihm zusammen gemacht hättet. Geht ins Kino und ins Restaurant, ins Konzert und ins Theater, fahrt in den Urlaub oder geht ins Stadion. Konfrontiert euch direkt mit allem, was euch an ihn erinnert!

Anfangs wird es schwer sein, eine emotionale Achterbahnfahrt. Aber ihr werdet die Erinnerungen, die ihr mit ihm gemacht habt, nach und nach mit neuen, frischen und aktuellen Bildern überschreiben, die irgendwann mehr euch selbst als euch beiden gehören.

## Lasst euch Zeit

Viele wollen, dass der Trennungsschmerz und die Trauer über den Verlust so schnell wie möglich weggehen. Damit weigert ihr euch eigentlich, zu trauern, und haltet an dem Verlorenen fest. Viele von uns fürchten die Trauer, weil wir nicht wissen, wie wir die intensiven Gefühle aushalten sollen, und versuchen sie deshalb zu umgehen. Aber sich richtig mit der Trauer zu verbinden, kann etwas Befreiendes haben, uns wieder dabei helfen, Intimität mit uns selbst aufzubauen und unsere verwundeten Stellen zu erkennen. Durchlebt den Schmerz und die Trauer so lange wie nur möglich, mit jeder Faser eures Körpers, bis es nicht mehr wehtun kann. Eure Emotionen haben eine Funktion. Es ist gesund, dass ihr traurig darüber seid, wenn ihr eine wichtige Person verloren habt. Es ist gut, dass diese Gefühle da sind. Sie helfen euch, bringen alles in den Fluss, mit ihnen seid ihr lebendig, und das ist wunderschön.

Je länger ihr daran zu knabbern habt, desto stärker arbeitet ihr an euch, und desto besser verarbeitet ihr die Trennung letztendlich. Erst wenn ihr euch ordentlich von allem verabschiedet habt, könnt ihr frei und offen einer neuen Liebe begegnen.

Jeder von uns braucht unterschiedlich lange, um Liebeskummer zu überwinden. Es gibt kein Zeitlimit für eure Heilung. Nur weil euer Kopf weiß, dass es besser so ist, heißt das noch lange nicht, dass euer Herz das auch versteht. Und eine Trennung kann sich nach zwei Wochen oder zwanzig Jahren Beziehung gleich schlimm anfühlen.

Es gibt kein Zeitlimit, bis wann ihr ihn vergessen haben sollt, und wahrscheinlich werdet ihr ihn sogar nie ganz vergessen, und auch das ist vollkommen normal und menschlich. Loszulassen und einen anderen Menschen, der eine so große Rolle in eurem Leben gespielt hat, von heute auf morgen zu verlieren, muss nicht zwingend bedeuten, dass er auch restlos aus eurem Herzen verschwindet.

*Liebe ist unendlich.*

Besonders dann, wenn ihr einen Menschen ehrlich geliebt habt, wird ein Teil dieser Liebe für immer in euch weiterleben. Manchmal kommen wir nie ganz darüber hinweg, lernen aber, mit dem Verlust als Teil von uns zu leben und daran zu wachsen. Die Liebe wird verblassen. Sie wird nicht mehr so bunt und laut einen großen Platz einnehmen, aber sie kann uns ein Leben lang begleiten wie die Sterne – nur in klaren Nächten zu sehen, weder Wärme noch Licht spendend wie die Sonne, weder erhellend wie der Mond, aber immer da, glitzernd wie ein flimmernder Atemzug des vergangenen Lebens in weiter Ferne.

### Seid lieb zu euch selbst

Seid geduldig, einfühlsam, verständnis- und liebevoll. Verzeiht euch. Vielleicht fühlt ihr euch wie eine totale Versagerin und habt das Gefühl, einen tollen Menschen verloren zu haben. Aber ihr seid auch ein toller Mensch. Ihr habt auch einen ganz großen Anteil an den schönen Momenten eurer Beziehung. Ihr habt auch dazu beigetragen, dass ihr wundervolle Erinnerungen geschaffen habt. Es war nicht nur die andere Person mit ihren Ideen und ihrem Sein, sondern auch ihr habt mir eurer besonderen Aura und eurem besonderen Geist eure Zeit mit Leben gefüllt. Vergesst das nicht.

### Gönnt euch!

Verwöhnt euch. Gebt euch das, was ihr euch von eurem Partner immer gewünscht habt, einfach ab jetzt selbst. Geht spazieren zum Friseur, ins Restaurant, lasst euch massieren, nehmt ein Bad, kauft den Mantel, kocht für euch und beschenkt euch. Macht euer Wohlbefinden zu eurer obersten Priorität!

### Bewegt euch!

Sport ist eines der wichtigsten Hilfsmittel, um wieder einen klaren Kopf zu bekommen, abzuschalten, euch etwas Gutes zu tun und in den Flow zu kommen. Euch so richtig an eure körperlichen Grenzen zu bringen, wird euch auch beim Schlafen helfen. Die Hormone, die ihr danach ausschüttet, werden euch ein wenig durch die düstere Zeit tragen. Vor allem aber wird das

Training auf Dauer euren Körper formen, sodass ihr euch selbstbewusster, körperlicher und attraktiver fühlen werdet. Besonders Bewegung im Wasser und in der Natur kann eine heilende Wirkung haben.

## Macht Ordnung!

Putzt und räumt auf! Eure Wohnung oder euer Zimmer spiegelt euer Innenleben wider. Macht es euch so schön und so gemütlich wie nur möglich in eurem Heim. Es ist eure Höhle und euer Rückzugsort. Der Platz, an dem ihr wieder zu euch findet, an dem ihr heilt, meditiert, Energie tankt, euren Gefühlen freien Lauf lasst und zur Ruhe kommt.

Mistet aus, ordnet, räuchert aus, stellt um, renoviert und vor allem: Packt alles zusammen, was euch an ihn erinnert. Verstaut es in einer Kiste, oder legt alles in eine Schublade, die ihr immer wieder öffnen könnt, wenn ihr in Erinnerungen schwelgen oder euch konfrontieren wollt. Aber lasst es geballt an dieser einen Stelle, bis ihr irgendwann vielleicht sogar an den Punkt kommt, an dem ihr (fast) alles entsorgen könnt.

## Verbringt Zeit mit euren Liebsten

Die heilende Kraft der Gemeinschaft kann Wunder bewirken. Sie kann euch sogar euren Freunden, Bekannten und Familienmitgliedern wieder näherbringen. Vertraut euch ihnen an, und kommuniziert offen, ob ihr über euren Kummer reden wollt oder lieber nur zuhören möchtet. Und denkt daran, dass wohl niemand auf diesem Planeten euch so gut kennt wie die Menschen, die ihr liebt. Manchmal können Mamas Worte (oder die eurer Mutterfigur), ihre tröstende Schulter oder Ratschläge uns mehr helfen, als wir uns eingestehen wollten. Macht euch aber auch bewusst, dass ihr gar nichts dagegen tun könnt, dass euch in der Sekunde, in der ihr nach der Ablenkung durch eure Liebsten wieder nach Hause kommt, alles einholt, ihr euch traurig fühlt und euren Ex vermisst. Das ist normal und gehört dazu.

## Kreativität aktivieren

Wenn ihr eure Kreativität entfacht und etwas Bedeutungsvolles geschafft habt, könnt ihr wieder Zugang zu euch selbst und zur Liebe finden. Ihr müsst nicht singen, malen oder tanzen können wie ein Profi, um eurer Kreativität freien Lauf zu lassen. Kreativität hat viele Gesichter. Ihr könnt mit eurem Schatten im Wohnzimmer tanzen. Ihr könnt malen, was ihr wollt, und das Bild danach zerstören. Ihr könnt singen, ohne dafür einen Wettbewerb gewinnen zu müssen. Ihr könnt aber auch nähen, backen, kochen, einrichten, renovieren, werkeln, basteln, tischlern, lesen, frisieren, einkaufen, Videos drehen, Videos schneiden, programmieren, zocken, reparieren, sprayen, Outfits zusammenstellen, fotografieren, gärtnern, töpfern, schminken … oder schreiben.

## Schreibt es euch von der Seele

Schreibt alles auf, was passiert ist. Wie ihr euch fühlt, was gut gelaufen ist, was schlecht. Führt Listen darüber, warum ihr ihn zurückwollt und warum ihr ihn nicht zurückwollen solltet. Schreibt jeden gemeinen Satz auf, den er einmal zu euch gesagt hat, ebenso die Momente, die ihr romantisiert habt. Schreibt Briefe an ihn, die ihr behalten oder verbrennen könnt. Schreibt Briefe an euch selbst, an euer Heute-Ich, an euer Morgen-ich und an euer Kindheits-Ich. Schreibt auf, was ihr euch für eure Zukunft wünscht, wer ihr in Zukunft sein wollt. Nehmt einen Stift und ein Blatt Papier, und schreibt alle Eigenschaften auf, die der perfekte Mann, den ihr euch wünscht, haben sollte. Nehmt ein weiteres Blatt Papier, und schreibt alle Eigenschaften auf, die euer Traummann an einer Frau wohl mögen würde, und arbeitet daran, diese Frau zu werden. Schreibt Gedichte und To-do-Listen, die euch helfen, euren Alltag besser zu strukturieren, wenn ihr durch den Kummer noch immer zu sehr in den Seilen hängt. Schreibt eure Geschichte auf, und schreibt eure Gedanken auf, um sie zu ordnen. Schreibt, bis euer Handgelenk mehr schmerzt als euer Herz.

## Blacklist

Jede von uns geht Kompromisse ein, wenn sie sich auf jemanden einlässt und will, dass die Beziehung funktioniert. Das ist normal und notwendig. Niemand ist perfekt, ihr auch nicht. Aber jetzt ist ja Schluss, und da könnt ihr getrost einmal aufschreiben, was euch an eurem Ex so gar nicht gefallen hat und was ihr so richtig Kacke gefunden habt. Seid ruhig brutal ehrlich, und zieht einmal so richtig vom Leder! (Ja, es darf auch unter die Gürtellinie gehen, die Liste sieht ja keiner außer euch.)

Nehmt diese Liste immer wieder zur Hand, wenn ihr euch nur an die guten Dinge erinnert. Jede Beziehung hat ihre Höhen und Tiefen, und niemand von uns ist vollkommen – euer Ex könnte bestimmt auch eine ganze Seite mit euren negativen Eigenschaften füllen. Es geht nicht darum, den anderen fertigzumachen oder zu hassen, sondern darum, euch vor Augen zu führen, dass er ein Mensch ist und dass nicht immer alles super lief, vielleicht sogar ganz im Gegenteil. Und für diesen Menschen seid ihr Kompromisse eingegangen, die ihr nun nicht mehr eingehen müsst. Vielleicht findet ihr sogar jemanden, über den ihr ein paar Negativpunkte weniger aufschreiben müsst, als ihr es jetzt getan habt.

## Neue Hobbys finden

Jetzt ist die beste Zeit, um neue Hobbys zu finden (und dabei vielleicht auch neue Leute kennenzulernen). Ihr wolltet schon immer einen Tauchschein machen? Los geht's! Tennis spielen? Auf die Bälle! Ein Instrument lernen? Stürzt euch rein!

Neues, auch Ungewöhnliches, auszuprobieren, bringt euch auf andere Gedanken und programmiert euch neu. Danach werdet ihr euch garantiert frischer fühlen – wenn auch nur für das Hier und Jetzt.

## Zuversicht

Auch wenn der Gedanke euch noch unerträglich erscheinen mag, weil ihr die Lippen eines anderen nicht auf euren spüren möchtet, weil ihr keine Berührung eines anderen ertragen könnt und euch geschworen habt, niemanden mehr so nahe an euch heranzulassen: Es wird der Tag kommen, an dem ihr einem Mann begegnet, der euch gefällt.

Eure Sicht ist im Schmerz verklärt, das ist verständlich. Aber ich bin mir sicher, wenn ihr einmal zurückdenkt, hattet ihr mit jedem eurer Ex-Freunde eine schöne Zeit, habt Erinnerungen geschaffen, habt zusammen gelacht. Der Gedanke ist zwar traurig, aber das, was es so einzigartig gemacht hat, war, dass ihr es als Paar gemeinsam erlebt habt. Ihr wart ein Team und habt in dieselbe Richtung geschaut. Doch jetzt ist es vorbei. Die Zeit, die ihr mit ihm hattet, war schön, aber auch endlich. Und weil es vorbei ist, war es vielleicht doch nicht so bedeutungsvoll, wie ihr es euch erhofft habt. Auf euch wartet eine andere Person, mit der ihr auch eine schöne Zeit verbringen und gemeinsame Erinnerungen schaffen könnt – diesmal vielleicht für immer. Und das ist dann wirklich etwas Besonderes.

Versucht euch immer öfter zu fragen: Wie würdet ihr leben, wenn ihr den genauen Zeitpunkt kennen würdet, an dem ihr auf den Mann eurer Träume trefft? Würdet ihr weiter das Vergangene betrauern oder euch für eure Zukunft mit eurem Mann bereit machen?

Das klingt jetzt erst mal nach viel Arbeit, und das ist es auch, wenn der Schleier der Trauer euch auf eurem Weg der Besserung immer wieder umhüllt. Um ehrlich zu sein, stehen euch die wirklich wichtigen und anstrengenden Aufgaben noch bevor, aber dazu kommen wir später. Erst mal ist es wichtiger denn je, eure eigenen Bedürfnisse zu erkennen. Ihr müsst lernen, wie ihr sie befriedigt, und verstehen, dass ihr selbst für euer Wohlergehen verantwortlich seid. Damit ihr in Zukunft niemanden mehr braucht, von dem ihr genau das erwartet. All die Dinge, die euch dabei helfen sollen, den Liebeskummer zu überwinden, die dafür sorgen werden, dass es euch besser geht, sind solche, für die ihr euch ohnehin immer Zeit nehmen solltet – übrigens auch dann, wenn ihr in einer Beziehung seid.

# Heute schon gestalked?

Soziale Medien und moderne Technologien haben einen nie zuvor dagewesenen Einfluss auf uns, auch wenn es um Dating und vor allem Trennungen geht. Während es heute möglich ist, den Seitensprung des Partners durch Fotos, digitale Rechnungen und Nachrichtenverläufe bis ins kleinste Detail zu rekonstruieren, kann Social Media auch während einer Trennung die Pest sein, eine zusätzliche Belastung und eine weitere Möglichkeit, verletzt zu werden oder sich selbst zu verletzen. Denn Facebook, Instagram und Co. sind eben vor allem eine Option, noch immer irgendwie miteinander in Verbindung zu bleiben, ohne aktiv miteinander in Verbindung zu sein.

Die sozialen Medien sind wichtig und unwichtig zugleich. Einerseits spiegeln die Menschen, denen wir folgen und mit denen wir uns auf diesen Plattformen austauschen, das soziale Umfeld unseres Lebens und unserer Arbeit wider. Andererseits könnten die Menschen, mit denen wir dort offiziell in Kontakt stehen, für unser echtes Leben oder unsere Gefühlswelt bedeutungsloser nicht sein, und gerade dieser schmale Grat macht die Rolle, die solche Plattformen in der Trennungszeit spielen, so unnötig schmerzhaft für uns. Besonders dann, wenn uns der Ex-Partner, der während der Beziehung nie großen Wert auf seine Profilpflege gelegt hat, nach der Trennung blockiert und uns somit – gefühlt für alle sichtbar – endgültig aus seinem Leben verbannt, während andere, denen nach fünf Minuten Smalltalk in der Bar gefolgt wurde oder in Extremfällen sogar Sex-Bots, immer noch bleiben dürfen.

Noch nie war es so bequem, den Ex zu »stalken« wie heute. Nicht mal das Haus muss man dafür verlassen! Und so kann sich jeder nach dem Beziehungsaus seine tägliche oder sogar stündliche Portion Herzstich abholen: Wem folgt er neu? Wessen Fotos liked er? Folgt er mir noch? Was postet er? Wo ist er? Mit wem ist er dort? Ich glaube, ich muss euch das nicht sagen, aber: Das ist nicht gut. Eine Wunde kann nicht verheilen, wenn sie ständig angefasst wird.

Und doch kenne ich keine einzige Frau, die es lassen kann und nicht mindestens noch ein Jahr nach der Trennung hin und wieder nachschaut, wie sehr der Ex schon über sie hinweg ist. Und ich verstehe jede Einzelne von euch! Auch ich habe natürlich gestalked und nachgeschaut, ganz professionell mit Fake-Profil und zweiter Nummer, in der verzweifelten Hoffnung, dadurch noch einen kleinen Einblick in sein Leben zu erhaschen. Worum es mir dabei in Wahrheit ging, war Kontrolle. Dieses letzte bisschen Illusion von Kontrolle, das ich mir in meiner Machtlosigkeit gegenüber der Gesamtsituation erhalten wollte.

Auch auf der energetischen Ebene ist das Stalken des Ex-Partners eine absolute Katstrophe, denn im Endeffekt bleibt uns sowieso nichts anderes übrig, als uns Geschichten auszudenken und falsche Schlüsse aus dem zu ziehen, was wir sehen. Außerdem beschäftigen wir uns dadurch immer noch zu sehr mit dem Ex, obwohl wir uns doch auf uns selbst konzentrieren wollten.

Davon, seine neuen Errungenschaften unter die Lupe zu nehmen, rate ich auch ganz vehement ab. Das ist nicht gut für euer Kopfkino, denn ihr werdet euch mit ihr vergleichen und damit quälen. Und natürlich wird seine Neue wissen, dass etwas nicht stimmt, wenn »arianagrand8e369ps92« sie plötzlich regelmäßig beobachtet. Denkt einmal kurz daran zurück, wie es für euch war, als seine Ex euch nach der Trennung »heimlich« gestalked hat. Was habt ihr von seiner Ex gedacht? Wie habt ihr euch gefühlt?

Richtig. Überlegen. Vermutlich hattet ihr nichts weiter als Mitleid für sie übrig. Wollt ihr von seiner Neuen bemitleidet werden? Oder noch besser: ihnen beiden Stoff zum Reden oder Lästern geben, damit sie sich als Team gegen euch verschwören und ihr Gemeinsamkeitsgefühl durch eure Schwäche stärken? Wollt ihr das Bild der »Crazy Ex« (zu dem Thema kommen wir später noch), das er von euch für sie gemalt hat, bestätigen, obwohl ihr alles andere als verrückt seid?

Ich weiß, wie schwer es ist, die Finger davonzulassen und nicht nachzuschauen. Zu ertragen, dass jemand anderes euren Platz eingenommen hat, ab jetzt auf eurer Seite seines Bettes schläft, und das vielleicht viel schneller, als ihr gedacht hättet. Aber gerade dann, wenn ihr es mit einem Mann zu tun hattet, der euch schlecht behandelt hat: Versucht, loszulassen und euren Frieden damit zu schließen. Das geht am besten, indem ihr euch zunächst immer wieder sagt, dass alles, was euch und seine Neue voneinander unterscheidet, Zeit ist. Am Anfang wart ihr mit ihm die glücklichste Person auf diesem Planeten. Ihr habt auch eine Einheit mit ihm gebildet, musstet ihn gar nicht darum bitten, euch bei Instagram, TikTok und Co. zu folgen, und habt eine Beziehung aufgebaut – bis ihr dahintergekommen seid, wie er wirklich ist. Bis ihr euch an seiner Seite nicht mehr so glücklich gefühlt habt und er sein wahres Gesicht gezeigt hat.

Auch ich habe schon Ex-Freundinnen in meinen Instagram-

Stories gesehen und dachte mir in dem Moment: *Oje*. Doch als die Beziehung langsam schlimm wurde oder nachdem Schluss war, wünschte ich mir das ein oder andere Mal sogar, mit ihr zu reden und mich mit ihr austauschen zu können.

Tragt die Gewissheit in euch, dass auch seine Neue eines Tages dahinterkommen wird, wie er wirklich ist. Macht nicht den Denkfehler, dass er nun eine neue Art der Beziehung hat.

*Er hat genau dieselbe Beziehung, die er mit euch hatte, nur eben mit einer anderen.*

Mit der anderen wird er genau den gleichen Mist abziehen, sich ähnlich verhalten, sie verraten und belügen wie euch auch. Menschen ändern sich nur selten. Das gilt besonders, wenn er auch in der Zeit vor euch keine festen, verbindlichen Beziehungen geführt hat, er keine Einsicht zeigt und sein Verhalten notorische und pathologische Züge aufweist. Und wenn nicht, dann wird auch das irgendwann keine Rolle mehr spielen.

Und doch sage ich: Macht alles, was ihr machen müsst, damit es euch besser geht. Wenn es das »Stalken« ist, dann stalkt, wenn ihr ihm nicht mehr folgen wollt, dann löscht den Kontakt. Und auch wenn ich kein Fan vom Blockieren bin, weil man im echten Leben auch niemanden einfach blockieren kann, der einem nicht passt: Wenn ihr ihn blockieren müsst, dann ist auch das legitim. Es wird der Tag kommen, an dem ihr vergessen werdet, nachzuschauen. Eines Tages wird euer Leben so aufregend und spannend geworden sein, dass euch eure Zeit viel zu kostbar erscheint, als dass ihr sie damit verschwenden wollt, sie der Vergangenheit zu widmen.

# Das Abschluss-Gespräch – »Sonst kann ich nicht abschließen«

Doch, das könnt ihr, und das müsst ihr auch! Nur ihr selbst könnt euch einen Abschluss geben.

Stellt die richtigen Fragen schon während der Beziehung, denn ihr werdet, wenn erst einmal Schluss ist, meist keine Antworten mehr bekommen. Und die ist euch euer Ex auch nicht mehr schuldig.

Erwartet nicht, bei der Trennung Unterstützung von ihm zu bekommen. Er ist die Trennung.

So quälend es auch ist, das Echo der offenen Fragen aus dem klaffenden schwarzen Loch in eurer Brust immer und immer wieder ertragen zu müssen: Ganz oft ist das letzte Gespräch, das man sich erbettelt, der letzte Strohhalm, an den man sich krallt, und ein Vorwand, seinen Ex noch mal wiederzusehen. Es ist allerdings bloß ein kleines Trostpflaster und sorgt nur für eine kurze Schmerzlinderung, bevor die Ecken schmutzig werden, der Kleber sich löst und die Wunde durchblutet.

Denn das letzte klärende Gespräch klärt meistens … gar nichts. Es macht auch nur dann Sinn, wenn beide noch daran interessiert sind, sich ein letztes Mal ein gutes Gefühl zu geben. Wenn beide noch etwas auf dem Herzen haben, was sie dem anderen mitteilen wollen, um dann friedlich auseinanderzugehen.

Ja, es mag sein, dass es Paare gibt, die das nach einer Trennung hinkriegen, aber dafür hatte man, streng genommen, auch während der Beziehung genug Möglichkeiten, wo wir auch schon wieder zurück beim Thema »Vorwand« wären. Genau das ist der Punkt: Egal, wie lange eine Beziehung gedauert hat, manchmal endet sie wortlos, weil währenddessen schon alles gesagt und getan wurde, sodass es keinen klärenden Abschluss mehr braucht.

Sein Verhalten ist das Abschlussgespräch.

Ich kann euch gerne stellvertretend für euren Ex die Antwort auf alle eure Fragen geben, die ihr ihm stellen wollt: Weil er nicht mehr will. Punkt.

Meistens ist die beste Art, auf seine Ankündigung, dass Schluss ist, zu reagieren, einfach nur »Okay« zu sagen. Damit wird er nicht rechnen. Er wird erwarten, dass ihr emotional werdet und seine Entscheidung sogar anzweifeln. Auch wenn es euch ab diesem Moment schon nicht mehr interessieren sollte. Denn warum solltet ihr hoffen, dass ein Mann euch doch will, nachdem er sich so genau überlegt hat, euch nicht zu wollen, dass er seinen Trennungswunsch sogar konkret aussprechen konnte?

Es ist so einfach gesagt, ich weiß, aber ihn beim Wort zu nehmen gibt euch die Chance, erhobenen Hauptes aus der Sache herauszugehen. Ihr habt ihn gehört. Sein Wunsch, dass Schluss ist, ist euer Abschlussgespräch.

Wenn ein Mann aus eurem Leben verschwindet und sich über Tage, Wochen, Monate nicht mehr meldet, ist das euer Abschlussgespräch.

Wenn er euch ersetzt hat und lieber mit einer anderen Frau zusammen sein möchte, ist das euer Abschlussgespräch.

Wenn er sich nicht für euch entscheiden konnte, ist das euer Abschlussgespräch.

Euer Abschlussgespräch sollte es bereits sein, wenn er euch während der Beziehung nicht gut behandelt, euch verleugnet hat, unzuverlässig, manipulativ und respektlos war. Wenn er euch nicht so nehmen konnte, wie ihr seid, sich über euch lustig gemacht und euch Komplexe eingeredet hat. Euer Abschlussgespräch sollte es sein, dass er einen Scheiß auf eure Gefühle gegeben und nie zugehört hat, wenn ihr etwas zu sagen hattet.

Und warum genau glaubt ihr, dass es ihn jetzt, wo alles zu Ende ist, plötzlich interessieren sollte, was euch auf der Seele brennt?

Tut euch den Gefallen und macht euren Frieden mit der Geschichte. Überlasst die offenen Fragen dem Universum. Schreibt sie auf und verbrennt sie, lasst den Wind die Asche davontragen. Ihr könnt seine Entscheidung nicht ändern, andere können seine Entscheidung nicht ändern.

Es gibt keinen Platz für »Vielleicht meinte er es ganz anders«, »Warum guckt er dann meine Storys an?«, »Warum hat er mich nicht überall geblockt?«, »Warum hat er dann meine Nummer nicht gelöscht?«, »Warum gratuliert mir seine Schwester dann immer noch zum Geburtstag?«. Sosehr ihr auch wühlt und buddelt: Es gibt keine Missverständnisse, die nur ausgeräumt werden müssen, damit alles wieder gut wird. Er hat euch unmissverständlich klargemacht, dass ihr ihm nicht mehr oder nie wichtig genug wart, als dass er weiterhin an eurer Partnerschaft arbeiten oder in sie investieren will.

Es. Ist. Aus.

Er wird euch nicht morgen plötzlich mitteilen, dass ihm klar geworden ist, wie sehr er euch liebt, und dass ihm alles ganz schrecklich leidtut. Ihr werdet nicht von ihm hören, dass er seine

Fehler eingesehen hat und ab jetzt alles dafür tun wird, dass die Beziehung läuft.

Die Wahrscheinlichkeit, dass ihr nie Antworten auf eure Fragen bekommen werdet, ist sehr hoch. Immerhin konnte euch auch bisher keine seiner Antworten zufriedenstellen. Er wird nie sagen, was ihr hören wollt, weil er nicht das fühlt, was ihr euch wünscht, und weil er euch längst gezeigt hat, dass er nicht der Mann für euch ist.

Es spielt keine Rolle mehr, ob er euch wirklich geliebt oder nur etwas vorgemacht hat. Ihr müsst ihn nicht fragen, ob das alles nur eine Lüge war. Was würde sich an der Tatsache, dass ihr nicht kompatibel seid, ändern, wenn ihr wüsstet, dass er euch noch immer liebt? Eure Beziehung funktioniert nicht, sonst hättet ihr währenddessen gemeinsam die Möglichkeit ergriffen, das Ruder herumzureißen. Aber er wollte aus dem Boot springen und hat die Ruder losgelassen. Das ist die harte Realität.

Was mit ihm ist, ist nicht mehr wichtig. Das Einzige, was zählt, ist, ob ihr ihn wirklich geliebt habt. Was zählt, ist, dass ihr alles gegeben habt und dass für euch alles echt war. Mehr müsst ihr nicht wissen.

Versucht, die Situation so schnell wie möglich anzunehmen. Akzeptiert seine Entscheidung, wechselt die Perspektive, und verurteilt ihn nicht dafür. Versucht, friedlich und langsam abzuschließen, ihm zu vergeben, dass er euch seine Liebe verwehrt und sein Herz für eure verschlossen hat.

# Sicher willst du den Richtigen. Warum du dich aber wahrscheinlich trotzdem für den Falschen entscheiden wirst

Bevor wir weiter der Spur der Liebe folgen, ist es wichtig, sich einmal die verschiedenen Bindungstypen anzuschauen, die – je nachdem, wie weit wir in unserem Heilungsprozess vorangeschritten sind und Muster bereits erkennen konnten – bei der Partnerwahl eine Rolle spielen. In der Paarbindungsforschung lässt sich fast jeder Mensch einem von drei Beziehungstypen zuordnen, die für verschiedene Dynamiken in Partnerschaften sorgen:

## Der ängstliche, der vermeidende und der sichere Beziehungstyp.[4]

Anders als viele andere psychologische Ansätze gilt die Bindungstheorie für jeden und leitet von allen Menschen Schlussfolgerungen ab, egal, ob frisch verliebt oder schon seit Jahrzehnten verheiratet. Die Menschen unterscheiden sich in ihrer Auffassung von Nähe und Zusammengehörigkeit, in der Art, wie sie Konflikte bewältigen, durch ihre Einstellung zu Sexualität, ihre Erwartungen an den Partner und die Beziehung und nicht zuletzt auch in der Fähigkeit, die eigenen Wünsche und Bedürfnisse mitzuteilen. Man geht davon aus, dass eine ganze Reihe von Faktoren den Bindungsstil eines Erwachsenen beeinflussen. Dazu gehört zum einen die Art und Weise, wie unsere Eltern sich um uns gekümmert haben. Dabei ist es entscheidend, wie feinfühlig, zugänglich und verständnisvoll oder distanziert und rigide sie waren, auch ein Gefühl von (fehlender) Beständigkeit spielt eine Rolle. Zum anderen prägen uns aber auch die Erfahrungen, die wir als Erwachsene in Sachen Liebe gemacht haben – allerdings sind die wiederum unbewusst stark von unserer Kindheit beeinflusst.

Die Bindungstheorie macht vor allem deutlich, dass wir Beziehungen nicht dem Zufall überlassen sollten. Es ist wichtig, unseren Partner ganz bewusst auszuwählen und uns nicht von falschen Vorstellungen leiten zu lassen.

Dass sich jeder Mensch heftig und unsterblich verlieben kann, stimmt so leider nicht, und dass sich jemand für den Richtigen oder die Richtige plötzlich um hundertachtzig Grad wendet, kommt auch eher selten vor. Das Maß an Nähe, mit dem ein Mensch sich wohlfühlt, ist für jeden individuell, und das wiederum bedeutet, dass beide nicht wirklich glücklich werden können, wenn einer von beiden in der Partnerschaft Nähe benötigt, der andere aber eher distanziert und unabhängig sein möchte. Das gilt selbst dann, wenn die Liebe groß ist.

Doch die Bindungstheorie zeigt uns auch, dass wir in einer Beziehung eben nicht alleine für unsere emotionalen Bedürfnisse verantwortlich sind. Unser Partner hat sehr wohl etwas damit zu tun. Und in einer echten Partnerschaft sind auch beide Seiten darauf bedacht, für das Wohlbefinden ihres Partners zu sorgen. Wir alle haben Bedürfnisse und sind in einem gewissen Maße abhängig von denjenigen, mit denen wir durch Bindung eine physiologische Einheit bilden. Ja, richtig gelesen. Sogar unser Blutdruck, der Herzschlag, die Atmung und der Hormonspiegel in unserem Blut werden durch unseren Partner beeinflusst.

Dr. James Coan, Professor der Psychologie und Direktor des *Virginia Affective Neuroscience Laboratory*, erforschte gemeinsam mit Hillary Schaefer und Richard Davidson, wie enge soziale Beziehungen und soziale Netzwerke unsere emotionalen Reaktionen steuern.[5]

Dafür simulierten sie bei den Probandinnen eine Stresssituation, indem sie ankündigten, sie würden einen Elektroschock bekommen, und scannten dabei das Gehirn der verheirateten Frauen. Während sie auf den Stromschlag warteten, wurde der Hypothalamus aktiv. Hielten sie während der Wartezeit die Hand eines Fremden, verringerte sich die Aktivität dieses Hirnareals nur leicht. Hielten sie während des Wartens allerdings die Hand ihres Ehemannes, war der Stress im Gehirn kaum noch nachzuweisen. Dabei profitierten die Frauen, die in ihrer Ehe besonders zufrieden waren, am meisten vom Händchenhalten.

Diese Studie zeigt, dass Menschen in engen Beziehungen ihr Wohlbefinden gegenseitig regulieren und dass die körperliche Nähe des Partners die eigene Stressreaktion beeinflussen kann. Mit diesem Wissen sollten wir die Bezeichnung der »Bedürftigkeit« im Zusammenhang mit Beziehungen noch mal neu überdenken. Denn wenn unser Wohlbefinden auch von unserem Partner abhängig ist und durch ihn reguliert wird, ist es nur natürlich, dass wir uns nach ihm sehnen und ihn bei uns haben wollen. Ein Großteil von uns ist nämlich nur deshalb bedürftig und unsicher, weil die Beziehung, in der wir leben, uns dieses Gefühl vermittelt.

Wenn unser Partner also nicht in der Lage ist, unsere Bedürfnisse nach Bindung zu befriedigen, erleben wir Stress, chronische Unruhe und Anspannung, die uns allgemein anfälliger für andere Leiden macht. Das bedeutet leider auch, dass wir unser emotionales Wohlbefinden und unsere körperliche Gesundheit riskieren, wenn wir mit jemandem eine Liebesbeziehung führen, der uns keine sichere Basis ist.

Bevor wir uns den drei verschiedenen Bindungstypen und ihren Merkmalen widmen, ist es wichtig, zu verstehen, dass nicht alles schwarz oder weiß ist und dass es verschiedene Ausprägungen gibt. Auch Mischformen treten auf. Vieles ist abhängig von dem, was in unserem Leben aktuell passiert, und von den Erfahrungen, die wir gesammelt haben, vor allem aber davon, in welcher Beziehung wir zu unserem Gegenüber stehen. Zudem ist es bei der Einschätzung, ob der potenzielle Partner euch geben kann, was wir brauchen, wichtig, sich das Gesamtbild anzuschauen. Denn ob ein Mensch einem bestimmten Beziehungstyp mehr oder weniger zugeordnet werden kann, erkennt man nicht nur an einer Aussage oder einem Merkmal, sondern an einer Kombination aus Verhaltensweisen und der Einstellung.

### *Der ängstliche Bindungstyp*

Der ängstliche Typ ist seiner Partnerin gerne sehr nahe, hat aber Angst, dass sie nicht so viel Nähe möchte wie er – denn das ist tatsächlich viel. Übermäßig früh ist er damit einverstanden, gemeinsam in den Urlaub zu fahren, zusammenzuziehen oder die gesamte Freizeit mit seiner neuen Flamme zu verbringen. Auch von Körperkontakt kann er nicht genug bekommen. Meist ist der Ängstliche unglücklich, wenn er Single ist. Auch wenn er es nicht sagt, spürt man, dass er unbedingt eine Partnerin will. Bei Dates mit ihm hat man das Gefühl, bei einem Casting für »Er sucht seine zukünftige Ehefrau« zu sein.

Dieser Bindungstyp hat große Angst vor Ablehnung, äußert direkt oder indirekt Unsicherheiten. Er wird viele Fragen zu vergangenen Beziehungen stellen, um einschätzen zu können, wie er im Vergleich zu den anderen Männern dasteht, und um herauszufinden, ob seine Partnerin noch Gefühle für einen Ex hegt. Außerdem wird er sich sehr bemühen, ihr zu gefallen, und ständig fürchten, dass sie nichts mehr für ihn empfindet oder ihn nicht mehr sexuell attraktiv findet. Deshalb wird der Ängstliche sich anstrengen, interessant zu bleiben.

Einerseits wird er schon bei kleinen Auseinandersetzungen oder Fehlern denken, dass er damit die Beziehung ruinieren könnte. Andererseits wird er oft Spielchen spielen, weil er glaubt, so das Interesse und die Aufmerksamkeit aufrechtzuerhalten. Zum Beispiel wird er lässig, distanziert und desinteressiert tun, wenn er ein paar Tage nichts von ihr gehört hat, oder aber sich unerreichbar und beschäftigt geben. Es kommt auch vor, dass er bestimmte Situationen künstlich heraufbeschwört, damit seine Partnerin mehr für ihn da ist oder sich mehr für ihn interessiert.

Der ängstliche Beziehungstyp ist sehr besorgt um die Beziehung und registriert sehr schnell, wenn sie bedroht ist. All seine Gedanken kreisen um die Frau an seiner Seite. Er überdenkt alles und zerpflückt jedes Wort, das seine Partnerin gesagt hat. Er meldet sich entweder ständig bei ihr oder aber auch gar nicht mehr, weil er darauf wartet, dass sie sich meldet.

Der Ängstliche reagiert sehr sensibel auf Stimmungsschwankungen sowie kleine Verhaltensänderungen der Partnerin und nimmt sie persönlich. Es gibt kaum etwas, was der Ängstliche nicht auf sich bezieht. Erst wenn seine Freundin ihm unmissverständlich klargemacht hat, dass alles in Ordnung ist, kann er sich beruhigen. Er wittert negative Emotionen in der Beziehung, die für ihn häufig den Großteil der emotionalen Energie beanspruchen. Er ist leicht aus der Fassung zu bringen, rastet aus und sagt dabei Dinge, die er später bereut. So droht er zum Beispiel oft, die Beziehung zu beenden.

Allgemein hat der ängstliche Bindungstyp Schwierigkeiten, zum Ausdruck zu bringen, was ihn stört. Vielmehr erwartet er, dass seine Partnerin das Problem errät, und reagiert dann sauer, wenn sich die Enttäuschungen und Verletzungen häufen.

Er wird ihr insgeheim oder auch direkt unterstellen, dass sie untreu ist, und nach Beweisen suchen, die darauf hinweisen, dass sie ihm tatsächlich fremdgeht. Dafür wird er sich möglicherweise Zugang zu Passwörtern verschaffen und Nachrichten, Anrufe, Fotos und andere persönliche Dokumente durchsuchen.

Ein Ängstlicher lässt seine Partnerin das Tempo der Beziehung bestimmen, weil er kein Risiko eingehen will. Dabei vernachlässigt er persönliche Grenzen und gibt sich selbst auf.

Gibt der Partner dem ängstlichen Beziehungstyp viel Geborgenheit und Sicherheit, kann er seine Sorgen ablegen und ist zufrieden.

### *Der vermeidende Bindungstyp*

Unabhängig und autark zu bleiben, geht für den vermeidenden Typ über alles. Obwohl der Vermeider anderen nahe sein möchte, ist ihm zu viel Nähe unangenehm. Deshalb zieht er es vor, ungebunden zu sein. Eine feste Beziehung geht er eher zögerlich ein. Er neigt dazu, seine Partnerin auf Abstand zu halten.

Sorgen um die Beziehung, Angst vor Ablehnung oder vor einer Trennung hat er nicht. Der vermeidende Beziehungstyp öffnet sich seiner Partnerin nur schwer, distanziert sich emotional und sucht in der Beziehung aufmerksam nach Anzeichen, die darauf hindeuten könnten, dass seine Partnerin ihn kontrollieren oder auf sein Territorium zugreifen möchte. Er beendet eine Beziehung tendenziell häufiger.

Der Vermeider sendet widersprüchliche Signale aus, wirkt distanziert und unnahbar, aber gleichzeitig verletzlich. Phasenweise ist er der Beziehung sehr zugewandt und meldet sich oft, nur um dann wieder gar nichts von sich hören zu lassen. Außerdem suggeriert er Verbindlichkeit, indem er Sätze sagt wie: »Wenn wir zusammenziehen …«, »Wenn wir dann mal Kinder haben …«, »Wir können jederzeit nach Venezien fliegen …«, sich aber dann wieder verhält, als hätte man als Paar keine Zukunft.

Es kann sein, dass er ab und zu das Richtige sagt, sich aber widersprüchlich dazu verhält. Oder er merkt verträumt an, wie sehr er sich nach einer idealen Beziehung sehnt, macht aber im nächsten Atemzug deutlich, dass er damit nicht die Beziehung mit der aktuellen Partnerin meint.

Der Vermeider verachtet Abhängigkeit und Bedürftigkeit, gegen die er selbst immun zu sein scheint, und braucht viel Freiraum. Seine Unabhängigkeit ist ihm das Wichtigste. Er betont seine Grenzen strikt und hat Regeln, die er kompromisslos befolgt.

Folgende Sachen werden aus dem Mund eines Vermeiders kommen:

»Ich liebe meine Freiheit!«

»Ich habe so viel zu tun / meine Arbeit nimmt so viel von mir in Anspruch, dass ich gar keine Zeit für eine richtige Beziehung habe.«

»Ich kann nicht mit jemandem zusammen sein, der nicht autark und selbstständig ist.«

»Alle wollen sich nur binden.«

»Wenn man erst einmal verheiratet ist oder Kinder hat, ändert sich alles.«

»Da fühle ich mich wie im Beziehungsknast.«

Ein vermeidender Bindungstyp ist besonders anfällig fürs Fremdgehen und hat es in früheren Beziehungen bereits getan. Mit anderen zu flirten, gehört zu seiner Taktik, um Unsicherheiten in der Beziehung zu säen.

Im Laufe der Beziehung verwendet er (unbewusst) körperliche und emotionale Distanzierungsstrategien, um echte Nähe zu vermeiden, sich seine Freiheit zu bewahren und sich die Partnerin vom Leib zu halten. So wird er beispielsweise seine Urlaube alleine verbringen, einen Schritt vor seiner Partnerin laufen, wenn er mit ihr unterwegs ist, sein eigenes Bett, eine eigene Wohnung oder getrennte Sofas bevorzugen und Beziehungen eingehen, die keine Zukunft haben, zum Beispiel mit enorm großem Altersunterschied oder einer bereits vergebenen Person.

Besonders fies und unangenehm ist es mit einem vermeidenden Bindungstyp, wenn er anfängt, die aktuelle Partnerin abzuwerten, indem er ihr Äußeres oder irgendein Defizit negativ kommentiert, auch wenn es nur »scherzhaft« gemeint ist. Denn dies gehört zu den Deaktivierungsstrategien, mit der ein Vermeider seine Partnerin auf Distanz hält. Er denkt schnell negativ über sie, besonders dann, wenn er sie für emotional bedürftig und übermäßig abhängig hält. Auf Eigenarten, die in seinen Augen auf die Unvollkommenheit seiner Partnerin hinweisen, schießt er sich ein und untergräbt dadurch seine Gefühle für sie. Sie sind der Beweis dafür, dass sie nicht »die Richtige« für ihn ist. Er kann sogar so weit gehen, dass sie zur »Feindin« des Vermeiders wird, wenn sie ihm so nahe kommt, dass er sich damit nicht mehr wohlfühlt.

In solchen Fällen kann es überraschend für die Partnerin sein, wenn sie sieht, wie nett, freundlich und rücksichtsvoll er mit anderen umgeht, während er ihr die kalte Schulter zeigt oder sogar gemein wird. Wenn er seine Freundin zur Feindin erklärt hat, wird sie spüren, dass er sie nicht mehr um Rat bittet und sie noch weniger an seinem Leben teilhaben lässt. Sie wird feststellen, dass es ihm wichtiger ist, vor Fremden einen guten Eindruck zu machen, als sich ihr gegenüber ordentlich zu benehmen. Bei Vermeidern führt mehr Nähe zu mehr Distanz.

Der Vermeider kann mit seiner Partnerin lange in einer Beziehung leben und sich sogar auf sie einlassen, allerdings ohne den nächsten Schritt – zusammenziehen, Familie gründen oder den Eltern vorstellen – zu unternehmen. Mental und emotional bleibt er immer auf Distanz und hält sich ein Hintertürchen offen.

Wenn es gut läuft, die Dinge ernster oder intimer werden, zieht er sich zurück. Es kann dann sogar vorkommen, dass er tagelang nichts von sich hören lässt.

Allgemein ist seine Einstellung, was Ehe und Beziehung betrifft, sehr starr. Er ist sich sicher, dass es besser ist, in getrennten Haushalten zu wohnen oder nicht zu heiraten.

Dann gibt es bei den vermeidenden Beziehungstypen häufig diese eine Ex, seine verlorene Liebe, über die er nie hinweggekommen ist, der niemand je wieder das Wasser reichen kann und die so toll war, dass man sich zwangsläufig die Frage stellt, warum die Beziehung überhaupt geendet hat. In der Bindungstheorie spricht man vom »Phantom-Ex-Phänomen«. Die Verflossene wird aus der sicheren Entfernung auf ein Podest gestellt, bewundert und als die »Liebe des Lebens« angesehen, die nun für immer verloren ist. Im Vergleich zur beweihräucherten Phantom-Ex erscheint jede neue Beziehung bedeutungslos, wird durch die Fixierung auf die Ex bereits im Keim erstickt.

Die meisten früheren Beziehungen werden in der Regel ohnehin stark idealisiert. Warum sie aber schiefgegangen sind, darüber wird sich nicht konkret geäußert. Allerdings auch nicht darüber, warum sie die Richtige für ihn war.

Ohnehin erinnert sich ein Vermeider nur ungern an sein eigenes Benehmen. Scherzhaft spricht dieser Bindungstyp auch oft davon, wie viele Herzen er schon gebrochen hat.

Nicht nur, dass die Ex als unerreichbares Wesen in den Himmel gehoben wird, auch die perfekte Partnerin, nach der er sich anscheinend so sehr sehnt, wird als Übermensch präsentiert. Das Warten auf die Richtige, die perfekte Partnerin, die Seelenverwandte, gehört nämlich zu einer weiteren Distanzierungsstrategie. Die erwünschte romantische Liebesbeziehung wird von einem Vermeider so überzogen dargestellt, dass kein Mensch aus Fleisch und Blut diesem Ideal je gerecht werden könnte. Auf diese Weise kann der Vermeider weiterhin glauben, dass mit ihm alles in Ordnung ist. Das Problem stellt eindeutig die aktuelle Partnerin dar – sie ist einfach nicht gut genug für ihn. Sie wiederum wird durch seine Schwärmereien in dem Gefühl darin bestärkt, dass sich ihr vermeidender Partner doch sehr wohl nach Nähe und Verbundenheit sehnt.

In Nähe erzeugenden Gesprächen oder Unternehmungen als Paar wittert er eine Gefahr. So ist er seiner Partnerin gegenüber oft sehr misstrauisch und achtet wachsam darauf, dass er nicht in eine Ehe »getrickst« oder finanziell ausgenutzt wird. Rein optisch hat er eine ausgeprägte Vorliebe für einen bestimmten »Typ«, hält starr an seinen Vorlieben bezüglich Aussehen, Beruf und Alter fest.

An Konfliktlösung ist ein Vermeider nicht wirklich interessiert, denn das würde für zu viel Nähe sorgen. Viel mehr wird er auf Befürchtungen und bei Streitigkeiten wie ein Gutachter kühl mit Fakten reagieren, ohne die Gefühle der Partnerin zu berücksichtigen oder sie auch nur als legitim anzusehen. Eher wird er aus der Situation flüchten.

Niemals gesteht er seiner Partnerin seine Gefühle oder macht seine Absichten deutlich. So kann er lange in einer Beziehung sein, ohne zu sagen, dass er sie liebt.

Auch typisch für den Vermeider ist, dass er Pläne für sich macht, zum Beispiel ins Ausland oder in eine andere Stadt ziehen will, ohne dabei anzusprechen, was aus der Partnerschaft wird. Über bestimmte Themen, die die Zukunft der Beziehung betreffen, wird nicht geredet. Sie sind tabu. Dafür sorgt der vermeidende Bindungstyp, indem er, sobald ein Gespräch auf das Thema zusteuert, eine unbehagliche Atmosphäre erzeugt, sodass es seiner Partnerin sehr schwerfällt, irgendwelche Fragen zu stellen.

Auch Sex wird von Vermeidern häufig genutzt, um ihre Partnerin auf Distanz zu halten. Entweder er verweigert den Sex ganz, oder aber er vermeidet Zärtlichkeiten wie Küssen, Umarmen, Kuscheln oder Streicheln, damit sich der Akt weniger intensiv anfühlt. Denn ihnen geht es oft nur um den Geschlechtsverkehr als solchen, nicht um den körperlichen Ausdruck von Liebe.

### *Der sichere Bindungstyp*

Herzlichkeit und ein liebevoller Umgang mit der Partnerin ist für den sicheren Typ ganz natürlich. Er macht sich um die Beziehung keine großen Sorgen, genießt Nähe und Liebe, ohne Probleme darin zu sehen. Irritationen regen den Sicheren nicht auf. Seine Bedürfnisse und Gefühle zu kommunizieren, fällt ihm leicht, und er ist auch gut darin, die emotionalen Signale seiner Partnerin zu deuten und auf sie einzugehen. Der Sichere verschwendet keine Zeit mit Frauen, die nicht genügend auf seine Bedürfnisse eingehen, und gibt der Falschen keine zweite Chance.

Außerdem äußert er seine Bedürfnisse vom ersten Tag an klar. Er versteht es, die eigenen Erwartungen zielsicher an seine Partnerin zu vermitteln, und reagiert auf ihre Bedürfnisse ebenso effizient. Der sichere Beziehungstyp lässt seine Partnerin an seinen Erfolgen und seinen Problemen teilhaben und ist für sie da, wenn sie ihn braucht.

Was er verspricht, das hält er. Er ist zuverlässig. Er ruft an, wenn er sagt, dass er anruft, und sollte er eine Verabredung einmal nicht einhalten können, meldet er sich sofort und schlägt Alternativen vor. Allgemein macht der Sichere Pläne mit seiner Partnerin und berücksichtigt dabei sowohl ihre Meinung als auch ihre Vorlieben. Entscheidungen trifft er mit ihr gemeinsam, und nie geht er davon aus, alles besser zu wissen.

Seine Einstellung zu Beziehungen ist flexibel. Er sucht nicht nach einem Typ Frau, die ein bestimmtes Alter oder Aussehen hat. Zudem zeigt er sich offen gegenüber Themen wie Zusammenwohnen, Heiraten oder Konten zusammenlegen. Er setzt keine unbewussten Distanzierungsstrategien ein und lässt sich auch nicht von trügerischen Fantasien über die einzig ideale Partnerin blockieren, auf die er so inbrünstig wartet oder die ihm durch die Lappen gegangen ist. Ein Sicherer glaubt, dass es nicht nur eine, sondern viele potenziell passende Partnerinnen für ihn gibt.

Vor Abhängigkeit oder Bindung hat er keine Angst, also befürchtet er auch nicht, dass ihn seine Freundin in eine Ehe »tricksen« oder ihm seine Freiheit rauben will. Vermutlich wünscht er sich selbst eine Familie.

Mit einem sicheren Bindungstypen ist es leicht, zu kommunizieren. Auch dann, wenn er nicht genau weiß, was Sache ist, wird er meist auf klare Kommunikation setzen. Er sagt, was ihn stört, und macht es seiner Partnerin leicht, zu fragen, wie es um die gemeinsame Zukunft steht. Seine Antworten fallen ehrlich aus, auch wenn sie seinem Gegenüber nicht immer gefallen, denn er spielt keine Spielchen. Wenn seine Partnerin das tut, kann das für ihn sogar ein Grund sein, die Beziehung sofort zu beenden.

Ein Sicherer möchte verstehen, was seine Partnerin wirklich stört, um das Problem zu lösen, und ist bereit, Kompromisse zu schließen. Instinktiv fühlt er sich von den Frauen angezogen, die ihn glücklich machen.

Für den sicheren Bindungstypen erzeugt Nähe mehr Nähe. Nach einem Konflikt bekommt er keine kalten Füße, und nach einem emotionalen oder aufreibenden Gespräch über die Beziehung beruhigt er sich ziemlich schnell wieder.

Der Sichere äußert von sich aus Gefühle und teilt seiner Partnerin mit, wie viel sie ihm bedeutet. »Ich liebe dich« zu sagen, fällt ihm leicht. Er will von sich aus, dass die Frau an seiner Seite seinen Freundeskreis und seine Familie kennenlernt, oder aber er geht auf den Wunsch ein, wenn sie es möchte.

Wahrscheinlich wünscht sich jede von uns einen Mann vom sicheren Beziehungstyp an ihrer Seite, mit dem sich die Liebe leicht und das Kennenlernen natürlich anfühlt. Jemanden, für den unser Wohlbefinden an erster Stelle steht, dessen Vertrauensperson wir sind und dem unsere Meinung wichtig ist, der uns bewundert, beschützt und bei dem Nähe zu noch mehr Nähe führt. Doch wie vielleicht einige von euch bereits befürchten, ziehen sich zwei Bindungstypen besonders magisch an: der

Ängstliche und der Vermeider. Dabei scheint der ängstliche Bindungstyp besonders anfällig dafür zu sein, an Menschen zu geraten, mit denen man eine Achterbahn der Gefühle erlebt. Auch wenn sie wissen, dass es besser wäre, nicht bei einem Menschen zu bleiben, der ihnen nicht guttut, sagt ihr Bindungssystem den Ängstlichen etwas anderes, und sie schaffen es nicht, ihn zu verbannen.

Durch eine Studie der Bindungsforscher Phillip Shaver und Mario Mikulincer, die zwanzig Frauen mit ängstlichem Bindungsstil baten, an verschiedene Beziehungsszenarien zu denken, konnte das belegt werden. Denn wenn diese an negative Ausgänge, wie zum Beispiel den Tod des Partners oder eine Trennung, dachten, leuchteten die emotionsrelevanten Hirnareale heller auf als bei den Frauen mit anderen Bindungsstilen.[6] Also reagiert wohl das Hirn der ängstlichen Beziehungstypen stärker auf Verlustgedanken, und es fällt ihnen schwerer, diese abzustellen.

Auch die Paarbindungsforscher Paula Pietromonaco und Katherine Carnelley befassten sich mit der Frage, welche Rolle der Bindungstyp bei der Anziehungskraft zwischen zwei Menschen spielt, und glauben, dass vermeidende Partner tatsächlich Ängstliche bevorzugen. Denn beide ergänzen sich und bestätigen sich gegenseitig das, was sie über Beziehung und Bindung denken. Der Vermeider wird darin bekräftigt, seine Stärke und Unabhängigkeit zu verteidigen, und kann überzeugt davon bleiben, dass der andere ihm mehr Nähe aufdrücken will, als er ertragen kann. Der Ängstliche wiederum wird in seiner Annahme bestätigt, er wolle mehr Nähe, als der Partner ihm geben kann. Dies führt für den Ängstlichen dazu, dass er sich, wie nicht anders erwartet, von einer Bezugsperson im Stich gelassen fühlt. So können diese beiden Bindungstypen nach Pietromonaco und Carnelley ihr vertrautes Drehbuch immer und immer wieder durchspielen.[7] Dass ein vermeidender Beziehungstyp sich auf seinesgleichen einlassen würde, ist hingegen eher unwahrscheinlich, da bei einer solchen Konstellation der emotionale Kitt, der das instabile Konstrukt zusammenhält, fehlen würde. Außerdem würden sie sich nicht so gut ergänzen und gegenseitig ihre Ängste nicht so ideal bedienen.

Auch die Höhen und Tiefen in dieser Beziehungsdynamik können leicht mit Leidenschaft und Liebe verwechselt werden. Das Anormale wird zur Normalität, und oft können ängstlich-vermeidende Beziehungen das Schlimmste im anderen zum Vorschein bringen. Besonders dann, wenn sich mit der Zeit zu viel anstaut, der eine immer mehr Nähe will und der andere immer mehr Distanz. Denn das Fatale an dieser Verbindung ist: Oft wird ein Konflikt mit einem Vermeider nicht gelöst. Der ängstliche Teil der Beziehung steht nach einer Auseinandersetzung meist in einer noch schlechteren Position da als vorher. Durch den Rückzug und die Gleichgültigkeit des Vermeiders muss der Ängstliche schon froh sein, wenn sie dort wieder anknüpfen können, wo sie vor dem Streit waren, was meist unbefriedigend ist, da das Problem zwischen ihnen nicht verschwindet. Die Hoffnung darauf, dass sich etwas ändern und das Zusammenleben besser werden wird, verfliegt mit der Zeit.

Das Selbstbewusstsein des Ängstlichen leidet mit einem vermeidenden Typen stark. Während dieser immer wieder Mittel und Wege findet, möglichst wenig Zeit als Paar zu verbringen, und alles daransetzt, dass sich keine echte Nähe entwickelt, fühlt sich der ängstliche Partner immer unattraktiver und nie gut genug. Er fängt an, die Schuld bei sich zu suchen, und vermutet, dass sich der Partner in einer anderen Beziehung bestimmt ganz anders verhalten würde. Diese Negativität kann schnell zu einer Abwärtsspirale führen, bei der der Ängstliche automatisch immer vom Schlimmsten ausgeht.

Natürlich kann eine Beziehung zwischen einem Vermeider und einem Ängstlichen auch funktionieren. Beide können sicherer werden, wenn sie es denn wollen und wenn sie unter der Situation so stark leiden, dass sie so nicht weitermachen möchten. Oberflächlich betrachtet wird der Vermeider in dieser Beziehungsdynamik zwar weniger verletzt, da der Rückzug meist von ihm ausgeht, aber auch er muss seine Bindungsbedürfnisse unterdrücken und an sich arbeiten, wenn er eine richtige Beziehung führen will.

Und auch wenn diese Menschen so wirken mögen, sind sie nicht so frei, wie sie sich geben. Es ist oft nur eine Abwehrhaltung, die ganz schnell zusammenbricht, sobald sie mit einem großen Verlust oder einem einschneidenden Lebensereignis – wie zum Beispiel Scheidung, Geburt oder Tod – konfrontiert werden. Damit auch ein Vermeider zu wahrer Liebe findet, kann es helfen, therapeutische Hilfe in Anspruch zu nehmen. Doch leider suchen sie die Ursachen ihrer Unzufriedenheit selten bei sich, sondern eher bei ihren Mitmenschen, die sie versuchen, »in einen Käfig zu sperren und einzuengen«.

Was kann ein Vermeider also tun, um sich zu entwickeln? Vor allem geht es darum, Deaktivierungsstrategien zu erkennen, die »Phantom-Ex« aus dem Speicher zu löschen und den »einzig richtigen, perfekten Partner« zu vergessen. Außerdem ist es wichtig, sich um Kommunikation zu bemühen und dem ängstlichen Partner klarzumachen, dass das eigene Verhalten nichts mit der aktuellen Beziehung zu tun hat.

Sollte ein Vermeider allerdings nicht dazu bereit sein, Kompromisse zu finden, und der Ängstliche dennoch an der Partnerschaft festhalten wollen, bleibt diesem nichts weiter übrig, als die bittere Pille zu schlucken und das anzunehmen, was ist. Der ängstliche Typ muss sich eingestehen, dass das Leben, das er an der Seite des Vermeiders führen wird, so aussehen wird. Er muss sich mit der ihm zugewiesenen Rolle zufriedengeben und sich damit abfinden, dass der Partner sich in bestimmten Bereichen nie einbringen wird. Es bleibt ihm nichts anderes übrig, als zu akzeptieren, dass der vermeidende Partner hin und wieder auf Distanz geht, und zu verinnerlichen, dass das nichts mit der Beziehung an sich zu tun hat.

Die Partnerin eines Vermeiders muss lernen, Dinge alleine zu machen, bei denen sie eigentlich ihren Partner dabeihaben will. Sich andere Menschen zu suchen, mit denen sie das erleben kann, worauf ihr Vermeider keine Lust hat.

Obwohl es für die Ängstliche wahrscheinlich nicht die Beziehung werden wird, die sie sich tief im Herzen eigentlich wünscht, wird die Beziehung dann vermutlich weitergehen. Aber: Nur weil man mit jemandem klarkommen kann, heißt das noch lange nicht, dass man mit demjenigen auch klarkommen muss. Ängstliche Bindungstypen können vor allem dann sicherer werden, wenn sie mit einem Sicheren zu tun haben und von ihm lernen. Denn wenn die Bedürfnisse der Ängstlichen befriedigt sind, können sie die Aufmerksamkeit wieder auf sich und ihre Außenwelt richten und Vertrauen fassen.

# Auf der Jagd nach dem nächsten Schuss Liebe

Sobald der Schmerz nach einer Trennung nachgelassen und der Nebel der Verzweiflung, der Trauer und der Wut sich ein wenig gelichtet hat, lohnt es sich, einen Blick auf das zu werfen, was wir dieser Person gegenüber empfunden haben. Am Ende steht oft die zaghafte Frage: »War das wirklich Liebe?«

Ihr erinnert euch an das Kapitel mit den Dating-Apps aus »Im Namen der Venus«, in dem ich erklärt habe, wie die Entwickler sich unser Verhalten zunutze machen, um uns in Richtung Bezahl-Version zu drängen? Um den psychologischen Mechanismus zu erklären, der dahintersteckt, habe ich euch von den Experimenten des wohl berühmtesten Vertreters des Behaviorismus, Burrhus Fredric Skinner (1904–1990) erzählt. Eine kurze Wiederholung für alle, die mein erstes Buch noch nicht kennen:

In diesem Experiment wurde eine Ratte in einen Käfig gesperrt, der mit einem Hebel versehen war. Sobald die Ratte den Hebel betätigte, gab es Futter. Die Ratte lernte schnell, dass sie den Hebel betätigen muss, um eine Belohnung zu bekommen.

Im nächsten Schritt wollte Skinner wissen, wie die Ratte sich verhält, wenn sie den Hebel drückt und kein Futter rauskommt – das Tier verlor das Interesse und widmete sich anderen Dingen.

Die Gemeinsamkeit der beiden Experimente war ihre Vorhersehbarkeit.

»Ich drücke den Hebel und kann erwarten, dass Futter rauskommt« Und das Gegenteil: »Ich drücke den Hebel und kann erwarten, dass kein Futter rauskommt.«

Also fragte Skinner sich, was passieren würde, wenn man das Experiment unvorhersehbar machte: Wie verhält sich eine Ratte, wenn sie den Hebel betätigt, und manchmal kommt dadurch Futter heraus, manchmal aber auch nicht? Er erwartete, dass die Ratte auch in diesem Fall kein Interesse mehr an dem Hebel zeigen würde, doch weit gefehlt: Anstatt frustriert aufzugeben, drückte das Nagetier nur noch häufiger auf den Hebel.

Jetzt meinte der Forscher, wenn sie nach dieser unvorhersehbaren Methode das Experiment auf die Spitze trieben und das Drücken des Hebels nie wieder für eine Futterausschüttung sorgte, würde die Ratte verstehen, dass nichts mehr kommt, und sich komplett abwenden. Doch auch das passierte nicht. Stattdessen wurde die Ratte regelrecht besessen von dem Pedal, sie wurde süchtig, versuchte, den Futterhebel zu kontrollieren. Damit nicht genug: Sie hörte auf, sich das Fell zu pflegen, und ihr Gesundheitszustand verschlechterte sich.[8]

Heftig, oder? Dieses Experiment lehrt uns viel über die Grundlagen unseres Verhaltens, auch wenn wir natürlich keine Ratten sind.

Intermittierende Verstärkung nennt sich das Phänomen, das die Wissenschaftler im Experiment beobachten konnten, im Fachjargon.[9] Die Versuchsperson erhält zwar eine Belohnung für ihr Verhalten, allerdings unbeständig und ohne erkennbares Muster.

Denkt noch mal zurück an das Beispiel mit den Dating-Apps – man swiped weiter und weiter, in der Hoffnung, seinen Traummann irgendwann zu entdecken – oder an den Klassiker, die Glücksspiele. Zocker in Spielhallen können Stunden damit verbringen, den Automaten immer weiter mit Geld zu füttern, ohne zu wissen, wann sie den Jackpot knacken werden – und ob überhaupt. Im Extremfall vernachlässigen sie ihre Familien und geben auch noch den letzten Cent aus, ohne auch nur einen Gedanken daran zu verschwenden, ob die Kinder zu Hause noch genug Essen auf dem Tisch haben. Und auch wenn die Gewinnsumme schwindend klein ist: Nachdem sie stundenlang Hunderte von Euros verballert haben, fühlen sie sich schlichtweg fantastisch, beschwingt und erleichtert, wenn sie auch nur einen Euro gewinnen. Sie sind süchtig. Sie wollen, dass es weitergeht, erhalten das selbstzerstörerische Verhalten aufrecht. Und diese Sucht basiert auf der intermittierenden Verstärkung.

Weshalb ich euch das alles erzähle?

---

*Auch unsere Beziehungen können auf intermittierender Verstärkung basieren.*

---

In diesen Beziehungen, in denen wir in der freudigen Hoffnung verharren, dass daraus doch noch etwas Ernstes wird, oder in denen Menschen mit verschiedenen Bindungsstilen in Wechselwirkung aufeinander eingehen, gibt es Liebe und Zuneigung nur gelegentlich, unbeständig und unvorhersehbar. Sie macht die Beziehung unberechenbar, und diese Unberechenbarkeit lässt uns am Haken hängen und nimmt unser gesamtes Dasein ein. Plötzlich verhalten wir uns wie dieses Nagetier, das wie besessen das Pedal betätigt – ausgehungert erwarten wir die erlösende Anerkennung und Liebe durch die Person. So sehr, dass sogar der kleinste Fussel an Zuneigung sich anfühlt wie ein Millionengewinn. Und diesem Hochgefühl jagen wir nach.

Das Prinzip der intermittierenden Verstärkung greift immer dann, wenn es Bedürfnisse zu erfüllen gilt. In Beziehungen sind diese häufig der Wunsch nach Bindung sowie die Sehnsucht nach Liebe und Zuneigung. Wir sehnen uns danach, im Leben des anderen wichtig zu sein, uns zugehörig zu fühlen, nach Nähe, Intimität und Wertschätzung.

Knifflig wird es dann, wenn Menschen mit einem unsicheren Bindungsstil, besonders diejenigen mit einem vermeidenden, große Angst vor Nähe und Intimität haben. Bereits während der Kennenlernphase bricht dann häufig Panik aus, weil die Romanze immer ernster und die Beziehung immer enger wird. Also versuchen sie, die Kontrolle über die Situation wiederzuerlangen, indem sie sich plötzlich zurückziehen und ungewöhnlich viel Zeit für sich einfordern.

Das Problem, das hier entsteht – und das kann ganz unbewusst passieren –, ist, dass Menschen mit einem vermeidenden Bindungsstil trotzdem zeitweise Nähe und Intimität einfordern und sich so verhalten, wie ihr Partner sich das wünscht, um die Beziehung am Leben zu erhalten und sich somit das Verhältnis zu sichern, das sie brauchen. Sie spielen »Heiß und Kalt«, sind an einem Tag total begeistert und telefonieren stundenlang mit ihrer Flamme, doch schon am nächsten Tag melden sie sich nicht mehr, sind distanziert und genervt. Sie benehmen sich wie ein Fremder, um im nächsten Moment wieder ambitioniert Kontakt aufzunehmen und einen Pärchenabend verbringen zu wollen. Letzteres geschieht besonders häufig dann, wenn sie spüren, dass sich ihr Gegenüber distanziert und zurückzieht.

Ohne es zu wissen, wenden sie die intermittierende Verstärkung bei ihrem Partner an. Und ihr Partner? Die Person, die durch diese Konditionierung kontrolliert wird, hält an der Hoffnung fest, dass sie irgendwann regelmäßig bekommt, was sie braucht, und dass die andere Person sich verändert.

Die Hoffnung repräsentiert den Hebel im Skinner-Experiment. Angetrieben durch die Hoffnung gibt die Person mit dem ängstlichen Bindungsstil noch mehr, um irgendwann wieder die Belohnung abzusahnen, die sich immer so intensiv anfühlt. Und so bleibt sie in einer Beziehung, die sie ungesund und unglücklich macht. Mit aller Macht versucht sie herauszufinden, nach welchen Mustern sie sich verhalten und anpassen muss, um ihre Situation zu kontrollieren und eine regelmäßige und konsistente Rückmeldung zu bekommen. Wie bei einem Junkie dreht sich alles nur noch darum, wie sie an den nächsten Schuss kommt. Sie verändert alles an sich, bis sie sich schließlich völlig verliert. Hauptsache Liebe.

Beziehungen, die auf intermittierender Verstärkung basieren, sind keine Liebesbeziehungen, sondern eine Sucht. Und wie bei jeder Sucht, ist unser Körper abhängig von den Botenstoffen, die uns glücklich machen. In diesem Fall werden sie jedes Mal ausgeschüttet, wenn wir von unserem Partner bekommen, was wir wollen – Jackpot geknackt.

Und genau aus diesem Grund ist es so unglaublich schwer, diese Beziehungen zu beenden und den Partner zu verlassen. Und genau deshalb ist es auch so hart, wirklich von diesem dysfunktionalen Verhältnis wegzubleiben und nicht doch ständig wieder zurückzugehen. Von dieser Person wegzukommen, bedeutet buchstäblich, auf Entzug zu gehen und »clean« werden zu müssen. Und das heißt erst mal, auf »Turkey« zu sein. Und das fühlt sich schrecklich an. Wir fühlen uns durch den Entzug einsamer, leerer und ungeliebter als jemals zuvor.

Wie bei so vielen anderen Verhaltensweisen auch, kann die Ursache dafür, dass wir als Erwachsene in eine Partnerschaft geraten, die auf intermittierender Verstärkung beruht, in unseren frühesten zwischenmenschlichen Beziehungen liegen. Wahrscheinlich haben wir etwas Ähnliches in unserer Kindheit erlebt. Wahrscheinlich sogar mit dem Elternteil, das uns am wichtigsten war, von dem wir am meisten geliebt werden wollten und dem wir uns am nächsten fühlten. Wir wollten genau SEINE oder IHRE Liebe und Zuneigung so sehr! Dadurch haben wir gelernt: So muss Liebe sich anfühlen. Denn alles, was wir kennen, fühlt sich erst mal gut für uns an, auch wenn es schlecht für uns ist. Und so finden sich viele in einer Endlosschleife wieder, in der sie versuchen, unbeständige Partner in beständige zu verwandeln, und sich von Menschen angezogen fühlen, die ihnen schaden. Sie sollen so beständig und liebevoll zu uns sein, wie wir Mama oder Papa am liebsten an unserer Seite gehabt hätten. Es sind unsere alten Wunden, die wir als Erwachsene immer wieder rekreieren, in der Hoffnung, den Ausgang zu ändern.

Sich das einzugestehen, ist ein harter Prozess, da es plötzlich gilt, unsere uns selbst schädigende Verhaltensweisen, die wir uns über Jahre hinweg angeeignet haben, endlich zu erkennen und zu sehen, was wir uns angetan haben. Ein Mensch, der früh gelernt hat, wie viel besser es sich anfühlt, immer eine vorhersehbare Belohnung beim Betätigen des Hebels zu erhalten, würde sich einem aufreibenden Kalt-Heiß-Spiel nicht mal eine Sekunde aussetzen, sondern verschwinden. Denn dieser Mensch weiß, dass es Beständigkeit braucht, um eine gute, vertrauensvolle und sichere Beziehung aufzubauen.

# »Du bist anders als die anderen«

Klingt im ersten Moment wie ein Kompliment – ist es aber nicht.

Schuldig im Sinne der Anklage! Auch ich habe schon das ein oder andere Mal flirty mein Gesicht in der Schulter vergraben und mich verlegen darüber gefreut, wenn ein Mann diesen Satz zu mir gesagt hat. Ganz peinlich: Ich habe mich sogar dafür bedankt. Es fühlte sich vielleicht sogar an wie eine Auszeichnung, weil es mir zu dieser Zeit nicht erstrebenswert erschien, so zu sein wie andere Frauen oder wie andere Menschen allgemein. Außerdem meinte ich, mich ganz originell von anderen abzuheben, indem ich behauptete, ich könne mit vielen Frauen einfach nichts anfangen. (Was eine Lüge war, die ich mit siebzehn nur gesagt habe, um einem Typen zu gefallen. Ich hatte in meinem Leben keinen einzigen männlichen platonischen Freund, hing in der Schule nur mit Mädchen ab und liebe Frauen so dermaßen, dass ich es sogar ein bisschen schade finde, dass ich nicht mehr auf sie stehe.)

Heute würde ich jeder Frau davon abraten, einen Mann, der zu ihr sagt: »Baby, du bist anders als die anderen«, für voll zu nehmen, denn:

1. Klar seid ihr nicht so wie die anderen. Ihr seid eben ihr, und es gibt euch nur einmal so auf dieser Welt. Ihr seid ein Unikat, Einstein!

2. Es ist kein Kompliment, weil der Satz nur darauf abzielt, andere Frauen runterzumachen. Man(n) könnte nämlich auch nur ein Kompliment machen, indem man sagt: »Du bist etwas Besonderes für mich«, »Ich mag, wie du denkst«.
3. Ihr werdet damit auch ein Stück weit manipuliert. Besonders dann, wenn der Typ weiß, dass ihr sehr auf ihn steht, und dem Satz so was folgt wie:
   »Die anderen sind immer so anstrengend.«
   »Bis jetzt haben die Frauen mich immer kontrolliert, du bist auf jeden Fall nicht so unsicher.«
   »Du rastest nicht sofort aus wie eine Furie.«
   »Du bist nicht so laut wie die anderen.«
   Auf diese Weise formt und erzieht er euch indirekt so, wie er euch gerne hätte, damit ihr auch ja keinen Aufstand macht, sollte er euch einen Grund geben, euch wie eine Furie zu verhalten. Was er euch eigentlich damit sagen will, ist: »Egal, was ich anstelle und wie schlecht ich dich behandle – du hältst schön die Klappe! Und ich werde dich womöglich schlecht behandeln, denn sonst würde ich deine Erwartungshaltung nicht beeinflussen.«
4. Wenn er danach seine verrückte Ex erwähnt, »Gott sei Dank bist du nicht so wie sie«, entlarvt ihn das schonungslos als das Problem. (Aber dazu kommen wir gleich.)

*»So pick me, choose me, love me«*

*Meredith Grey, »Grey's Anatomy«,*
*Staffel 2, Folge 5: »Bring the Pain«*

Das Pick-Me-Girl behauptet felsenfest von sich, nicht so zu sein wie die anderen Frauen. Es deutet diesen Unterschied direkt oder indirekt an, sucht so nach männlicher Bestätigung und will damit herausstechen. Die Botschaft lautet: Ich bin als Partnerin besser geeignet als die breite Masse.[10]

Pick-Mes zeichnen sich außerdem dadurch aus, dass sie Männersachen lieber mögen als die klassischen Frauensachen. Um die Klischees ein wenig auf die Spitze zu treiben: Sie bestellen lieber Bier als Prosecco, kennen sich mit Fußball aus und jubeln mit, statt zu stricken, frisieren Autos statt Puppen, drehen Zigaretten, statt die dünnen Stängel zu kaufen. (Sie machen das nur, weil die Typen darauf stehen, hat mir mal eine Schulkameradin erklärt, während sie sich mit dem Filter im Mund lässig eine drehte.)

Und genau an dieser Stelle wird es natürlich auch sofort ein wenig tricky. Denn natürlich ist eine Frau nicht automatisch eine Pick-Me, wenn sie nun mal Bier und Fußball mag. Natürlich sollte eine Frau, die es liebt, an Autos rumzuschrauben, das machen können, ohne dafür als Pick-Me eingestuft oder verurteilt zu werden – von Frauen und von Männern.

Natürlich ist es vollkommen in Ordnung (oder zumindest sollte es das sein), wenn Frauen mit Gelnägeln nichts anfangen können, weil sie es nicht schön finden, es sie beim Baustelle absichern oder ihrem Hobby stört. Aber im Gegenzug dazu muss es eben auch nicht sein, dass man sich durch kürzere Nägel, Fußballgucken und Biertrinken fühlt wie eine bessere

Frau. Denn einige von uns, die lieber typische »Männersachen« machen, fühlen sich den »Girlies« doch ziemlich überlegen, was dann wiederum durchaus dafür spricht, dass es sich um ein Pick-Me-Phänomen handelt.

Diese Straße geht in beide Richtungen. Es muss nicht sein, dass sich eine Frau mit Gelnägeln anhören muss: »Kurze Nägel sind viel besser. Die Geldinger sind so störend beim Klettern, so schickimicki und oberflächlich.«

Wir Frauen sollten uns einfach gar nicht für das abwerten, was uns als Individuum ausmacht. Wir sollten aufhören, uns für alles zu be- und verurteilen, uns gegeneinander auszuspielen. Wir sollten unser Anderssein feiern und uns gegenseitig anspornen, anstatt uns für unsere Attribute fertigzumachen. Die Stärke der einen ist die Schwäche der anderen. Es ist unmöglich, alles zu sein und alles zu können. Es ist genug für jede da. Wir müssen nicht ständig im Wettbewerb miteinander stehen und uns voneinander bedroht fühlen. Wir sollten uns nicht wie Rivalinnen verhalten. Vielmehr sollten wir uns noch besser miteinander verbinden und für uns einstehen. Wir sollten uns helfen, zu erkennen, dass von diesen misogynen Denkweisen andere profitieren und wir uns damit schaden. Wir sollten ein starkes, wasserdichtes Netzwerk aufbauen, anstatt uns gegenseitig die Fäden abzuschneiden und Intrigen zu spinnen.

Schon gar nicht für die flüchtige Gunst der Männer. Schon gar nicht, wenn Männer dabeisitzen. Und erst recht nicht, um den vergebenen Mann davon zu überzeugen, dass man selbst ein viel besserer Fang gewesen wäre als seine eigene Freundin.

# »Don't-Cha-Wish-Your-Girlfriend-Was-Hot-Like-Me«[11]-Syndrom

Ich werde nie verstehen, wie ein Mensch so sein kann.

Einer Frau ihren Mann auszuspannen, spricht in so vielerlei Hinsicht nicht für den eigenen Charakter, dass ich gar nicht begreife, wie das auch nur ansatzweise das Ego von manchen Frauen füttern kann. Ich würde mich dafür schämen, weil es nicht nur ultra-peinlich, sondern auch ein bisschen dumm ist, zu denken, man sei außergewöhnlich sexy, weil man es geschafft hat, einen Vergebenen abzubekommen. Denn ein Mann, der sich ausspannen lässt, lässt sich ausspannen. Es liegt an ihm. Er hat einen miesen Charakter. Er ist nicht loyal. Das hat rein gar nichts damit zu tun, wie heiß die Frau ist, die ihm schöne Augen macht. Ein Mann, der in Anwesenheit seiner Frau mit einer anderen flirtet, wird mit anderen flirten. Ein Mann, der mit einer anderen Frau heimlich Nummern austauscht, während die eigene Freundin mit im Raum ist, wird mit jeder anderen Frau Nummern austauschen, die ihm ihre anbietet. Ein Mann, der eine andere Frau anlächelt und ihr hinterherschaut, während er mit seiner Partnerin Händchen hält, wird genau das machen, egal, wen er da an seiner Hand hat.

Kurzum: Ein Mann, der fremdgehen will, wird fremdgehen.

Darauf sollte man sich als Frau nichts einbilden. Man ist leider nichts Besonderes, wenn man Männer in festen, monogamen Bindungen »knackt«.

»Aber manchmal sind die Umstände eben besonders, und vielleicht ist er mit seiner Frau unglücklich und würde das mit der Richtigen niemals machen«, werden einige von euch jetzt vielleicht laut protestieren.

Aber warum ist er denn dann noch mit ihr zusammen, wenn es so schlimm mit seiner eigenen Frau ist? Warum kann er nicht, wenn er tatsächlich glaubt, seine Seelenverwandte in einer anderen Frau gefunden zu haben, erst mal alles in Ruhe und sauber klären, anstatt ganz bequem beide nebeneinanderherlaufen zu lassen?

Richtig, weil er einfach der Typ von Mann ist, der für diese Sperenzchen empfänglich ist. Es passt ihm so.

Wenn ein Mann sich ausspannen lässt, hat das nichts mit der Frau zu tun, die ihn haben will. Es liegt an ihm. Er ist schwach, undiszipliniert und leicht zu verführen.

Obwohl ich nie verstehen werde, warum Frauen sich am liebsten mit vergebenen Männern rumschlagen, sollte man die Verantwortung für die Trennung nie bei der Neuen suchen – egal, wie verachtenswert man ihr Verhalten auch findet. Streng genommen ist es nie ihre Schuld.

Einer Frau, die sich eurem Freund an den Hals wirft, kann es völlig egal sein, was mit eurer Beziehung ist. Sie ist frei, ungebunden und nicht eure Freundin. Sie kennt euch im Zweifel nicht mal, hat nur ihre Beute im Visier, will den Typen klarmachen und sich den Kick holen.

Es gibt einfach Frauen, die brauchen das Flirten und die Aufmerksamkeit von Männern, egal von welchen, so sehr wie das Atmen. Sie suchen mit allen Mitteln die Zuwendung der Männer, sobald einer auch nur in der Nähe ist. Und auch das sollte man ihnen nicht vorwerfen, weil auch da in den Tiefen der Psyche so einiges brodelt: Sie wollen die Aufmerksamkeit der Männer, weil sie früh gelernt haben und ihnen ständig vermittelt wurde, dass sie wichtig ist. Weil sie noch immer das unbewusste Bedürfnis verspüren, allen Männern gefallen zu wollen und ihre Konkurrentinnen auszustechen.

Auch wenn es naheliegt, die Frau zu verfluchen, sie zu hassen, sie zu beleidigen und sauer auf sie zu sein, weil sie euch »den Mann weggeschnappt hat«, Fakt ist: Euer Mann hat sich wegschnappen lassen. Er war derjenige, der in einem Augenblick alles vergessen hat, was ihr euch aufgebaut habt. Er war derjenige, der sich aktiv dazu entschieden hat, euch zu verletzen. Er war derjenige, der die Vor- und Nachteile gegeneinander abgewogen und es riskiert hat, euch zu verlieren. Er hat sich gegen ein Krisengespräch mit euch und für ein Techtelmechtel mit einer anderen Frau entschieden.

Euch beide verbindet ein Leben, die andere Frau hat damit nichts zu tun. Sie hat keine gemeinsame Vergangenheit zu verlieren, auf der eine Zukunft aufbauen sollte. Sie hat ihm von sich noch nichts gegeben. Sie ist, wer sie ist, und wir können leider nicht von jeder Frau erwarten, dass sie moralisch handelt, denkt und immer rücksichtsvoll ist. Das können wir von keinem Menschen.

Von welchen Frauen wir aber erwarten können, dass sie in unserem Sinne handeln, sind die, die uns nahestehen. Von unseren Freundinnen zum Beispiel. Denn noch viel weniger als Fremde, die sich an Vergebene ranschmeißen, kann ich Frauen verstehen, die mit dem Freund oder dem Crush der besten Freundin etwas anfangen. Eine Freundschaft für eine kurze Liaison aufs Spiel zu setzen, weil man sich selbst beweisen will, dass der Typ, in den die beste Freundin heftig verguckt ist, auch auf einen selbst steht, halte ich für so erbärmlich, dass ich auch hier ganz rigoros an alle appelliere: Finger weg! Es wird immer wieder passieren – sowohl mit ihr als auch mit ihm.

Ich hatte mal eine Freundin, mit der ich einen ganz guten Sommer verbrachte. Alles war lustig und cool zwischen uns. Bei unserem Sommerurlaub in der Türkei half ich ihr sogar dabei, ihren ersten Tampon zu benutzen, weil sie Angst davor hatte, aber mit uns im Meer baden wollte, so sehr vertrauten wir uns. Nur konnte ich traurigerweise immer wieder beobachten, dass sich ihre Haltung, ihre Wortwahl und ihr Auftreten komplett änderten, sobald Männer mit im Spiel waren, auch bei den Freunden unserer beiden anderen Freundinnen.

Komischerweise zog sie sich immer ordentlicher und schicker an, wenn sie wusste, dass die beiden Jungs, Farid und Sam, mit dabei waren. Einerseits wirkte sie wie aufgestachelt und lachte heftiger als nötig über deren Witze, andererseits schämte sie sich immer mal wieder für etwas, was wir anderen Mädels taten. Dann wurde sie laut und wies uns zurecht, rief ermahnend unsere Namen. Andere Frauen, die ein ähnliches Verhalten wie sie zeigten, erkannte sie leicht und stieß sie verachtend ab. Auf diese Weise sorgte sie immer wieder dafür, dass sie bei den Männern ganz oben auf der Liste stand. Ich muss zugeben, dass ich mir nie so viel dabei dachte, bis das Schauspiel seinen traurigen Höhepunkt erreichte.

Eines Nachts schrieb sie mir, dass der Typ, mit dem ich seit zwei Jahren in einer Grauzone war – nennen wir ihn G –, auch in der Bar feierte, in der sie Party machte. Anfangs schickte sie mir noch Videos von G und hielt mich auf dem Laufenden, doch während der Abend fortschritt, begann sie, mit ihm zu flirten. Gemeinsam stiegen sie in ein Taxi und wechselten die Location. Sie tanzten, sie ließ sich von ihm Drinks ausgeben und ihn an ihrem Hals schnuppern, nur um mir – und ich zitiere – »zu zeigen, wie er wirklich war.« So gütig! Sie hätte mit ihm ins Bett steigen sollen, um mir zu beweisen, wie er wirklich zu mir stand und wie er drauf war.

Das Traurige daran: Sie wusste ganz genau, wie verknallt ich in ihn war und auf welch wackligen Beinen unsere Beziehung stand. Und noch viel trauriger: Sie entschuldigte sich nie dafür. Ihr Verhalten hatte mich mehr verletzt als seine Ignoranz. Von ihr hatte ich das, im Gegensatz zu ihm, nicht erwartet. Schließlich hatte ich bereits vorher gewusst, wie er war.

Als ich sie fragte, warum sie so übertrieben hatte, antwortete sie nur: »Ich hätte dir gesagt, dass du von ihm wegbleiben sollst, wenn es andersrum gewesen wäre.« Und ich hatte das nicht für nötig gehalten, weil ich ihr vertraute.

Unsere Freundschaft zerbrach. Ich verlor auf einen Schlag zwei Menschen, die mir etwas bedeuteten.

Jahre später heiratete sie dann einen Mann, den sie mit ihrer Freundin im Spanienurlaub kennengelernt hatte. Beide Frauen hatten ihn toll gefunden, aber – Überraschung – sie hatte ihn sich gekrallt. Auch diese Freundschaft ist daran zerbrochen, doch wenigstens wurde sie für die Liebe des Lebens geopfert und nicht für einen sinnlosen Schrottabend.

Haltet euch fern von Freundinnen, bei denen ihr euch nicht sicher seid, ob sie zu euch stehen, und bei denen euch euer Bauchgefühl signalisiert, dass etwas im Busch ist. Meistens stimmt dann wirklich etwas nicht. Ihr braucht keine Verräter in eurem engsten Kreis. Und sosehr das auch wehtun mag: Ihr müsst nicht nur Männer absägen, denen ihr egal seid, sondern auch Freundinnen, die euch nicht den Dreck unter euren Fingernägeln gönnen. Trennt euch von denen, die euch vernachlässigen, ausnutzen und sich nur dann bei euch melden, wenn es ihnen schlecht geht.

# Spiel mir das Lied von der »Crazy Ex«

Nicht so wie die Ex zu sein, von der euer Freund oder Schwarm sich getrennt hat, weil es mit ihr offensichtlich nicht funktioniert hat, klingt erst mal auch wie ein Kompliment, oder?

Ist es aber nicht.

Es ist wie bei dem Mann, der in eurer Anwesenheit mit anderen Frauen flirtet, nahtlos von einer Beziehung in die nächste springt oder sich ausspannen lässt: Es ist ein Blick in eure eigene Zukunft. Denn ein Mann, der schlecht über seine Ex-Freundin redet oder gar über die Mutter seiner eigenen Kinder wettert, wird genau dasselbe auch mit euch machen, sobald es vorbei ist. Und meistens ist es mit so einem Typ Mann dann auch irgendwann vorbei. Und meistens werdet ihr euch so von ihm trennen, wie ihr zusammengekommen seid. Sprich: Wenn er seine Freundin für euch verlassen hat, dann ist die Wahrscheinlichkeit hoch, dass er euch ebenfalls für eine andere verlassen wird.

Schaut euch einfach in eurem Leben um, oder beobachtet euch selbst. Jeder von uns liebt und lebt nach bestimmten Mustern, und diese sind nur sehr schwer zu durchbrechen. Die wenigsten legen gewohnte Verhaltensmuster ab, denn dafür müssten sie sich dieser erst mal bewusst werden. Das wiederum ist anstrengend und konfrontiert einen mit den eigenen Schwächen und Ängsten.

So kommt es, dass wir einfach immer weitermachen. Menschen verändern sich nicht so leicht, auch wenn wir es uns so sehr wünschen, weil wir den Glauben an das Gute nicht verlieren wollen.

Wie viele Menschen kennt ihr, die sich wirklich reflektieren oder sich langfristig verändert haben? Und dann auch noch für jemand anderen?

Wie sieht es mit euch aus? Habt ihr euch jemals wirklich für jemanden außer euch selbst verändert? Wie schwer war das? Oder habt ihr euch eigentlich gar nicht verändert, sondern seid mit der Zeit, mit dem Alter und durch eure Erfahrungen zunehmend zu der Person geworden, die ihr eigentlich in eurem Kern schon immer wart?

Wenn ein Mann schlecht über seine Verflossenen spricht und sie dann auch noch, quasi als Sahnehäubchen, als »verrückt«, »total psycho« oder »wahnsinnig« bezeichnet, solltet ihr hellhörig werden. Denn Frauen machen nicht wegen nichts einen Aufstand. Man muss uns schon Gründe dafür geben.

Kann natürlich sein, dass euch eine wunderbar schlüssige und einleuchtende Geschichte aufgetischt wurde, die vielleicht sogar euer Herz erweicht, und ihr euch, ganz die Retterin, denkt: *Mit mir wird er so was wie mit seiner verrückten Ex nie durchstehen müssen*, bis …

… ja, bis ihr ihn zum ersten Mal dabei ertappt, wie er zu euch sagt, er sei bei seiner Schwester, mit der ihr aber gerade telefoniert habt, und ihr wisst, dass er euch anlügt.

… bis er euch leere Versprechungen macht oder plötzlich für zwei Tage spurlos verschwindet und ihr nichts mehr von ihm hört.

… bis sein Handy nachts um drei piepst oder er zum Telefonieren auf einmal den Raum verlässt.

… bis er euch mit dem Nötigsten abspeist, aber für andere, ohne zu zögern, Zeit findet.

… bis ihr eine unbekannte Haarspange in der Couchritze findet, obwohl ihr einen Kurzhaarschnitt habt.

… bis er Treffen öfter ab- als zusagt.

… bis er die Kinder schon das dritte Wochenende hintereinander doch nicht nehmen kann.

… bis er euch betrunken mal wieder zu fest am Handgelenk packt und euch anbrüllt und beleidigt.

Es gibt immer zwei Seiten einer Medaille. Und ein Mann, der seine Anteile am Scheitern einer Beziehung überprüft und reflektiert hat, würde die Verantwortung für das Scheitern der Beziehung oder der Ehe nie komplett auf die Frau abwälzen. Im Gegenteil, er würde sich respektvoll und anerkennend über sie äußern und schlichtweg Gründe nennen, weshalb es nicht mehr gepasst hat.

Ich kenne Männer, die durchaus Gründe hätten, sich über die Ex-Frau zu beschweren, aber nicht mehr sagen, als dass sie sich einfach nur wünschen, dass sie nichts mehr mit ihr zu tun haben, wenn die Scheidung durch ist. Trotz allem verlieren sie kein schlechtes oder beleidigendes Wort über sie, geschweige denn, dass sie ihre Ex als verrückt oder geistesgestört bezeichnen.

Auch wenn es der ein oder anderen von euch sauer aufstoßen mag, dass euer Freund sich positiv über seine Ex-Freundin äußert: Es spricht für ihn. Besonders dann, wenn es die Mutter seiner Kinder ist. Weil Männer wie diese wissen, dass es eine Zeit gab, in der sie sehr glücklich mit der Frau waren, mit der sie sich verlobt, Kinder bekommen oder schlichtweg viel Zeit verbracht haben. Schließlich haben sie es aus freien Stücken und gerne getan.

Diese Männer wissen, dass auch sie ihren Teil dazu beigetragen haben, dass die Beziehung aufgegeben werden musste, selbst wenn der Anteil nur der sein sollte, dass sie sich blenden ließen und somit falsche Entscheidungen getroffen oder unverantwortlich gehandelt haben.

Nicht nur, dass ein Mann, der über seine Ex herzieht, ein Typ mit misogynen Tendenzen ist, der euch erobern möchte, indem er eine andere Frau runtermacht, er ist zudem auch noch ziemlich ungeschickt darin, zu verschleiern, dass wahrscheinlich zum Großteil sein Verhalten die Ursache des Übels ist. Diese Männer entlarven sich selbst als das Problem, wenn jede Frau, die mit ihnen zu tun hatte, zu einer »irren Stalkerin« oder »immer eifersüchtigen Furie« geworden ist, die alles komplett zerstört und ihm sein Leben zur Hölle auf Erden gemacht hat. Denn Frauen weinen nicht wegen nichts, wollen nicht wegen nichts schon wieder eine klärende Diskussion führen, rasten nicht wegen nichts aus und verlieren schon gar nicht wegen nichts den Verstand.

# *Frau mindestens haltbar bis – eine Erinnerung*

Frauen haben kein Haltbarkeitsdatum. Wir laufen nicht ab.

Egal, was uns von unserer Familie, Männern, Frauen, Lehrern oder Coaches, ja sogar von vermeintlichen Dating-Gurus erzählt wird: Die Angst ist unberechtigt, wir werden nicht schlecht! Besonders an diejenigen unter euch, die einen ausgeprägten Kinderwunsch haben: Bitte keine Panik!

Es ist in der Natur verankert, dass Männer nach jungen Frauen schauen. Sogar ein Siebzigjähriger wird bei einer Zwanzigjährigen genau hingucken und sich denken, dass sie eine attraktive Frau ist. (Setzt euch wieder, niemand redet von Belästigung. Ich rede hier von dem normalen Schauen, nicht hinterhergaffen, anzügliche Sprüche hinterherrufen oder nachpfeifen.) Dass Männer auf jüngere Frauen stehen, ja, einfach ganz allgemein dem Schönen zugetan sind, auch unabhängig vom Alter, bedeutet aber nicht, dass sie in der Realität auch welche abbekommen. Und dass ein Mann sich rein körperlich zu einer jüngeren Frau hingezogen fühlt, muss nicht unbedingt auch zwingend bedeuten, dass er mit ihr zusammen sein, leben oder tiefgehende Gefühle für sie entwickeln wird.

Ich kenne so viele Frauen, inklusive meiner Mutter, die mit Mitte dreißig oder sogar Anfang fünfzig noch einen Partner gefunden haben, mit dem es endlich funktioniert. Viele von ihnen haben sogar bereits Kindern aus einer alten Ehe oder einer vergangenen Beziehung.

Männer, die Frauen gerne Druck machen und drohen, sie würden allein, ohne Kinder und mit ihren Katzen sterben, sind verbitterte Loser, die zu oft bei Frauen abgeblitzt sind, die sie unbedingt wollten. Und in diesem Kontext klingt diese Aussage auch irgendwie wie ein glückliches Versprechen.

Doch was wirklich dahintersteckt, sind Frauenhass, Groll und Verbitterung. Keine von uns sollte es sich zu Herzen nehmen, wenn ein Mann uns bedrohlich weismachen möchte, dass unsere Uhr bereits tickt. Denn was hinter diesen Aussagen oft steckt, ist die Message: »*Frauen, schraubt eure Ansprüche herunter, und nehmt besser irgendeinen Mann als gar keinen. Nehmt einen Mann wie mich, egal, ob das mit euch und euren Bedürfnissen kompatibel ist oder nicht, sonst werdet ihr am Ende allein enden.*«

Fatal!

Natürlich tickt die Uhr für jeden von uns. Mit jeder Sekunde, jeder Minute, jeder Stunde wird jeder von uns älter. Nur ist mit dem falschen Mann in einer lebenslänglichen Beziehung zu enden, nicht das kleinere Übel, sondern eher das große Problem. Denn wenn wir uns von dieser indoktrinierten Angst leiten lassen, passiert genau das, was wir nicht wollen: Wir zerfallen in dysfunktionalen Beziehungen zu Menschen, die uns nicht guttun, verstricken uns in ungesunden Geflechten, gehen einander fremd, verraten und belügen uns, weil wir den eigenen Partner nicht mal wirklich leiden können, lassen uns scheiden und ziehen unsere Kinder mit rein.

Diejenigen unter uns, die in ungesunden Familienverhältnissen oder als Scheidungskinder aufgewachsen sind, wissen genau, wie es sich anfühlt, in einer Umgebung groß zu werden, in der man ständig auf Eierschalen läuft. Sie wissen, wie es ist, zwischen Mama und Papa zu stehen und sich unsichtbar zu machen, um nicht zu stören. Wenn man die Familie zusammenhalten will, aber in Fantasiewelten abtaucht, um die Situation besser ertragen zu können. Wenn man sich um die Eltern kümmern muss. Wenn man mit ansehen muss, wie sie sich gegenseitig oder selbst verletzen, wie sie mit gebrochenem Herzen leiden und weinen. Diejenigen unter uns wissen, warum sie heute zum Therapeuten rennen oder schlichtweg Probleme damit haben, Liebe zu finden oder sich selbst zu lieben. Warum sie viel mehr Anstrengungen unternehmen müssen, um diese Probleme aufzulösen, als diejenigen, die in einer funktionaleren Familie aufgewachsen sind.

Für viel zu viele Kinder ist die Familie kein sicherer Ort zum Wohlfühlen und Krafttanken. Dabei haben Kinder ein Recht darauf, in eine Umgebung geboren zu werden, die ihre unschuldigen, zarten Herzen liebevoll schützt, und das Beste von Mutter und Vater zu bekommen.

Kinder sind nicht unsere Rettung. Sie heilen keine Depression und kitten keine aufgegebene Liebe.

Keine von euch sollte einfach den nächstbesten Mann nehmen und mit ihm zusammenkommen, weil sie die Angst überkommt und sie denkt: *Scheiße, meine Zeit läuft ab! Ich bin bald dreißig, und ich will zwei Kinder, deswegen nehme ich schnell das, was ich kriegen kann, sonst ist es zu spät.*

Nein! Wir sollten die Entscheidung, welcher Mann unser Partner wird – der Vater unserer Kinder und der Mensch, mit dem wir unser einziges Leben teilen –, mit Bedacht treffen, nicht aus Furcht oder unter Druck.

Es ist nicht zu spät! Glaubt nicht der Propaganda der Jugend.

Es geht nicht darum, was ihr gemacht oder nicht gemacht habt, welche Chancen ihr verpasst oder ergriffen habt – es geht um das »Heute« eures Lebens. Es geht darum, zu realisieren, was für ein Wunder es ist, dass ihr auf dieser Welt seid und dass ihr und eure Vorfahren es geschafft habt, euch bis zu diesem Tag durchzusetzen.

Anstatt die Leben zu betrauern, die ihr nicht gelebt habt, oder zu denken, dass etwas zu spät für euch ist, solltet ihr euch bewusst machen, dass vielleicht genau heute der Tag gekommen ist, an dem ihr ankommt, an dem ihr dazugelernt habt und an dem ihr aufblüht. Heute kann euer Moment oder die fünfte Chance gekommen sein. Ihr solltet euch nicht selbst daran hindern, in eurem Leben das zu erreichen, wofür ihr hier seid.

Ihr habt das Recht, euer Leben so zu leben, wie ihr es wollt, und das ist nicht an ein Alter gebunden. Manche schöpfen erst mit Mitte dreißig ihr volles Potenzial aus, andere mit fünfzig, und wiederum andere können mit neunzehn schon das Leben führen, das sie sich erträumt haben. Wir können nicht mit Ende zwanzig aufgeben und uns schlafen legen, weil wir noch nicht das erreicht haben, was wir erreichen wollten.

Brennt. Rast. Wütet!

Ja, älter zu werden kann schmerzhaft und angsteinflößend sein. Die Jugend ist wunderschön und zitronengelb, aber älter zu werden ist ein Privileg. Mit der Weisheit und Erfahrung, die ihr inzwischen dazugewonnen habt, könnt ihr dieses frische, strahlende Gefühl der jugendlichen Leichtigkeit auf jeden Punkt eures Lebens transferieren.

Der Jugend nachzutrauern ist absurd, weil sie ein Geschenk des »Jetzt« ist. Jung zu sein, ist dort, wo wir gerade sind, aber es ist nicht das Ziel, es ist nicht die Richtung, in die wir gehen. Jetzt ist der Moment für euch gekommen, das Leben zu führen, das ihr führen wollt. Besonders, weil die wenigsten von uns, wenn sie wirklich jung sind, dieses kostbare Präsent zu schätzen und zu nutzen wissen.

Heutzutage ist so viel möglich. Wir können später Mütter werden, wir können sogar ohne anwesenden Vater Mutter werden, auch mit über vierzig noch. Wir können ein Kind adoptieren oder kinderlos bleiben. Wir können unsere Haustiere zu unseren Babys machen, Restaurants eröffnen oder unser Leben lang reisen. Wir können wirklich alles machen! Sogar uns für den Mann entscheiden, den wir wahrhaftig und von ganzem Herzen wollen, weil er unsere Existenz noch schöner macht und weil er ein Mann ist, mit dem wir unsere kostbare Zeit teilen wollen.

# Die andere Frau sein

Vergebene Männer scheinen auf einige Frauen eine besondere Anziehungskraft auszuüben. Und natürlich kann es der Frau, mit der der Mann eine Affäre eingeht, völlig egal sein, was mit seiner Ehefrau oder seiner Familie ist.

Davon mag man halten, was man will, aber rein nüchtern betrachtet ist es nun mal so. Beziehungen werden nicht von einer dritten Person zerstört, sondern von demjenigen, der in einer Beziehung ist.

Dennoch möchte ich an alle Frauen, die sich dazu entschieden haben, die andere Frau zu sein, appellieren: Es ist es nicht wert! Seid euch selbst mehr wert!

Auch wenn ihr ihn liebt und meint, in ihm den Seelenpartner, eure bessere Hälfte oder die Liebe eures Lebens gefunden zu haben: Seine Frau, seine Seelenverwandte, seine bessere Hälfte, die Liebe seines Lebens, wartet zu Hause auf ihn. Sie ist diejenige, mit der er die Realität teilt, mit der er Weihnachten, Silvester, seinen Geburtstag und alle anderen wichtigen Feiertage verbringt, während ihr auf eine »Frohes Neues«-Kettennachricht per WhatsApp wartet und dem süßen Typen an der Bar, der euch anlächelt, eine Abfuhr erteilt, weil euer Herz bereits vergeben ist. Sie ist seine Madonna, die Frau, für die er sich entschieden hat, die er seinen Eltern und seinen besten Freunden vorgestellt hat, von der alle wissen. Sie ist die Frau, mit der er in den Urlaub fährt, und diejenige, für die er zum Telefonieren rausgeht, weil er sie nicht beunruhigen will, für die er euer Treffen absagt, wenn sie Lust auf ihn hat. Mit ihr geht er zum Arzt, wenn es ihr nicht gut geht, oder kocht ihr Suppe, wenn sie krank im Bett liegt. Für sie bricht er eure gemeinsame heiße Nacht ab, wenn sie Stress macht. Wenn ihm etwas passieren sollte, ist sie sein Notfallkontakt, während ihr wahrscheinlich nicht mal mit eurem richtigen Namen in sein Handy eingespeichert seid. Sie ist die Frau, zu der er »Ja« gesagt hat, mit deren DNA er seine vermischt hat oder noch vermischen will, diejenige, die das Privileg genießt, jede Nacht neben ihm, in seinem Arm einzuschlafen und seinen Atem einzuatmen, während ihr nur sein Keuchen der körperlichen Ekstase ins Gesicht geblasen bekommt. Seine Hände streicheln ihre Haut, bis sie einschläft, aus eurem Bett verschwindet er, bevor ihr müde werdet.

Sie ist seine Frau. Ihr seid, wenn überhaupt, seine Nummer zwei.

Und damit gebt ihr euch zufrieden? Mit Resten, die für euch abfallen? Damit, Lücken zu stopfen?

Auch wenn das jetzt hart erscheinen mag, aber Frauen, die sich damit zufriedengeben, die Affäre eines Mannes zu sein, sind ein Teil des Problems. Auch wenn ihr unwissend zur Geliebten gemacht wurdet, euch nun aber in ihn verliebt habt und deshalb das Spiel weiter mitspielt: Solange ihr nicht zu schätzen wisst, wer ihr seid und was ihr zu geben habt, solange ihr weder die Liebe noch das Leben einfordert, das euch eigentlich zusteht, werdet ihr euch mit irgendeiner beliebigen hingerotzten Form der Liebe und Zuneigung zufriedengeben, egal, wie absurd und schäbig sie erscheinen mag.

Die andere Frau zu sein, ist nur mehr eine weitere, passive Form, alles mitzumachen und für die Liebe zu leiden, in der

Hoffnung, dass sich etwas ändert und ihr am Ende ausgewählt werdet. Doch wenn ihr ganz ehrlich zu euch selbst seid, fühlt ihr euch nicht mal würdig, die Nummer eins für einen Mann zu sein, der sich euch voll und ganz widmet und eine echte Bindung mit euch eingeht.

In eine vergebene Person verliebt zu sein, die somit emotional unerreichbar ist, hat nichts damit zu tun, dass ihr wahrhaftig in die Person verliebt seid. Ihr seid in den Zustand verliebt, nicht geliebt zu werden. Eure vernachlässigte Seele akzeptiert die Liebe, von der sie denkt, dass ihr sie verdient, und macht es Männern, die fremdgehen wollen, damit leider sehr leicht, sich nicht mit ihrer Partnerin (in deren Position ihr irgendwann einmal sein könntet) oder den eigenen blinden Flecken auseinanderzusetzen. Ihr gebt euch her für nichts und wieder nichts und verletzt euch damit selbst.

Warum? Welcher verwundete Teil in euch ist damit einverstanden, nicht die Nummer eins für den Mann zu sein, den ihr liebt? Kein Mann auf dieser Welt ist so toll, als dass es sich lohnen würde, nur eine Affäre für ihn zu sein.

Und nein, er wird seine Frau nicht für euch verlassen. Sie ist nicht der »Teufel«, den er an die Wand eurer fiktiven Unterwelt gemalt hat. Ganz bestimmt nicht. Mit ihr zeigt er sich im Tageslicht. Ansonsten hätte er schon längst seine Sachen gepackt und wäre mit euch durchgebrannt – hat er aber nicht. Es passt ihm so. Er liebt die Situation so, wie sie ist. Er denkt gar nicht daran, seine Frau für euch zu verlassen, weil er es genießt, das Beste aus allen Welten zu haben. Weil das seine persönliche Vorstellung von einem perfekten Leben ist. Weil sein Verständnis von Liebe und Partnerschaft nun mal beinhaltet, dass er sich ab und an eine Abwechslung gönnt.

Nicht nur, dass ihr euch selbst in der Rolle der anderen Frau abtötet, ihr belebt in den meisten Fällen die Beziehung oder Ehe eurer Affäre wieder. Denn manche Männer müssen ihrer Frau fremdgehen, weil sie sie lieben. Weil sie nach der Liaison mit euch wieder mehr Lust auf die eigene Frau haben und so mit ihr weiterleben können.

Dafür gibt es in der Psychologie den Begriff des »Coolidge-Effekts«[12]. So nennt man die zunehmende Lustlosigkeit, die entstehen kann, wenn man immer wieder mit derselben Person schläft. Dieser kann bei manchen schon nach wenigen Malen Sex einsetzen, andere wiederum können mehrere Jahre oder immer miteinander schlafen, ohne dass dieser Effekt eintritt. Durch das mit der Zeit sinkende Hormon Dopamin, das besonders am Anfang der Beziehung ausgeschüttet wurde, sinkt auch die Motivation, mit dieser Person Sex zu haben. Die Lust auf den Partner wird weniger. Durch eine dritte Person, die in die Beziehung tritt, steigt der Dopaminspiegel wieder. Die Hormone werden sozusagen aufgefrischt. Dadurch steigt zum einen die Lust auf den Beischlaf mit der neuen Person, zum anderen aber auch die auf den Sex mit dem eigentlichen Partner.

# Fremdgehen und Vergebung

Wenn wir uns ehrlich mit Liebe und Partnerschaft auseinandersetzen wollen, gibt es auch unbequeme Seiten, mit denen wir uns beschäftigen müssen: mit Untreue, Verrat und Zweifeln.

Heutzutage gibt es keine Standarteinstellung mehr, wenn es um Monogamie geht. Die moderne Liebe ist auch in Sachen Treue im Wandel, und das Ideal einer monogamen Partnerschaft gilt längst nicht mehr als selbstverständlich, sondern muss am Anfang einer Beziehung genauso geklärt und diskutiert werden wie die Kinderfrage.

Treue bedeutet längst nicht mehr für alle das Gleiche, und das war vermutlich auch noch nie anders. Wo für den einen der Kuss schon als Verrat gilt, fängt er bei einem anderen erst beim Geschlechtsakt ohne Gummi an. Es gibt auf die Frage »Ab wann ist es Fremdgehen?« keine allgemeingültige Antwort, weil jede von uns die Grenzen des Erträglichen selbst zieht. Und obwohl es heutzutage in unserer Gesellschaft so leicht wie nie wäre, geradeheraus zu sagen, dass man eine offene Verbindung sucht, gehen mehr Menschen fremd, als wir uns vorstellen wollen.

Auch wenn so viele behaupten, dass sie so etwas niemals tun würden, kennen doch bestimmt alle von uns jemanden, der schon mal betroffen war oder selbst einen Ausrutscher hatte. Und rein hypothetisch kann es bei jedem vorkommen, denn Gelegenheit macht Affären. Ob man einer Versuchung widersteht oder nicht, ist – ebenso wie alles andere in Sachen Liebe – eine Entscheidung, die man trifft.

Es gibt die unterschiedlichsten Gründe für einen Seitensprung, und nicht immer ist er ein Zeichen dafür, dass in der Partnerschaft etwas nicht stimmt oder dass die Liebe erloschen ist. Die einen gehen fremd, weil sie nicht länger lügen wollen und sich in der Affäre der Wahrheit so nahe fühlen wie nie zuvor. Die anderen tun es, um sich lebendig zu fühlen oder um den Reiz des Verbotenen auszukosten. Es gibt Menschen, die fremdgehen, weil sie ihre sexuellen Bedürfnisse zu Hause nicht ausleben können, aber nicht auf das Familienleben verzichten wollen.

Affären passieren aus Langeweile, aus dem Bedürfnis nach Abwechslung, Aufregung und Anerkennung. Fremdgehen kann auch ein Akt der Rebellion sein, um sich wieder frei zu fühlen, um seinen Marktwert zu testen, des Abenteuers wegen, um neue Leidenschaft zu fühlen oder unbekannte Seiten von sich auszuleben. Für manche ist es der Aufbruch zu einem neuen Leben mit einem neuen Partner, und für andere kann es das Ende der Beziehung bedeuten; bestenfalls ist es ein Neuanfang für die Partnerschaft.

Viele von uns sind sich wohl einig, dass Untreue, was auch immer sie den Einzelnen bedeutet, ausnahmslos ein Vertrauensbruch ist. Fremdgehen schmerzt auf so vielen Ebenen, dass es bis zur Identitätskrise führen kann. Wenn uns der Liebste betrügt, haben wir das Gefühl, alles verloren zu haben.

Jeder von uns hat die Wahl, sich gegen die Verlockung und für den Partner zu entscheiden. Deshalb ist der Seitensprung eine einseitige Entscheidung, bei der einer von beiden den bestmöglichen Deal für sich selbst abgeschlossen hat – ganz egoistisch und mit dem Risiko, den anderen dadurch zu verlieren. Und genau aus diesem Grund kann ich nur an jede von euch appellieren, die in einer Beziehung ist: Egal, was ihr durchmacht, egal, wie sehr ihr euch vernachlässigt fühlt, egal, wie gut euch die Aufmerksamkeit von anderen Männern tut, egal, wie groß die Verlockung auch sein mag, weil euer Mann euch nicht mehr verführt oder nicht mehr so ansieht wie am Anfang – tut es nicht! Trennt euch, oder versucht, die Sache zu regeln, und wenn das nicht klappt, macht einen sauberen Cut, aber geht nicht fremd. Was auch immer ihr damit bezwecken wollt, auch wenn das euer letzter verzweifelter Hilfeschrei ist oder ein Racheakt, lasst es. Es richtet zu viel Schaden an.

*Handelt so, wie ihr es euch von eurem Mann wünschen würdet.*

Auch wenn es zwischen euch nicht gut oder gar desaströs laufen sollte, alles ist besser, als jemanden zu betrügen. Sogar dann, wenn ihr nicht mehr mit ihm zusammen sein wollt, ist es besser, sich ordentlich zu trennen, als das Vertrauen des anderen zu missbrauchen.

Ich kann mir nur vorstellen, wie breit gefächert die Gründe für einen Seitensprung oder eine Affäre sein können, wie kompliziert oder verflochten die Konstellationen sein können, in denen jemand steckt, wie individuell diese Entscheidung vermutlich durchgespielt und getroffen wurde. Doch wenn man selbst betroffen ist und betrogen wurde, fühlt man sich hilflos vor vollendete Tatsachen gestellt und kommt sich ganz schön blöd und unbedeutend vor. Dabei hätte es doch so viele andere Möglichkeiten gegeben, eine Lösung zu finden!

Das ist allerdings in vielen Fällen deshalb nicht geschehen, weil einer von beiden innerlich bereits lange vorher ausgestiegen oder nie wirklich tiefgehend in die Beziehung eingestiegen ist. Meistens ist das Fremdgehen eine Suche nach Lebendigkeit in uns selbst.

Obwohl der Verrat natürlich sehr schmerzhaft bleibt, kann diese Erkenntnis dabei helfen, sich wieder näher zu kommen, sich zusammenzusetzen und als Paar über alles zu sprechen. Denn während für die einen die Untreue des Partners unmittelbar das Ende der Beziehung einläutet, kann er für andere einen Neubeginn bedeuten.

Ich kenne mehr Frauen, die ihrem Freund oder ihrem Mann verziehen haben, als Frauen, die sich nach einem Seitensprung wirklich getrennt haben. Viele werden von ihrer Familie und Freunden deshalb ganz schön an den Pranger gestellt. Offenbar können sich einige Menschen einfach nicht vorstellen, wie es nach einem Vertrauensbruch dieser Größenordnung weitergehen soll – bis sie selbst einmal in die Situation geraten und abwägen müssen, inwieweit sie die Affäre des Partners in ihrem Leben, das sie mit ihm führen und aufgebaut haben – vielleicht sogar mit Kindern, Haus, Freunden, Hobbies oder einem Unternehmen –, tatsächlich beeinflusst. Was bedeutet eine rein sexuelle Begegnung schon, wenn sie doch die Frau ist, zu der er »Ja« gesagt hat? Wenn sie die Frau ist, die er angefleht hat, ihn nicht zu verlassen, und der er beteuert, dass es ein einmaliger Ausrutscher war und so etwas nie wieder vorkommen wird?

Ob ihr eurem Partner einen oder mehrere Seitensprünge vergeben möchtet, ist eure ganz persönliche Entscheidung. Wenn ihr verzeihen wollt, verzeiht. Nur bitte ich euch: Habt einen Plan!

Wenn ihr euren Mann beim Fremdgehen erwischt habt, dann

atmet zunächst sieben Mal ganz tief ein und wieder aus, und am besten schlaft ihr eine Nacht drüber. Reagiert nie aus einem Impuls oder einer Emotion heraus, die euch im Moment der Enthüllung mit ganzer Wucht so heftig überkommt, dass sie euch dazu bringen könnte, das ganze Land in Brand zu stecken.

In einer solchen Situation müsst ihr euch bloß eine einzige Frage beantworten, bevor ihr eine Entscheidung trefft:

*Wollt ihr gehen, oder wollt ihr bleiben?*

Sollte für euch in der Sekunde oder schon davor glasklar sein, dass ihr einen Seitensprung nicht verzeihen könnt, dann trennt euch. Wenn es ein wiederholter »Ausrutscher« war, vor dem ihr ihn bereits gewarnt habt, dann trennt euch. Macht einen konsequenten Abgang, wie ihr ihn aus Filmen kennt, verschwindet, ohne ein Wort zu sagen, oder lasst euch irgendeine andere Aktion einfallen, von der ihr später euren Enkelkindern erzählen könnt.

Solltet ihr aber mit dem Gedanken spielen, zu bleiben, dann solltet ihr eiserne Disziplin an den Tag legen und euch fragen, wie es so weit kommen konnte – gemeinsam. Unter euch. Im Stillen. Denn was bringt es, wenn ihr ihm eine Szene macht, ihn rausschmeißt, all seine Sachen auf die Straße werft, ihn beschimpft, das Schloss austauscht, sein Auto zerlegt, seine Affäre kontaktiert, eure Fotos verbrennt, euren Beziehungsstatus bei Facebook ändert und hasserfüllte Zitate postet, nur um dann zwei Wochen später wieder mit ihm zusammenzukommen?

Was hat er dann daraus gelernt? Und was hat es euch gebracht? Ich meine, außer der emotionalen Entladung im Moment und der temporären Genugtuung? Außer, dass eure gesamte Umgebung sich nun noch mehr das Maul über euch zerreißt? Außer, dass euch ab sofort ständig alle verunsichern und euren gebrandmarkten Partner nicht mehr ausstehen können?

Wenn ihr euch dazu entscheidet, zu vergeben, gilt es, sich an einen Tisch zu setzen, die aufreibende kommende Zeit auszuhalten und gemeinsam durchzustehen. Das ist eine Krise, die nur euch etwas angeht. Redet über die Zukunft der Beziehung. Gibt es Ziele, auf die ihr hinarbeiten könnt? Was soll sich ändern? Welche Fantasien könnt ihr in Zukunft zusammen ausleben? Wie soll es weitergehen, und welche Regelungen und Kompromisse könnt ihr finden?

Nehmt euch Zeit für die Heilung, beantwortet Fragen und stellt sie. Versöhnt euch. Wann immer ihr das Bedürfnis habt, mit ihm zu reden, redet. Erklärt ihm, was in euch vorgeht, was das mit euch macht und was ihr braucht, um ihm wieder vertrauen zu können.

Und: Geht zum Arzt und lasst euch testen. Denn nicht nur HIV ist eine sexuell übertragbare Krankheit, mit der man sich beim ungeschützten Sex angesteckt haben könnte. Folgende Tests und Abstriche solltet ihr machen lassen, da viele Frauen und Männer völlig ahnungslos infiziert sind und euren Partner – und somit auch euch – hätten anstecken können:

- **HIV**. Das Virus benutzt Immunzellen zur Vermehrung und zerstört Zellen, die zur Infektabwehr nötig sind. Es kann alle Krankheiten nachmachen und verändert ständig sein Aussehen. HIV kann bei der Geburt und beim Stillen auf das Baby übertragen werden. Im Spätstadium führt das Virus zu Aids, was tödlich ist.
- **Syphilis.** Kann alle möglichen Krankheiten nachahmen und ist deshalb schwer zu diagnostizieren, verläuft in Schüben.

Zuerst führen die Bakterien zu einem roten und schmerzfreien Geschwür (wie ein Krater) am Genital, am Mund, am After oder am Enddarm. In der zweiten Phase kommt es zu Fieber, Hautausschlag und Lymphknotenschwellung, mögliche Symptome sind aber auch Haarausfall, Warzen, Juckreiz und Knochenschmerzen, die dann oft als Grippe, Stress oder Allergie fehlinterpretiert werden. Die Bakterien breiten sich über mehrere Jahre in den Organen aus. In der Spätphase können alle möglichen Symptome auftreten, zum Beispiel Sehschwäche, Hepatitis, Hirnhautentzündung, Schlaganfall, Aneurysmen, Hörstörungen, Lähmungen und Demenz. Tritt eine Schwangerschaft ein, kann das Baby schwere Hirnschäden davontragen oder sterben.

- **Hepatitis B und C**. Die Viren greifen die Leber an und zerstören sie, es kommt zu Gelbsucht und auch Leberkrebs. Gegen Hepatitis C gibt es keine Impfung. Die beste Chance auf Heilung hat man, wenn die Erkrankung in den ersten sechs Monaten entdeckt wird.
- **HPV**. Die fünfzehn High-Risk-Typen sind für einige Krebsarten wie den Gebärmutterhalskrebs und das Vulvakarzinom verantwortlich, die Low-Risk-Typen für Feigwarzen am Genital.
- **Chlamydien**. Die Bakterien können schnell übersehen werden, aber dauerhafte Schäden anrichten. Wenn sie lange unentdeckt bleiben, können sie die Eileiter verkleben und somit eine Schwangerschaft komplett verhindern oder zu einer Eileiterschwangerschaft führen. Außerdem sind sie für Abszesse verantwortlich. Während der Schwangerschaft können sie eine Frühgeburt auslösen und während der Geburt auf das Kind übergehen, was zu Augen- und Lungenentzündungen führen kann.

- **Tripper (Gonorrhoe).** Die Bakterien zerstören die Eileiter, machen unfruchtbar und führen zu Gelenkschmerzen. Besonders gefährlich während der Geburt, weil sie beim Baby schlimme Augeninfektionen auslösen können.
- **Herpes.** Typische Symptome sind kleine Bläschen und Geschwüre an den Lippen, am Genital- und Analbereich. Nach einer Erstinfektion kann es nicht mehr aus dem Körper entfernt und immer wieder aktiv werden.
- **Trichomonaden.** Die Parasiten sorgen für gelbgrünen, schlecht riechenden Ausfluss, außerdem für Brennen und Jucken.
- **Mykoplasmen.** Symptome sind Schmerzen beim Sex, gelblicher Ausfluss, Brennen, Zwischenblutungen und gesteigerter Harndrang. Infektionen beim Mann führen zu schlechterer Sperma-Qualität.

# Das Ende der Beziehung als Anfang vom Ich

Erinnert ihr euch an den 13. Januar 2023, als Sängerin Miley Cyrus das Internet mit ihrem Song »Flowers« sprengte? Innerhalb von nur wenigen Tagen brach sie mit ihrer kraftvollen Hymne auf das Alleinsein jegliche Streaming-Rekorde. Der Song richtet sich an ihren Ex-Mann, Schauspieler Liam Hemsworth, der sie mehrfach betrogen haben soll. Es ist ein Rache-Song. Ein Triumph. Ein Manifest an die Selbstliebe. Eine Hommage an die weibliche Fähigkeit, stärker, größer und erfolgreicher aus einer Krise aufzuerstehen. Es ist der Inbegriff des Phönix, der aus der Asche steigt. Und dieser Auferstehung liegt ein Zauber inne, mit dem sich so viele identifizieren können, weil für fast jede von uns schon einmal alles zerbrochen ist und wir dachten, wir müssten sterben, während wir dabei zusahen, wie das Feuer alles niederbrannte. Doch alle, die schon mal durch diese aufreibende Phase hindurchmussten, wissen auch: Manchmal braucht es die totale Zerstörung, um Platz für etwas Neues zu schaffen. Für etwas Großartiges.

Und dieser Neuanfang schlägt mit schillernder Wucht ein und befreit uns von der Vergangenheit. Eine Trennung transformiert das Innenleben komplett. Wir haben keine andere Wahl, als uns zu verändern, weil wir so sehr an unsere Grenzen stoßen.

Unsere gesamte Natur besteht aus dem ökologischen Gleichgewicht, der Wechselwirkung von Erschütterung und Reinigung, von Tod und Leben. Grenzbereiche, an denen verschiedene Klimazonen aufeinandertreffen, sind am fruchtbarsten und am stärksten bewachsen. Ohne Imperfektionen, ohne Lücken, Brüche, Feuer, wäre kein Wachstum möglich, und ohne Implosionen, ohne Druck, würden keine Diamanten und keine Supernova entstehen.[13, 14] Perlen, eines der schönsten und kostbarsten Naturwunder, entstehen durch die Kraft ihrer Selbstheilung. Durch eine Verletzung oder durch einen Parasiten, der sich in die Muschel einbohrt und in das tiefere Mantelgewebe verschleppt wird, entstehen Zysten. Die Muschel lagert dann im Laufe der Zeit Schicht für Schicht Calciumcarbonat – das Material, aus dem ihre Schale besteht – ab, bis eine wunderschöne, einzigartige Perle erschaffen wurde.[15]

Wir gehen im Laufe unseres Lebens immer wieder durch die Katharsis. Wie der Mond müssen wir Menschen durch Phasen der Leere gehen, um uns anschließend wieder voll zu fühlen. Doch diese normalen, leeren Phasen der Niedergeschlagenheit sollten wir nicht mit einem misslungenen Leben verwechseln. Auch wenn sie sich unbequem, beängstigend und bedrohlich anfühlen, ist alles Neue, was sich außerhalb des für uns Bekannten befindet, nur so lange unangenehm, bis es uns vertraut geworden ist und uns auf dem Weg dorthin transformiert hat.

Dabei werden euch, immer dann, wenn es am wenigsten danach aussieht, kleine Wunder begegnen und Zeichen auftauchen, die euch zeigen, dass ihr auf dem richtigen Weg seid.

Das Leben und die Liebe haben den Schmerz gemein. Der Verlust ist Teil unseres Menschseins, und am Ende unserer Reise verlieren wir alles. Wir können nichts ewig festhalten. Solange wir lebendig sind, müssen wir beide Seiten der Medaille zulassen und aushalten.

Nichts ist konstant in unserem Leben. Wir Menschen sind unbeständig. Wir werden mit dem Wechselspiel von Unglücklich- und Glücklichsein, von Hunger und Sättigung, Müdigkeit und Wachsein, Freiheit und Verpflichtung, Arbeit und Freizeit, Hoffnung und Verzweiflung, Traurigkeit und Freude, von Schmerz und Seelenheil konfrontiert werden. Wir ändern unsere Meinung, unsere Wünsche und Bedürfnisse.

Schmerz und Verlust sind ein fester und unvermeidlicher Bestandteil unseres Lebens. Sie ermöglichen uns einen tiefen Blick in unser Herz und weisen auf eine blutende, offene Wunde hin. So lange, bis sie verheilt, gibt der Schmerz uns das Signal, vorsichtig mit dieser empfindlichen Verletzung umzugehen, auf uns aufzupassen, sie zu pflegen und zu säubern.

Sich vor dem Schmerz zu drücken – der sich am häufigsten dann zeigt, wenn wir etwas verlieren oder uns aus etwas Altem herausbewegen –, ist ein nur allzu menschlicher Impuls. Dabei liegt im Schmerz so viel Wertvolles, so viel kostbare Liebe, so viel Mitgefühl und Zartheit verborgen. Doch all das erkennen wir nur dann, wenn wir lernen, uns mit den unguten Gefühlen – wie Trauer, Verlust und Enttäuschung – auseinanderzusetzen und diese als Teil von uns und unserem Leben anzunehmen. Denn manchmal sind diese unguten Gefühle, besonders ein großer Verlust, ein Teil des Plans, etwas Neues in uns zum Leben zu erwecken. In den düsteren Phasen, durch die wir im Schmerz gehen müssen, verbirgt sich unsere Wiedergeburt.

Das Gewicht des Schmerzes, das uns anfangs wie eine große Last vorkommt, verteilt sich im Laufe der Jahre auf unser gesamtes Leben. Der Schmerz beschützt und bewahrt uns, und er ist auch unser größter Lehrer. Er zeigt uns, dass wir uns im »Jetzt« nicht wohlfühlen, dass unser Leben nicht im Einklang mit unserem Wesen ist und wir uns selbst betrügen. Dass wir den Kontakt zu uns selbst verloren haben. Und nur wenn wir uns dieser Angst stellen, können wir wieder zu uns selbst finden und unserem Herzen folgen. Denn egal, wie sehr wir versuchen, aus etwas Falschem etwas Richtiges zu machen, egal, wie lange wir warten: Was nicht passt, wird nicht bleiben.

Doch je länger wir versuchen, daran festzuhalten, je mehr wir uns anstrengen für ein bisschen Erfolg, desto mehr stürzen wir uns in einen inneren Konflikt und in eine Fantasie, die uns abhängig macht. Wir machen uns vor, dass alles seine Richtigkeit hat, denn wie könnte etwas, wofür wir so starke Gefühle entwickelt haben, falsch sein?

Die Trennung ist oft die einzig logische Konsequenz. Denn mit der falschen Person können wir nichts richtig machen.

Das Leben wird uns immer wieder prüfen und Unruhe stiften. Es wird nicht zulassen, dass Frieden und Einklang zwischen denen herrschen, die nicht füreinander bestimmt sind. Eine Liebe, die auf eine harte Probe gestellt wird und nicht standhält, hatte nie Bestand. Und mit ein bisschen Abstand und Zeit wird uns umso deutlicher, dass das, was wir uns wünschten, uns nicht das gegeben hätte, was wir brauchen.

Ein Mensch kann liebenswert sein und dennoch kein guter Partner für uns. Es kann ein wahrer Segen sein, verlassen zu werden. Alles kommt zu seiner Zeit. Es wird uns niemand geschickt, für den wir nicht bereit sind. Und manchmal müssen wir erkennen, dass uns nicht der Falsche geschickt wurde, sondern dass wir selbst noch nicht offen sind für die Liebe, für Nähe und für eine tiefe Bindung.

Für Frauen in Beziehungen kann der Schmerz auch ein Weg sein, die Partnerschaft zu heilen, indem sie ihm mit Liebe begegnen, anstatt vor ihm zu flüchten. Sie müssen ihn beobachten, bei ihm bleiben und ihn bewusst fühlen, den Partner radikal loslassen und sich ihrem Innenleben zuwenden. Das heißt nicht zwangsläufig, dass sie Schluss machen müssen, vielmehr geht es darum, den Fokus zu verändern.

Wenn ihr euch von eurem Partner verletzt fühlt, tretet wieder voll und ganz in den Kontakt mit euch selbst. Macht Zeit für euch frei, und übernehmt die Verantwortung für eure emotionalen Bedürfnisse. Kümmert euch um euch. Sagt euch all das, was ihr euch von einem Partner wünscht, einfach selbst. Kauft euch Blumen und streichelt euch so, wie ihr es gerne mögt. Macht euch einen schönen Nachmittag und verwöhnt euch, so wie ihr es euch von jemandem wünschen würdet, der euch liebt. Nehmt euch Zeit für euch. Fokussiert euch auf eure innere Welt, ohne zu hoffen, dass die Erfüllung von außen kommt, und ohne sie im Außen zu suchen.

Stellt euch die Fragen, die niemand anders beantworten kann. Anstatt euch zu fragen: »Warum macht er / macht er nie …?«, fragt euch: »Warum ist es mir wichtig, dass er XY macht / nicht macht?« Ihr könnt nur kontrollieren, was ihr selbst tut und was für euch wichtig ist, nicht was andere machen oder was ihnen wichtig sein sollte.

Wenn ihr lernt, zu verändern, was ihr ausstrahlt, werdet ihr verändern, was ihr anzieht. Eure Situation zeigt euch, dass in eurem Inneren etwas nicht stimmt. Würde es in eurem Inneren keinen Schmerz geben, würde er sich auch im Außen, also in eurer Beziehung, nicht zeigen. Wenn ihr eine reine, mitfühlende, ehrliche und erfüllte Beziehung zu euch selbst hättet, würde sich genau das in euren Beziehungen widerspiegeln: Ihr würdet erkennen, dass ihr eigene Bedürfnisse verdrängt und dass ihr die Beziehung idealisiert habt.

Ihr habt eure angestauten Emotionen wie einen Ball unter Wasser gedrückt, bis ihr ihn nicht mehr halten konntet und er hochgeschossen kam. Dabei wurde all der Schmerz freigesetzt und ist in euer Bewusstsein gedrungen. Das ist der Moment, in dem es magisch wird. Der Moment, in dem Platz und Raum entstehen – für eine bessere Beziehung und für mehr Verständnis füreinander. In dem ihr jeglichen Druck von euren Mitmenschen und eurem Partner nehmt und anfangt, euch für euer Glück selbst verantwortlich zu fühlen, ohne jemand anderem diese Bürde aufzuerlegen.

Künstler erschaffen aus ihrem größten Schmerz die genialsten Werke. Sie lesen die Scherben ihres gebrochenen Herzens auf und setzen sie zu einem neuen Bild der Stärke zusammen. Jeder von euch ist der Künstler seiner Liebe. Euer Herz zerbricht nicht für immer, es geht nie kaputt. Es wird nur neu geformt. Ihr formt es neu!

Der Schmerz ist neben der Liebe der mächtigste Antrieb. Macht etwas draus. Nehmt diese Energie und wandelt sie um. Jetzt ist der beste Zeitpunkt, euer Leben zu verändern, euer Selbstkonzept zu überdenken, euch neu zu sortieren und endlich zu heilen. Denn durch den Schmerz geratet ihr so sehr an eure Grenzen, dass ihr, wenn ihr ihn aushaltet und reflektiert, automatisch in die Selbstheilung übergeht. Ihr kehrt wieder zu eurem natürlichen Zustand zurück und wachst über euch hinaus. Und das ist das größte Geschenk, das ihr euch machen könnt.

Zu heilen bedeutet aber nicht, dass ihr während und nach dem Prozess immer alles bekommen werdet, wonach ihr euch sehnt, und dass von nun an all eure Wünsche in Erfüllung gehen werden. Es wird auch Phasen geben, in denen der Schmerz zurückkommt oder ihr neue Verletzungen erleidet. Aber keine Sorge, alles bleibt gut.

Heilung kann auch schlicht und einfach bedeuten, endlich einen Wunsch oder einen Menschen loszulassen. Es kann bedeuten, zu der Erkenntnis zu gelangen, dass die Vorstellung eurer idealen Zukunft nicht an einen bestimmten Menschen gebunden ist. Es kann heißen, dass ihr euch endlich mit all euren Fehlern annehmt und euch so akzeptiert, wie ihr seid, weil ihr euch besser kennengelernt habt und euch ab jetzt zu schätzen wisst.

Heilung kann aber auch bedeuten, dass ihr einen Weg findet, eure schmerzlichen Erfahrungen aus einer anderen Perspektive zu betrachten, was wiederum euer Denken verändern wird. Aus diesem Umdenken erwachsen neue Lebensenergie und neue Einstellungen. Ab jetzt werdet ihr andere Menschen und auch andere Männer in euer Leben ziehen, um gemeinsam mit ihnen heilsame Erfahrungen zu machen.

Oder ihr erkennt durch den Heilungsprozess, dass ihr etwas verändern wollt, und holt euch Hilfe. Ihr arbeitet an euren Defiziten und Verhaltensmustern, weil ihr endlich aus ihnen ausbrechen wollt, anstatt die Erfahrungen unbewusst zu wiederholen.

Ihr könnt nichts verändern, ohne etwas zu verändern. Heilung bedeutet, zu verlernen und zu lernen. Denn leider sind wir oft besessen von Menschen, die in uns Unsicherheit auslösen, uns ausschließen oder schlecht behandeln.

Wenn ihr in Chaos aufgewachsen seid, müsst ihr, wenn ihr heilen wollt, als Erwachsene verlernen, euch in einer dysfunktionalen Beziehung wohlzufühlen. Lernt, eure Lebenswirklichkeit zu verändern und euer Nervensystem zu regulieren, damit ihr euch in Konstellationen wohlfühlt, die gut für euch sind.

Wenn ihr in eurer Kindheit eure eigenen Bedürfnisse hinter die der Eltern stellen musstet, müsst ihr verlernen, immer anderen gefallen zu wollen, und lernen, eure eigenen Bedürfnisse wahrzunehmen und sie zu befriedigen.

Wenn ihr als Kind um Liebe betteln musstet, müsst ihr verlernen, Menschen nachzujagen, die euch zu wenig geben, und lernen, eine eigene Quelle der Liebe zu sein.

Wenn ihr früh gelernt habt, dass ihr verlassen werdet, müsst ihr verlernen, Menschen zu wählen, die euch nicht wollen.

Wenn ihr in einer Familie aufgewachsen seid, in der es emotionale Intimität nicht gab, solltet ihr verlernen, vor Nähe und Verletzlichkeit wegzurennen, und lernen, mit tiefen Emotionen umzugehen.

Wenn ihr für ein Elternteil besonders viel Verantwortung übernommen habt, müsst ihr verlernen, alle retten zu wollen, und lernen, für euch selbst da zu sein.

Wenn ihr als Kind immer brav sein musstet, müsst ihr verlernen, immer zu sagen, dass alles gut ist, und lernen, eure eigenen Emotionen anzuerkennen.

Rechnet ab jetzt damit, dass andere euch nicht mögen werden. Haltet es aus, dass es zwar Menschen geben wird, die euch lieben, aber auch solche, die euch nicht mögen. Ihr werdet Menschen begegnen, denen ihr egal seid oder die euch sogar verachten, weil sie mit euch einfach nichts anfangen können.

Und egal, was ihr tut oder lasst: Es wird immer Menschen geben, die über euch urteilen. Auch wenn ihr denkt, dass ihr auf Nummer sicher gegangen seid, werdet ihr auf Widerstand stoßen. Macht trotzdem weiter! Riskiert es, ihr selbst zu sein! Es ist viel besser, glücklich und frei als brav zu sein.

Kein Mensch auf dieser Welt wird von allen gemocht. Aalglatt und jedermanns Liebling zu sein, ist langweilig. Perfektion ist eine Illusion. Ihr seid keine dressierten Pudel, die perfekt sein müssen. Denn selbst wenn ihr vermeintlich alles richtig macht, ist das für viele Anlass zu Kritik.

Und noch etwas: Immer für alle da zu sein, ist gar nicht so selbstlos, wie ihr vielleicht glaubt. Denn warum seid ihr wirklich ständig für andere da? Wärt ihr es immer noch, wenn ihr nicht beobachtet werden und dafür Beachtung und Belohnung bekommen würdet?

Hört auf, das brave Mädchen zu sein, das eure Eltern, Großeltern, Lehrer oder sonst wer aus euch machen wollten, damit sie besser mit eurem Temperament und eurem strahlenden Tosen klarkommen. Nur wenn wir unsere Grenzen nicht klargemacht haben, können andere von uns etwas verlangen, was uns nicht guttut.

Verabschiedet euch von der Vorstellung, dass ihr Liebe nur dann verdient habt, wenn ihr Leistung erbringt. Euch dafür zu belohnen, wenn ihr brav wart, und mit Liebesentzug zu bestrafen, wenn ihr euch nicht so verhalten habt, wie es andere für richtig hielten, war ein erzieherischer Akt eurer Autoritätspersonen, weil sie trotzdem ihr Leben wollten und es mit euch als neuen Teil davon einfacher und erträglicher machen mussten. Eine Mutter oder ein Vater haben im Alltagstrubel nicht immer die Zeit oder die Geduld, individuell auf jeden Wutausbruch ihres Kindes einzugehen und unangenehme Situationen aufzulösen – vollkommen verständlich. Es geht hier nicht darum, auf unseren Eltern rumzuhacken und sie anzuklagen. Jeder, der ein Kind hat, muss es erziehen, damit unser aller Zusammenleben funktioniert. Es geht hier lediglich darum, zu verstehen, dass unsere Erziehungspersonen auch nur Menschen sind, die versucht haben, ihr Leben mit uns, so gut es ging, zu meistern. Dabei haben sie auch Fehler gemacht, das tut jeder. Zu verstehen, dass sie uns vermutlich nichts Böses wollten, ist wichtig, aber genauso wichtig ist es, zu akzeptieren, dass es trotzdem etwas mit uns gemacht hat.

Und jetzt sind wir erwachsen und müssen nicht mehr das brave Musterkind sein. Schon gar nicht im Tausch gegen Liebe. Wir müssen nicht mehr allen ausnahmslos alles recht machen, um uns wertvoll und liebenswürdig zu fühlen. Wir müssen uns nicht mehr bestmöglich anpassen, Situationen aushalten und in Schockstarre verharren. Wir werden auch belohnt und geliebt, wenn wir nicht erfolgreich sind oder bestimmte Errungenschaften vorweisen können.

Jede von uns ist eine eigenständige Person. Wir dürfen uns verändern und uns wieder der Person nähern, die wir schon immer waren. Wir dürfen uns danebenbenehmen und Fehler machen und davon ausgehen, dass wir trotzdem geliebt werden. Wir müssen nicht mehr sachlich bleiben und unsere Emotionen zensieren. Wir dürfen wütend, sauer, müde, faul, trotzig, laut, traurig und verletzt sein. Wir dürfen jammern und aufmüpfig sein. Wir dürfen unvollkommen sein. Wir dürfen einfach sein und müssen rein gar nichts dafür tun, geliebt zu werden.

Und wir dürfen sagen, was wir wollen. Denn wir können nur das bekommen, worum wir auch bitten.

Zu heilen kann das Erschütterndste, Aufregendste, Anstrengendste, aber auch das Wichtigste sein, was ihr jemals in eurem Leben bewältigen werdet. Besonders, wenn ihr euch in dieser Zeit stark auf euch fokussiert und erst mal für eine gewisse Zeit alleine bleibt. Denn euch wird es nicht besser gehen, wenn ihr euch den Terminkalender so voll wie möglich packt und bedeutungslose Kontakte aufrechterhaltet, nur um euch nicht einsam oder traurig zu fühlen. Heilung passiert nicht, wenn ihr Sachen macht, durch die ihr euch schnell kurz gut fühlt oder betäubt, sondern wenn ihr euch aushaltet, wenn ihr euch erlaubt, den tiefen Herzschmerz zu fühlen, und euch eure Erfahrungen nicht mehr schönredet.

Nur ihr und die Gedanken, nur ihr und eure Tränen.

Heilung passiert, während ihr euch ohne Begleitung auf den Weg macht. An den einsamen Wochenenden und in den schlaflosen Nächten. In den frühen Morgenstunden, in denen ihr, mit eurem Cappuccino in der Hand, euer Gesicht dem rosa werdenden Himmel entgegenstreckt und tief einatmet. An den Tagen, an denen ihr morgens aufwacht und euch gleich wieder ins Bett verkriechen wollt, weil alles wehtut und sich das schmutzige Geschirr in der Spüle stapelt.

Bewältigt eure Trauer Tag für Tag. Macht langsam und geht kleine Stückchen, aber bleibt nicht stehen. Bewegt euch, macht weiter. Versucht, nicht zu verdrängen, abzustumpfen, euch zu betäuben oder eure Gefühle wegzudrücken, wegzuessen, wegzutrinken, wegzusexen, wegzudaten oder wegzushoppen. Geht durch diesen Prozess der Heilung, um eigene Stärke zu gewinnen, um widerstandsfähiger zu werden, um zu verstehen, dass niemand euch vor euch selbst retten wird.

Niemand kann euch den Halt und die Stabilität geben, die ihr euch geben könnt. Ihr seid für euch verantwortlich, sonst niemand. Niemand wird euch reparieren, und diese Bürde sollte auch kein Mensch von euch auferlegt bekommen. Ihr tragt das Gegengift in euren Händen, ihr selbst seid eure Rettung.

Auch wenn ihr Angst habt: Nur Handeln wird euch in Zukunft öffnen. Nur Liebe wird euch in Zukunft zu der Liebe führen, die ihr verdient. Der entscheidende Tag ist der Tag nach einer Revolution. Wenn die Hindernisse und der Widerstand aus dem Weg geräumt sind und ihr so leben könnt, wie ihr es euch wünscht.

Ihr müsst euer Leben aktiv verändern wollen. Und das zu erkennen – endlich anzufangen, für euch selbst einzustehen, auszubrechen und euch der Liebe zu ergeben –, ist der Anfang eines neuen Abschnitts. Es ist der Anfang eures neuen Lebens und ein wahrer Akt der Selbstliebe.

# *Du bist nur gut, wenn du dich selbst liebst*

Jemand anderen mehr zu lieben als sich selbst, scheint neuerdings ein unverzeihliches Verbrechen geworden zu sein. Noch nie wurde so viel über Selbstliebe gesprochen wie heute. Noch nie gab es so viele Konzepte rund um das Thema, so viele Meinungen und Seminare. Selbstliebe scheint eine Allzwecklösung geworden zu sein. Sich selbst zu lieben ist so wichtig, dass man sich fast schämt, wenn man es auch nur wagt, sich nicht an erster Stelle zu sehen und für eine andere Person mehr zu geben als für sich selbst. Wenn man zurücksteckt für jemanden, den man liebt.

Doch gerade wenn uns jemand wichtig ist, können und sollten wir meiner Meinung nach all das für jemanden machen, solange wir uns dabei treu bleiben und nicht dauerhaft leiden, weil wir unsere eigenen Bedürfnisse ständig zurückstellen. Kompromisse werden nur dann zu einem Problem, wenn sie mit echtem Leid verbunden sind und wir uns einschränken, um uns die Liebe unseres Partners zu sichern.

Ansonsten ist es wichtig, in einer Partnerschaft Kompromisse einzugehen. Wir müssen ein Auge zudrücken, wenn der Partner manchmal schmatzt oder sein Zeug überall rumfliegen lässt, wenn er abends auch mal lieber mit den Kumpels ausgeht, als einen Film mit uns zu schauen, lieber nach Griechenland statt in die Türkei fliegt, hässliche Schuhe trägt oder komische Sachen mit seinem Fuß macht, während er liest. In Partnerschaften – und auch bei Freundschaften – wird es immer mal wieder vorkommen, dass man etwas für den anderen machen muss, auf das man nicht so viel Lust hat, ja, für das man kurz Aufwand betreibt oder sogar ein wenig leidet. Manchmal muss man die eigenen Pläne umwerfen und sich nach dem anderen richten, damit es funktioniert. Weil man in einer Beziehung ist. Selbstliebe bedeutet eben nicht, dass man ganz egoistisch nur das verfolgt, was einem selbst guttut und Vorteile bringt.

*Selbstliebe ist nicht nur »Me-Time«.*

Sich Zeit zu nehmen und mal vom Alltag abzuschalten, ist zwar wichtig, aber nicht der Schlüssel zum Glück. Natürlich könnt ihr euch im Namen von »Selfcare« so viele Masken ins Gesicht klatschen, wie ihr wollt, euch jeden Tag zwanzigmal die Haut behandeln lassen, um fünf Uhr morgens aufstehen und zum Sport gehen, euch gesund ernähren, ausschlafen, Matcha-Lattes trinken, in der Sonne liegen, ins Spa und zum Friseur gehen, euch die Nägel machen lassen, meditieren und euch gönnen ohne Ende. All das wird euch helfen, ruhiger, bewusster und achtsamer zu sein, euch entspannter, gelassener und schöner zu fühlen. Aber es wird euch nicht davor bewahren, dass Ängste, Abwehrmechanismen, Verhaltensmuster und Glaubenssätze ausgelöst werden, wenn ihr auf bestimmte Menschen trefft oder euch in bestimmten Situationen wiederfindet. Ihr könnt euch so schön fühlen, wie ihr wollt, und eurem Spiegelbild tausendmal sagen, dass ihr es wert seid. Doch solange in eurem Kopf und eurem Körper eine Annahme wie »Ich bin nicht liebenswürdig« verankert ist, werdet ihr bei der kleinsten Erschütterung in eurem Leben den Menschen um euch herum – und vor allem euch selbst – beweisen wollen, dass ihr es eben doch seid. Ihr werdet euch verbiegen und es allen recht machen wollen, weil diese Methoden nur vorübergehend dabei helfen können, dass wir uns wohler fühlen. Kein Spa-Besuch dieser Welt kann diese fest verankerten Mechanismen aus euch herausmassieren, kein Friseur diese belastenden Gedanken umfärben. All das wird euch innerlich nicht stabiler machen. Ihr werdet euch nicht selbst lieben, nur weil ihr es euch sagt. Ihr müsst es fühlen!

Wahre Selbstliebe bedeutet …

… sich nicht mehr vor sich selbst zu verstecken und sich nichts mehr vorzumachen. Dazu gehört eine skrupellos ehrliche Bestandsaufnahme des eigenen Lebens. Man muss sich eingestehen, dass man das eigene Selbstkonzept anpassen und seine Identität umpolen muss, um zu einer Person zu werden, die in Zukunft herausfordernde Situationen souverän bewältigen kann.

… das Leben, das einen unglücklich macht, so nicht länger zu akzeptieren, sondern es zu verändern. Dazu gehört, dass man akzeptiert und annimmt, was war und was ist.

… zu erkennen, wann es genug ist, und sich nicht nur zu fragen, ob man selbst genug ist.

… sich ehrlich zu fragen, wie bereit man tatsächlich für die Liebe ist, ob man sich binden und Intimität ertragen kann.

… seine eigene Heilung aktiv einzuleiten.

Der Pfad der Liebe beginnt in unserer Vergangenheit, mit unserer Heilung, und bezieht danach unsere Beziehungen mit ein. Das erfordert viel Arbeit, Ausdauer und Hingabe. Die alten Traumata auszubuddeln und seinen größten Ängsten ins Gesicht zu blicken, erfordert viel Geduld und Anstrengung. Ihr werdet diejenigen, die ihr liebt, damit vor den Kopf stoßen und diejenigen, die ihr meint zu lieben, vielleicht sogar verlieren. Doch mit Hingabe und mit der Zeit werdet ihr es schaffen, die Wände niederzureißen, die ihr um euer Herz und euer Hirn erbaut habt. Ihr werdet ausbrechen und endlich ein Leben kreieren, das so viel besser, einnehmender und aufregender ist als euer bisheriges, sodass euch die Vergangenheit bald nur noch ein mildes Lächeln entlocken wird. Weil ihr den Fokus verrückt und weil ihr euer Leben mit Freuden füllt, die keinen Platz mehr für Trübsal lassen.

Mit dem Willen, jeden Tag an euren Themen zu arbeiten und euch von nichts aufhalten zu lassen, werdet ihr ankommen – egal, wie schmerzhaft diese Reise auch sein mag, wie verletzlich ihr euch währenddessen fühlt und wie lange sie dauern wird: Mit der Kraft, die euch inne ist, werdet ihr erwachen und verstehen, dass ihr das Beste verdient habt!

Und dafür müsst ihr Innere-Kind-Arbeit[16, 17] leisten. Denn euch zu wünschen, dass ihr endlich dem Menschen begegnet, der für euch bestimmt ist, ist nutzlos, wenn ihr nicht bereit seid, ihn zu empfangen.

In der Psychotherapie ist die Innere-Kind-Arbeit oder die Arbeit mit der inneren Familie ein beliebtes Tool, um mit dem jüngeren Selbst durch Rückverbindung und Erinnerungen in Kontakt zu treten. Bei diesem Prozess wird »die Zeit zurückgedreht«, und man tastet sich zusammen an bestimmte Ereignisse, auch traumatisierende Momente, aus der Kindheit heran. Indem man mit seiner Kind-Version ins Gespräch kommt und herausfindet, was dieses junge Ich gebraucht hätte, um sich beschützt, gesehen oder geliebt zu fühlen, arbeitet man ursprüngliche Bedürfnisse, Wünsche, Ängste, Emotionen und Leidenschaften heraus. Dadurch lernen wir, in welchen Situationen unser Inneres Kind heute zu uns spricht. Wir müssen verstehen, wann es weint, trotzt oder rebelliert, um uns selbst darum zu kümmern, es zu schützen und zu lieben. Wir müssen es liebevoll umarmen, um zu spüren, wie das panische Schluchzen langsam abebbt. Dabei übernehmen wir sozusagen die Rolle unseres idealen Vaters und unserer idealen Mutter.

Jeder von uns erlebt in der Kindheit – in der wir nicht wissen können, wie die Welt funktioniert, und uns erst mal alles neu und deshalb wahr vorkommt – Momente, die uns negativ beeinflussen und sogar traumatisieren. Auch wenn das Elternhaus im Idealfall ein Ort sein sollte, an dem wir uns willkommen, geborgen und wohl fühlen, sieht für viele die Realität leider anders aus. Und trotzdem erkennen wir instinktiv unsere Familie als die wichtigste Schule der Liebe an und übernehmen, ohne zu hinterfragen, die Art, wie wir lieben, bis wir feststellen müssen, wie wenig wir über die Liebe eigentlich wissen.

Diese negativen Momente müssen nicht immer die großen Probleme sein. Der Begriff »dysfunktional« wird in diesem Kontext sehr gerne gebraucht. Aber zeigt mir eine Familie auf dieser Welt, die nicht dysfunktional ist. Ich würde behaupten, dass jeder Mensch, gemessen an seinem eigenen Maßstab, Ereignisse in der Kindheit erfahren hat, die prägend für ihn waren.

Die Summe all unserer Kindheitserfahrungen nennen Psychologen das Innere Kind. Es hat Einfluss auf unser Wesen, aber besonders auch auf unser Selbstwertgefühl.

Die Ereignisse, die uns prägen, müssen nicht immer die großen und offensichtlichen sein. Aber jedes hat Einfluss darauf, wie wir uns später verhalten, wie empfindlich wir zum Beispiel auf Kritik reagieren, wie enttäuscht wir sind, wenn uns jemand absagt, oder wie wütend wir werden, wenn jemand unsere Wünsche missachtet.

Diese Vorgänge laufen unbewusst ab. Kommen wir als Erwachsene in ähnliche Situationen, werden die gleichen Gefühls- und Verhaltensprogramme abgespielt. Wissenschaftler gehen sogar davon aus, dass neunzig Prozent unseres Handelns vom Unterbewusstsein gesteuert wird. So prägen unsere Kindheitserfahrungen unser ganzes Leben.

Um diese alten Muster abzulegen und neue Verhaltensweisen zu entwickeln, die uns konstruktiv weiterbringen, müssen wir uns mit unserem Inneren Kind auseinandersetzen, es kennenlernen und verstehen, wo die Konflikte, die uns heute so zu schaffen machen, ihren Ursprung haben.

Eltern sind, wie bereits erwähnt, auch nur Menschen, die wiederum ihre eigenen, wahrscheinlich ungelösten Traumata mitbringen und ihre damit befleckten Erziehungsmethoden an uns angewendet haben. Während sie selbst noch immer an sich gearbeitet haben oder mit sich zu kämpfen hatten, versuchten sie gleichzeitig, uns als Mensch zu erziehen, lebensfähig zu machen und die Verantwortung für uns zu tragen. Und das zu einer Zeit, in der das Bewusstsein für mentale Gesundheit und Persönlichkeitsentwicklung noch gar nicht so verbreitet war. Unsere Eltern haben alles, was in ihrer Macht stand, für uns getan und uns so geliebt, wie es für sie möglich war, auch wenn es sich manchmal nicht so anfühlt, als wäre es das Beste für uns gewesen.

Auch wenn ihr mir jetzt innerlich widersprechen mögt und der festen Überzeugung seid, dass zumindest eins eurer Elternteile von Grund auf böse oder egoistisch ist, lohnt es sich, ihnen diesen Vertrauensvorschuss zu geben und den Gedanken einmal zuzulassen. Versucht, ihnen zu verzeihen. Nicht nur für eure Eltern, sondern für euer Leben, damit ihr Frieden findet und losgelöst von der Vergangenheit euer Hier und Jetzt so gestalten könnt, dass ihr glücklich lebt und den Trauma-Kreislauf durchbrecht. Für euch und vielleicht auch für eure eigenen Kinder.

Sucht euch Hilfe, wenn ihr sie braucht. Dafür sollte sich niemand schämen. Im Gegenteil: Wer versucht, aus seiner Schwäche eine Stärke zu machen, um wieder Herrin über die Situation zu werden, ist auf dem besten Wege, die Göttin zu werden, die in jedem von uns schlummert.

Unabhängig von den professionellen Methoden, könnt ihr euch aber auch erst einmal in eigener Regie an die Arbeit machen und Schritt für Schritt an eurem zukünftigen Ich arbeiten. Solltet ihr danach nicht weiterkommen oder das Gefühl haben, festzustecken, könnt ihr euch immer noch an jemanden wenden.

## Schritt 1: Zurück in die Zukunft

Visualisiert die kraftvollste Version von euch, die ihr werden könnt.

Setzt euch dafür an einen ruhigen Ort, nehmt euch Zeit und schreibt auf, wie diese Version handeln wird. Wie wird sie über sich selbst denken? Wie wird sie mit euch umgehen? Was wird sie sich zu sagen trauen? Versucht, ein richtiges Gespräch mit eurem Zukunfts-Ich zu führen, wie ein Rollenspiel, und dabei positiv zu bleiben, auch wenn Ängste in euch hochkommen sollten. Achtet dabei auch darauf, wie euer Zukunfts-Ich sich verhält, wie es aussieht, was es trägt und wie es über sich selbst spricht. Ihr werdet euch automatisch vorstellen können, wie euer Leben sich verändern muss, um sich so zu entfalten, dass diese aufgebesserte, vielleicht sogar ideale Version von euch es führen kann. Versucht, euch immer wieder mit dieser Version zu verbinden – in Momenten des Zweifels, der Trauer, der Wut.

## Schritt 2: »Schön, dass Sie gekommen sind, Vergangenheit.«

Bittet eure Vergangenheit als Gast in euer Leben, alleine oder zusammen mit eurem Zukunfts-Ich. Ihr könnt ihr jederzeit wieder die Tür aufhalten und sie hinausbitten, wenn es euch zu viel wird. Schließt die Augen, und sprecht mit ihr, oder noch besser: Schreibt den Dialog auf.

Wie hat euer Vergangenheits-Ich in bestimmten Situationen reagiert? Was könnten die Gründe dafür sein? Warum habt ihr euch von dieser oder jener Person besonders angezogen gefühlt? Wo seht ihr Parallelen zu eurer Kindheit? Was ist damals passiert, dass eure Welt erschüttert hat? Wodurch habt ihr euch verlassen, ungeliebt oder ungewollt gefühlt? Welche positiven und welche negativen Glaubenssätze befeuern euer Verhalten? Warum traut ihr euch nicht, Bedürfnisse oder Ansprüche auszusprechen?

Bleibt ruhig und gelassen, macht euch nicht fertig. Führt euch einfach vor Augen, warum ihr nicht anders konntet, als so zu handeln, wie ihr es getan habt.

Ihr tragt die Antworten auf eure Fragen in euch.

Schreibt eurem Vergangenheits-Ich einen Brief, und seid dabei so liebevoll, vorsichtig und verständnisvoll mit euch, als würdet ihr die Zeilen einem Menschen schreiben, den ihr sehr liebt.

## Schritt 3: Brief-Flut

Schreibt allen Personen Briefe, denen ihr nicht alles sagen konntet oder wolltet. Vielleicht habt ihr durch Schritt 1 und 2 neue Erkenntnisse über euch und euer Leben gewonnen, oder ihr wisst schon vorher genau, was ihr loswerden müsst. Schreibt eurer Mutter, eurem Vater, euren Geschwistern, dem Lehrer, der besten Freundin oder eurem Ex-Freund, den Großeltern, dem Onkel, der Tante oder einer unbekannten Person; schreibt eurem Vorbild, das einen großen Einfluss auf euch hatte – egal ob positiv oder negativ.

Schickt die Briefe nicht ab, sondern behaltet sie, bis ihr euch bereit fühlt, sie zu verbrennen. Anschließend lasst ihr den Wind all die unguten Gefühle und den Schmerz mit den grau gewordenen Papierflocken davontragen oder übergebt sie dem Wasser. Verzeiht euch selbst, und verzeiht allen anderen. Versucht, Frieden zu schließen.

## Schritt 4: Vogelperspektive

Im Alltag werdet ihr auf Hindernisse stoßen, vor allem dann, wenn ihr neue Menschen kennenlernt oder potenzielle Partner, die in euch bestimmte alte Verhaltensweisen heraufbeschwören. Anstatt euch kopfüber in die Emotionen zu stürzen, kann es sich lohnen, zu prüfen und zu hinterfragen, warum sich die Zeit mit oder die Verbindung zu diesem bestimmten Menschen so magisch anfühlt. Vielleicht ist er jemandem, der euch sehr geprägt hat, besonders ähnlich. Vielleicht verkörpert diese Person oder dieser Mann einen bestimmten Charakterzug oder hat einen Beruf, den ihr selbst gerne hättet, und wirkt dadurch so interessant auf euch.

Oft erkennen wir etwas nur verschwommen, wenn wir zu nahe dran stehen. Nehmt ein bisschen Abstand, geht ein Stück zurück, betrachtet das Ganze mal aus der Vogelperspektive, um klarer sehen zu können, wer da wirklich vor euch steht.

Bleibt achtsam. Wertschätzt eure Gefühle, sie sind eure Informanten, keine Bedrohung. Fragt euch: Könnte dieser Mensch wieder jemand sein, der sich nicht auf eine normale Bindung einlassen möchte? Und warum reizt mich genau das? Worum geht es wirklich?

Wenn ihr ehrlich zu euch seid, werdet ihr erkennen, dass die Magie, die ihr wahrnehmt, oft nicht daher kommt, dass euer Gegenüber wirklich so ein besonderer Mensch ist. Erkennt, wie ihr euch selbst sabotiert, indem ihr euch zum Beispiel unbewusst immer emotional unerreichbare Menschen aussucht, weil ihr selbst emotional unerreichbar seid oder weil sich nur die unerwiderte Liebe für euch wie die wahre Liebe anfühlt. Lernt, eure Reaktionen auf solche Menschen zu kontrollieren.

## Schritt 5: Zurücklassen

Umgebt euch mit Menschen, die wirklich gut für euch sind und die sich nicht weniger als das Beste für euch wünschen. Egal, wie lange ihr jemanden schon kennt, nur weil ihr besonders viel Zeit miteinander verbracht und besonders viel zusammen erlebt habt, muss das nicht heißen, dass diese Verbindung noch funktioniert und euch wirklich guttut.

Das gilt übrigens nicht nur in der Beziehung zu einem Mann. Auch in der Beziehung zu anderen Menschen, mit denen ihr viel Zeit verbringt, solltet ihr eine ehrliche Bestandsaufnahme machen und dann – ohne zu idealisieren oder die Zeit als Vorwand vorzuschieben – von denjenigen Abstand nehmen, um deren Liebe, Anerkennung und Aufmerksamkeit ihr kämpfen müsst. Stärkt und nährt dafür die Beziehungen zu den Menschen, die ihr wirklich mögt und die euer Leben schöner machen und bereichern.

## Schritt 6: Engster Vertrauter

Lernt, euch selbst wieder zu vertrauen. Vertraut darauf, dass ihr ab jetzt die richtigen Entscheidungen treffen und besser auf euch achten werdet. Vertraut darauf, dass am Ende doch alles gut wird. Auch wenn es unbewusst geschehen ist, ist doch alles, was ihr bis jetzt erlebt habt, eine Reflexion dessen, wer ihr seid.

Nichts passiert zufällig. Jedes Beziehungsende, jeder Neuanfang wurde unbewusst von euch eingeleitet, als ihr – bevor ihr es wirklich verstanden habt – gespürt habt, dass das Leben, so wie es ist, nicht funktioniert und euch unglücklich macht. Dass ihr euer Leben mit Menschen hättet verschwenden können, die nicht richtig für euch sind. Ihr habt das Hindernis unbewusst längst als Wachstumschance gedeutet.

Vertraut euch so sehr, dass ihr den Gedanken, dass eine gesunde Beziehung nicht auf absolutem Vertrauen basieren kann, gut ertragen könnt. Niemand ist immer ausnahmslos vertrauenswürdig. Wer eine Beziehung eingeht, muss akzeptieren, dass wir alle Menschen mit Makeln sind und dass wir Vergebung verdient haben. Vertraut darauf, dass ihr die richtigen Entscheidungen treffen werdet, egal, was passiert. Vertraut darauf, dass es wieder Tage geben wird, an denen euch die Lebensfreude förmlich aus den Poren trieft wie süßer Honig – gerade weil ihr verstanden habt, dass Glücklichsein kein Dauerzustand sein kann. Und weil ihr verstanden habt, dass das Streben nach permanentem Glück nicht die Lösung, sondern das Problem ist.

## Schritt 7: Dankbarkeit

Dankbar zu sein, lässt keinen Platz für andere Emotionen. Egal, wie sauer, enttäuscht oder traurig ihr seid – wenn ihr dankbar dafür seid, welche Lektionen ihr aus einer Begegnung mitgenommen habt, werdet ihr dem Groll keine große Rolle mehr zuteilen. Sobald ihr den Gedanken der Dankbarkeit fasst, wird die positive Grundhaltung die Negativität aufheben, und dieser Energiewechsel wird euch Ruhe schenken und euch heilen.

Seid dankbar für den Schmerz, durch den die Knospen neuen Lebens aufkeimen. Seid dankbar für jeden Menschen, der sich aus eurem Leben entfernt hat. Seid dankbar für die unendlichen Chancen, die dadurch für euch entstehen.

Und seid vor allem dankbar dafür, dass der Mensch, von dem ihr euch gerade getrennt habt, wohl den Teil in euch widergespiegelt hat, der euch noch am meisten daran hindert, wahre Liebe zu empfangen und zu geben. Durch ihn könnt ihr erkennen, wo eure Defizite liegen und wo ihr hohe Mauern um euer Herz errichtet habt, die euch daran hindern, in eine tiefe Verbindung zu jemandem zu gehen.

Jede dieser Begegnungen zeigt euch, wo noch Heilungs- und Reflexionsbedarf besteht, wo ihr besser noch einmal hinschauen solltet, um für denjenigen bereit zu sein, der dasselbe möchte wie ihr.

## Schritt 8: Kleine Frage, große Wirkung

Noch ein kleiner Selbsttest: In welchem Lebensabschnitt habt ihr euch befunden, als ihr zum Beispiel diese besonders dysfunktionale Beziehung ausgehalten oder zugelassen habt, dass man besonders schlecht mit euch umgeht? An welchem Punkt wart ihr da in eurem Leben? Wart ihr zufrieden, erfolgreich und total entspannt? Oder gestresst, voller Zweifel und im Streit mit Freunden und Familie? Habt ihr vielleicht sogar gerade einen anderen sehr wichtigen Menschen verloren?

Wenn ein einschneidendes Ereignis in unserem Leben stattfindet, das alles komplett umwirft, und wir uns alleine und im Stich gelassen fühlen, neigen wir manchmal dazu, diese Lücke mit irgendetwas zu füllen, statt uns erst einmal um diese Baustelle zu kümmern. Doch eine andere Person, egal welche, ist meistens nicht die Lösung.

## Schritt 9: Loslassen

Erlaubt euch in Momenten der Schwäche, alles zu fühlen und zusammenzubrechen, so oft und so lange ihr es braucht. Denkt an den Verlust. Je mehr ihr versuchen werdet, nicht an ihn zu denken, desto mehr werdet ihr genau das tun.

Am Ende des Tages, wenn ihr euch in den Ruinen umschaut und seht, dass alles um euch herum kaputt gegangen ist, werdet ihr feststellen, dass etwas immer noch steht: ihr. Ihr werdet es überleben. Ganz sicher. Nur müsst ihr irgendwann an einen Punkt kommen, an dem ihr den Schmerz und die Vergangenheit auch loslassen WOLLT, auch wenn das alles ist, was euch von dem Verlorenen geblieben ist. Auch wenn es euch so vorkommt, als würde der Hass euch noch die Liebe garantieren, müsst ihr ihn gehen lassen. Es gab schöne Momente, und jetzt ist es gut. Ihr müsst die Altlasten ernst gemeint loslassen wollen, über eure Geschichte hinauswachsen und den Fokus auf die erträumte Zukunft richten. Wenn ihr euch ein Leben lang in eurem Schmerz über den Verlust suhlt und euch an euer gebrochenes Herz klammert, dann geratet ihr in einen Kreislauf, der euch daran hindert, das Vergangene zu akzeptieren, es anzunehmen und euren Frieden damit zu machen. Denn wenn ihr nur damit beschäftigt seid, auf Vergangenes zu reagieren, werdet ihr neue Gelegenheiten verpassen, die hier und jetzt auf euch warten. Zu leiden, im Herzschmerz und der Sehnsucht zu ertrinken, etwas zu vermissen und ihm hinterherzutrauern, wird zu einem festen Bestandteil eurer Identität werden, wenn ihr euch nicht aktiv dafür entscheidet, euch einen anderen Lebenszweck zu suchen. Ihr müsst so lange in eurem Inneren wühlen, bis ihr das findet, was eurem Leben Sinn gibt, was euch begeistert. Alle Energie, die ihr dafür aufgewendet habt, euch nach einer bestimmten Form der Liebe zu sehnen, solltet ihr nutzen, um noch tiefer nach der Liebe zu graben, die bereits existiert, und dafür zu sorgen, dass sie gedeiht. Lebt eure Liebe in der Familie, in Freundschaften, mit einem Partner oder auch mit euch selbst.

Die Frage war nie, *ob* ihr eurem Herzen folgen werdet, sondern immer, *wann* ihr seinem Rufen endlich folgt. Die Bedeutung der Vergangenheit wird im selben Maße schrumpfen, wie die Bedeutung eures aktuellen Lebens wächst. Ihr könnt nur gewinnen.

Eine Partnerschaft kann eure Probleme nicht lösen und euch auch nicht zu einem anderen Menschen machen. Ihr werdet weder durch eine Beziehung noch durch einen Mann glücklich werden. Die Suche nach einem perfekten Partner und die Hoffnung, dass durch ihn all eure Bedürfnisse und Sehnsüchte erfüllt werden, sind ein starkes Signal dafür, dass ihr an euch arbeiten müsst. Nichts wird euch dauerhaft und konstant glücklich machen. Glücklich zu sein, ist kein erreichbares Ziel. Es ist eine Momentaufnahme. Ein Moment des Zufalls, ein Moment des Glücks. Es sind Sekunden der Glückseligkeit, in denen wir an keinem anderen Ort lieber sein wollen als an diesem und mit keiner anderen Person lieber über eine lustige Situation lachen würden als mit der, mit der wir gerade zusammen sind.

Wir können uns auch in Phasen der Trauer, der Armut und der totalen Niedergeschlagenheit in bestimmten Momenten glücklich fühlen. Glücklich zu sein bedeutet, die Momente, in denen wir glücklich sind, zu erkennen und sie zu genießen. Zu genießen, dass wir sind, wer wir sind und wo wir sind, und das Leben zu lieben.

Die Liebe kommt nicht von außen, durch einen Traumpartner oder die perfekten Lebensumstände. Die Liebe ist längst da.

Für euer Selbstwertgefühl ist niemand anderes zuständig als ihr. Auch »Mr. Right« wird eure Zweifel und unbehaglichen Gefühle nicht auf magische Weise wegzaubern können, im Gegenteil: Wenn ihr weiter eure emotionalen Kindheitserfahrungen nachlebt, werdet ihr jede Beziehung nur wieder sabotieren. Denn jede Art von Beziehung, die wir führen, zeigt uns unsere eigenen lieblosen Überzeugungen über uns selbst, und unser Verstand wird nicht aufhören, nach Situationen und Erfahrungen zu suchen, die uns immer wieder in unseren Glaubenssätzen bestätigen.

# *Glaub nicht alles, was du denkst*

Liebe entsteht durch Gedanken. Und unsere Gedanken entstehen durch Konditionierung und unsere Erfahrungen. Erst denken wir etwas, dann fühlen wir es, und dann lieben wir. Unsere Gedanken haben eine unglaubliche Macht über uns. Sie sind so mächtig, dass sie unsere Realität formen und sogar in der Lage sind, Gefühle zu erzeugen, die unsere Zukunft manifestieren.

Dr. Joe Dispenza zeigt, wie Neurowissenschaft und unser Unterbewusstsein zusammenhängen.[18] Mit der Kraft unserer Gedanken und Gefühle können wir, laut Dispenza, unser Unterbewusstsein umprogrammieren und etwas Neues erschaffen. Indem wir uns in die Zukunft versetzen und uns bereits heute so fühlen, wie wir uns fühlen würden, wenn wir unsere persönlichen Ziele erreicht hätten, machen wir auch unserem Körper weis, dass wir unser Ziel längst erreicht haben. Wir bringen dem Körper sozusagen bei, wie es sich anfühlen würde, kraftvoll, unbesiegbar, verliebt in das Leben und voller Mut zu sein. Auf diese Weise gehen wir ohne Zweifel, Kontrolle oder Druck, ohne zu analysieren oder auf etwas zu warten, bereits durchs Leben, als wäre unsere Zukunft gegenwärtig. Ohne im Mangel zu sein, ziehen wir durch unsere Ausstrahlung automatisch an, was wir uns wünschen. Die Resonanz und die damit verbundenen Schwingungen versetzen uns in den inneren Zustand, wunschlos zufrieden zu sein – und warum sollten wir noch auf etwas warten, wenn wir bereits alles haben?

Für Dispenza beginnt diese Umprogrammierung bereits am Morgen. Wenn wir schon beim Aufstehen an unsere Sorgen oder unseren Kummer denken, denken wir an die Vergangenheit, weil wir es gewohnt sind, über das nachzugrübeln, was uns bedrückt. Deshalb ist Meditation am Morgen auch ein effektiver Weg, unseren Tag mit der Vision des neuen Ichs zu beginnen. Anschließend stehen wir auf und leben, als wären unsere Wünsche bereits Realität geworden.

Wenn wir bereits mit negativen Emotionen aufwachen, schleppen wir die Vergangenheit und die damit verbundenen Probleme in die Gegenwart und blockieren unsere Zukunft, ohne dem neuen Tag und dem Hier und Jetzt die Chance zu geben, das Ruder herumzureißen und wirklich an unseren Zielen oder Fortschritten zu arbeiten. Dabei nehmen wir einfach an, dass die Dinge, die uns gestern so bedrückt haben, heute noch genauso schlimm und wichtig sind, und fühlen uns festgefahren, obwohl vielleicht alles nur halb so wild ist oder sogar nie eintreten wird.

Ähnliches passiert mit den Glaubenssätzen und Annahmen, die wir über uns selbst haben, die uns seit unserer Kindheit begleiten und sich festgesetzt haben.

»Ich werde nie den richtigen Partner finden.«

»Keiner wird mich jemals lieben.«

»Ich schaffe das nicht.«

»Ich kann das nicht.«

»Alle Männer gehen fremd.«

»Ich bin zu hässlich.«

»Ich bin nur etwas wert, wenn ich gewinne.«

»Ich verliere immer.«
»Alle Menschen nutzen mich aus.«
»Keiner will mit mir befreundet sein.«
»Nähe ist gefährlich.«
»Niemand will mich mit Kindern.«
»Es liegt an mir.«
»Ich bin nicht wichtig.«
»Liebe tut weh.«
»Er wird mich enttäuschen.«
Und die größte Lüge, die wir uns je erzählt haben:
»Ich bin nicht gut genug.«

---

*Unsere Glaubenssätze zu identifizieren und zu überdenken, gehört, zusammen mit der Arbeit am Inneren Kind, zum wahren Akt der Selbstliebe.*

---

Wann habt ihr euch das letzte Mal gefragt, ob das, was ihr über euch denkt, auch wahr ist? Wahrscheinlich nie. Und selbst wenn ihr euch bewiesen habt, dass ihr zu viel mehr fähig seid, als ihr geglaubt hättet, tauchen die schleimig-giftigen Annahmen wieder auf und erinnern euch daran, dass das doch gar nicht sein kann. Sie lassen euch glauben, dass ihr nicht gut genug seid und alles nur Zufall oder Anfängerglück war. Aber ihr könnt nicht alles glauben, was die Stimme in eurem Kopf sagt, sondern höchstens lernen, mit ihr zusammenzuarbeiten.

Jeden von uns treiben Glaubenssätze an, das ist völlig normal. Doch die Annahmen, die wir über uns haben, können hilfreich oder hinderlich sein. Manche unserer Glaubenssätze können sogar, wenn sie mit weiteren Faktoren wie Traumata zusammenhängen, zu einer Erkrankung führen, die behandelt werden muss.

Glaubenssätze haben so einen großen Einfluss auf uns, weil sie uns auf den ersten Blick die beste Erklärung für unser Leben und die Welt liefern. Wir haben sie durch Menschen, die wir bewundern oder lieben, verinnerlicht und sind damit aufgewachsen. Selten überprüfen wir diese Glaubenssätze im Laufe unseres Lebens, viel eher entwickeln wir Selbstschutzreaktionen. So kann die negative Annahme »Ich bin nicht gut genug« zum Beispiel mit der Methode entkräftet werden, dass man sich immer bemüht, alles richtig zu machen. In einem solchen Fall legt man zum Beispiel einen überaus pedantischen Perfektionismus an den Tag, um das Gegenteil zu beweisen.

In der Regel gehen wir nicht besonders emphatisch mit uns um, wenn es um Überzeugungen geht, die wir über uns selbst haben. Unsere Mitmenschen – besonders die, die uns lieben – nehmen uns häufig ganz anders, nämlich viel positiver wahr.

Stimmen die eigene Erfahrung und die eigene Wahrnehmung nicht mit dem überein, was unsere Mitmenschen in uns sehen, hat das meist etwas mit unserer Biografie zu tun. Entscheidend dabei ist auch hier, in die Vergangenheit zu reisen und sich zu fragen: Wer hat zum ersten Mal zu mir gesagt, dass ich nicht gut genug, liebenswert oder unfähig sei? Woher kommt meine Überzeugung? Wann habe ich angefangen, das alles auch wirklich zu glauben? Und: Warum erzähle ich mir das immer noch?

Nachdem euch bewusst geworden ist, welche Annahmen über euch ihr im Laufe der Jahre angehäuft habt, lohnt es sich, einen kraftvollen Perspektivwechsel zu vollziehen und folgenden Gedanken zuzulassen:

Wer wäre ich, wenn ich all diese Glaubenssätze über mich nicht hätte?

Sind das alles wirklich harte Fakten über euch, die Welt und die Menschen? Oder habt ihr irgendwann schlichtweg aufgehört, sie zu reflektieren, oder gar nicht erst angefangen, weil sie sich in euer Unterbewusstsein verhakt und Macht über eure Gedanken und euer Verhalten erlangt haben?

---

*Etwas zu glauben, ist nicht dasselbe,*
*wie etwas zu wissen!*

---

Das Tückische an unseren Glaubenssätzen ist, dass sie häufig mit Angst, Schwäche und Scham verbunden sind und dass wir ständig damit beschäftigt sind, die Annahmen mithilfe unserer Erfahrungen und Interpretationen zu bestätigen. Alle übrigen Gedanken basieren auf dieser Annahme. Besonders, wenn es negative Überzeugungen über uns selbst sind, versetzen sie uns in den Kampfmodus, denn erst WENN wir etwas schaffen, DANN sind wir es wert, etwas zu erhalten und uns etwas zu erlauben.

»Erst wenn ich abnehme, werden mich Männer interessant finden.«

»Erst wenn ich mein Studium bestanden habe, werden meine Eltern endlich stolz auf mich sein.«

Die Liste der lieblosen Annahmen über uns kann endlos lang sein, sich selbst zu lieben – fast unmöglich. Denn wo Kampf ist, fehlt Liebe.

Besonders im Privatleben kann es problematisch werden, ständig im Kampfmodus zu sein, denn dann schauen wir nur aus der sicheren Distanz auf das, was wir wirklich wollen. Jedes

Bindungsangebot wirkt dann bedrohlich, jede Herausforderung wird strikt abgelehnt, denn der Glaubenssatz »Ich bin nicht gut genug« könnte sich mit einem Scheitern der Beziehung oder dem Versuch, ein Problem zu lösen, bestätigen und damit unangenehme und vor allem demütigende Gefühle auslösen.

Dieses vermeidende Verhalten wird noch verstärkt, wenn unsere Wahrnehmung unsere Annahmen bestätigt und wir uns dann noch mehr mit den Gedanken beschäftigen, die uns schaden, und uns mit Menschen umgeben, die unsere Glaubenssätze bestärken. Wir vermeiden auch aus Angst, andere könnten unsere Annahmen über uns bestätigen und uns somit verletzen, so überzeugt sind wir von dem, was wir über uns glauben.

Die Glaubenssätze sind fest in unserem Hirn und in unserem Unterbewusstsein verankert.[19] Unsere Psyche ist faul und versucht ständig, einen Zustand herzustellen, der in sich stimmig und logisch ist. Somit versucht sie, unsere Erlebnisse und unsere Annahmen über die Welt in einen logischen Zusammenhang zu bringen. Und diese logischen Zusammenhänge verfestigen sich unbewusst zu Glaubenssätzen.

Das passiert besonders in unserer Kindheit. Wenn eure Autoritäts- und Bezugspersonen etwas oft zu euch gesagt haben, habt ihr euch irgendwann auch entsprechend gefühlt. Mit der Zeit hat sich ein wahres Glaubenssystem ausgebildet, das aus vielen Glaubenssätzen über euch besteht und aus eurem Unbewusstsein heraus alles beeinflusst, was ihr erlebt. Dieses System hindert euch schlichtweg daran, die Erfahrungen zu machen und das Leben zu leben, das ihr euch so sehr wünscht. Die Glaubenssätze können euer Verhalten und eure Gefühle verändern und somit ganz schön etwas anrichten.

Auch unseren eigenen Kindern geben wir Glaubenssätze mit auf den Weg. Sie lernen automatisch von uns und akzeptieren das, was ihr über euch selbst oder andere denkt, als Wahrheit. Solltet ihr oder euer Kind nicht aus dem Kreislauf ausbrechen, wird es dieselben Glaubenssätze auch an seinen Nachwuchs weitergeben.

Vielleicht ertappt ihr euch das ein oder andere Mal dabei, wie die Stimme eurer Mutter immer noch in eurem Kopf widerhallt, die es vielleicht nicht einmal böse meinte, als sie zum Nachbarn sagte, dass ihr es in der Schule einfach nicht gebacken kriegt, obwohl ihr nur in einem Fach schlecht wart. Vielleicht hat sie euch aber auch einfach nur mit einem Familienmitglied verglichen, über das ständig gelästert wird, weil es das schwarze Schaf ist.

Macht euch bewusst: Das sind nur unreflektierte Aussagen aus eurer Vergangenheit, die gar nichts mehr mit euch zu tun haben – und das vielleicht auch noch nie hatten. Und vielleicht stoßt ihr bereits seit längerer Zeit auf Widerstand und merkt, wie die rostige und steife Rüstung der Glaubenssätze euch zu schwer wird, wie sie zwickt und ziept, weil sie nicht mehr passt.

Ihr seid eine eigenständige Person, ein Individuum, das an sich glauben darf! Erkennt, hinterfragt und lasst eure Glaubenssätze los. Nur wenn ihr eure alte Art zu denken verwerft, könnt ihr von ganzem Herzen, pur und authentisch lieben.

Eine sehr mächtige Frage, die ihr euch immer wieder stellen könnt, wenn ihr bemerkt, dass ihr nicht ganz so nett zu euch seid oder wieder in das alte »Ich bin nicht gut genug« rutscht, ist:

Was würde eine Person über sich selbst denken, die sich liebt?

Ihr müsst nicht nur im Alleingang an euren Überzeugungen arbeiten. Dass ihr für eine Zeit verschwindet und im stillen Kämmerchen an euch arbeitet, um dann wiederzukommen, fertig und vollkommen, ist eine unrealistische Wunschvorstellung. Denn unseren Selbstwert lernen wir vor allem in Interaktion mit anderen, während wir uns auf andere beziehen und mit ihnen an unseren Kommunikationsfähigkeiten und unserem Verhalten arbeiten. Wir tun immer so, als wären wir alleine auf dieser Welt und müssten alleine an allem arbeiten, uns ständig alleine optimieren, alleine darauf kommen, was wir wollen und wer wir sind.

Zugegeben, eine Weile allein zu sein, ist ein guter Anfang, vor allem nach einer turbulenten Zeit. Das Alleinsein wertzuschätzen, zu genießen und nicht den Verstand zu verlieren, wenn wir niemanden »unseren Freund« nennen können, ist wichtig für unser persönliches Wachstum. Aber es ist auch wichtig, zu verstehen, dass wir in Wahrheit nie wirklich alleine sind. Wie wir uns verhalten, hat einen Einfluss auf unsere Mitmenschen, erst recht auf diejenigen, mit denen wir tagtäglich in Beziehung stehen, auch wenn es nur auf der Arbeit ist.

Wir stehen mit allem in Beziehung. In Beziehungen lernen wir, uns selbst zu sehen. Sie sind unser Spiegel. Und besonders dann, wenn wir einmal traumatisiert wurden oder sehr schlechte Erfahrungen gemacht haben, können wir unser Vertrauen wieder aufbauen, indem wir uns Menschen zuwenden, die uns guttun und mit denen wir gemeinsam an einer gesunden und sicheren Beziehung arbeiten.

# *Nach der Arbeit ist vor der Arbeit*

Der letzte und wichtigste Schritt auf dem Weg der Heilung ist die Interaktion mit anderen Menschen, mit Freunden und mit einem neuen potenziellen Partner. Auch wenn ihr eine intensive Entwicklung durchgemacht habt und spürt, dass sich etwas in euch verändert hat. Auch wenn ihr zu Recht zuversichtlich seid und realisiert, dass ihr euch nach einer Trennung oder nach einem Verlust frisch in euch und das Leben verliebt habt und die kleinen Freuden des Alltags wieder zu schätzen wisst. Auch wenn ihr mittlerweile durch harte Selbstreflexion und Arbeit eure blinden Flecken erkannt habt, auch wenn ihr mittlerweile eure Verhaltensmuster, Selbstschutzmechanismen und Trigger kennt. Auch wenn ihr euch wieder bereit für die Welt und eine neue Liebe fühlt: Die wirklich zermürbende Arbeit steht euch genau dann bevor, wenn ihr eine neue, ernste Kennenlernphase antretet! Besonders dann, wenn euch der Mann, der an eurer Tür klopft, wirklich sehr gut gefällt.

Alleine harte Zeiten durchzustehen, seine Probleme mit sich selbst auszumachen und für sich zu verstehen, was man ändern muss, ist ein wichtiger Berg, der im Prozess erklommen werden muss. Doch wenn ihr das Plateau erreicht habt, kommt das nächste Level auf euch zu: Es wird jemand in euer Leben treten, mit dem ihr euch eine stabile und gefestigte Beziehung vorstellen könnt, und dafür solltet ihr euch bereit machen. Denn euer neuer Partner wird euch noch mal radikal, geballt und mit voller Härte eure Vergangenheit und eure wunden Punkte widerspiegeln. Und noch viel aufreibender: Ihr werdet wahrhaftig jemanden reinlassen und an euch ranlassen müssen, damit die neue Beziehung funktioniert. Und ihr werdet ihm vertrauen müssen. Das heißt, dass ihr nicht nur hypothetisch, sondern auch praktisch eure Muster aufbrechen, dass ihr Fehler machen, euch zurückziehen und an eurer Kommunikation feilen müsst. Sonst besteht die Gefahr, dass ihr den Mann im Prozess verschreckt und von euch stoßt. Denn die Art und Weise, wie ihr euch davor in einer Beziehung benommen habt – die Überlebensmechanismen, die ihr in eurer Kindheit, auf der Arbeit, bei Freunden oder bei eurem Ex angewendet habt –, kann in der neuen Beziehung wieder hochkommen und bei dem Mann auf komplettes Unverständnis stoßen und euch an eure Grenzen bringen. Ihr werdet all die Selbstsabotage aufdecken und erkennen, wie ihr die Liebe bislang abgestoßen habt. Euch wird bewusst werden, wie ihr euch geschützt und euer Herz verschlossen habt, welche Methoden ihr benutzt, um euch von euch selbst und eurem neuen Partner zu distanzieren, wenn ihr euch nicht sicher fühlt. Besonders dann, wenn der Mann, den ihr kennenlernt, wirklich an euch interessiert ist. Und obwohl er genau das macht, was ihr euch immer gewünscht habt. Obwohl es genau das ist, wovon ihr seit Jahren träumt, und ihr heulen mögt, weil ihr nicht fassen könnt, wie gut er zu euch ist. Weil er nachfragt, aufmerksam ist, Dates plant, euch ausführt, Trips mit euch unternimmt, euch ganze Tage am Stück bei sich haben will, in der Öffentlichkeit eure Hand nicht mehr loslässt, seine Hand im Restaurant und im Auto auf euer Bein legt, eure Nähe sucht, unaufgefordert alte Bekanntschaften aus seinem Instagram-Profil löscht, um euch nicht zu beunruhigen, euch auf allen Kanälen folgt, ohne dass ihr etwas sagen müsst, euch immer und überall küsst, in eure Gedanken eintauchen möchte, Pläne mit euch schmiedet, sich jeden Tag meldet, anruft. Weil er euch das Gefühl gibt, willkommen, gewollt und genug zu sein. Weil er es einfordert, dass ihr euch ihm mitteilt. Weil ihr wie selbstverständlich eure Sachen bei ihm lassen könnt, eure Ohrringe, wenn ihr wiederkommt, noch immer dort liegen, wo ihr sie beim letzten Mal vergessen habt, er euch einen Zahnbürstenkopf kauft und Duftkerzen für seine Wohnung, damit ihr euch wohlfühlt. Der sich bei euch bedankt, wenn ihr ihm entgegenkommt und seine Wäsche aufhängt, weil er abends eingeschlafen ist, oder ihr schon mal angefangen habt zu kochen, während er noch schnell was erledigen musste. Der euch sehen will, ohne dass das einzige Motiv des Treffens das ist, dass er Sex will. Der sich in seiner Treue nicht beirren lässt. Der euch sieht. Der so denkt, wie ihr euch immer gewünscht habt, dass ein Mann denkt, der sich verhält wie jemand, mit dem ihr das »Für immer« teilen wollt, der sich für euch entschieden hat und euch lieben könnte, so wie ihr es verdient habt, und euch ganz banal und wirklich zuhört. Schon die kleinste Kleinigkeit, die euch verschreckt, der kleinste Zentimeter Abweichung von seinem zuvorkommenden Verhalten, das kleinste bisschen Unsicherheit wird euch vermutlich sehr schnell dazu bringen, euch wieder zu verschließen. Obwohl ihr vom Kopf her versteht, dass er genau das ist, was ihr immer wolltet, und sich alles mit ihm so ruhig und richtig anfühlt, kann es trotzdem passieren. Das liegt unter anderem daran, dass das Ungewohnte immer erst mal aufwühlend ist und sich unbequem anfühlt, weil es eben neu ist. Ihr musstet vermutlich noch nie ordentlich kommunizieren, wenn ihr etwas wolltet, und nun seht ihr euch auf einmal gezwungen, klar und souverän in Worte zu fassen, was in euch vorgeht. Wenn ihr fluchtartig die Wohnung verlasst, wie sonst auch immer, will er vielleicht plötzlich wissen, was los ist, anstatt abzuwarten, bis ihr euch beruhigt habt und wieder ankommt.

Es kann sehr anstrengend werden und sogar körperlich schmerzhaft sein, nach den richtigen Worten zu suchen, unter denen ihr euch zwischen Verlustangst, Scham und Versagensängsten windet wie ein Aal. Besonders weil ihr akzeptieren und glauben müsst, dass ihr es wert seid, diese Art von Liebe zu empfangen. Und weil jedes Mal eure Angst, verlassen zu werden, kickt, sobald ihr eure Bedürfnisse und Emotionen ausdrückt.

Aber: Wie sollt ihr wissen, wie Liebe und Verletzlichkeit zusammengehen, wenn ihr eine solche Erfahrung noch nie gemacht habt? Woher sollt ihr wissen, wie man eine gesunde Beziehung führt, wenn ihr noch nie eine hattet? Wie sollt ihr emotionale Nähe zulassen, wenn die einzige Nähe, die ihr bislang erfahren habt, die von nackter Haut auf eurer war? Wie sollt ihr der Liebe den Platz in eurem Leben einräumen, den sie braucht, wenn ihr noch nie zuvor Raum für sie schaffen musstet? Wie sollt ihr wissen, dass ihr es verdient habt, anständig und um eurer selbst willen geliebt zu werden, wenn ihr noch nie zuvor in den Genuss wahrer Liebe gekommen seid?

Viele von uns sind Anfänger, wenn es um die Liebe geht. Viele von uns verstehen nicht, was Liebe ist. Wir alle müssen in Sachen Liebe dazulernen.

Seid nett zu euch, verzeiht euch, gebt euch Zeit und redet. Kommuniziert. Erklärt euch. Öffnet euch. Bittet um Zeit und Geduld. Macht den Mund auf. Macht euren inneren Kampf mit Worten deutlich. Lasst ihn rein. Entschuldigt euch. Seht nicht nur euren Schmerz und eure negativen Erfahrungen. Er hat auch eine Vergangenheit. Er kann sich auch unsicher fühlen. Fragt euch, wie sich das für ihn anfühlt, wenn ihr ihn in gewissen Situationen vor den Kopf stoßt, obwohl er sich euch öffnet und verletzlich macht. Fragt *ihn*, was das mit ihm macht. Geht liebevoll auf ihn ein. Macht ihm klar, dass ihr ihn mögt. Versucht, zusammen zu wachsen und an euren Defiziten zu arbeiten. Sagt ihm, was ihr braucht, und fragt ihn, was er braucht.

Und wenn ihr an einen Mann geraten seid, der bereit für euch ist, weil ihn die guten und die schlechten Seiten ebenso wie alle Facetten dazwischen entzücken, weil er seine ungeborenen Kinder in euren Augen sieht, eure Nachnamen miteinander verschmelzen möchte und das Leben ein bisschen mit Humor nimmt, dann wird er bleiben, auch wenn ihr Fehler macht und auch wenn es anstrengend wird.

Bei eurem Versuch, euch gegenseitig zu lieben, wird es immer wieder zu unbeholfenen Momenten kommen, die euch manchmal wehtun und enttäuschend sein können. Aber er wird bleiben und euch vergeben, genauso wie ihr bleiben und ihm vergeben werdet, wenn er Fehler machen, euch enttäuschen und es mit ihm anstrengend werden wird. Das ist, was Menschen in einer Beziehung machen, wenn sie sich füreinander entschieden haben. Und genau so fühlt es sich an, wenn sich jemand für euch entschieden hat.

Und wenn sich jemand bestens damit auskennt, bei einem Menschen zu bleiben und ihn weiterhin zu lieben, auch wenn er menschelt, dann seid das wohl ihr. Also warum solltet ihr es nicht auch wert sein, einmal auf diese Art zurückgeliebt zu werden? Warum sollte sich nicht einmal jemand verantwortlich für euch zeigen? Vor allem aber: Warum solltet ihr eure Liebe einem wunderbaren Menschen verwehren, der es wirklich verdient hätte, in ihren Genuss zu kommen?

Wir müssen lernen, zu kommunizieren, zu handeln, Rituale zu entwickeln, uns auszudrücken und Verantwortung für unser Verhalten zu übernehmen, um zu lieben. Lieben und Dating hat immer etwas mit Risiko zu tun. Jede Beziehung endet einmal. Manche durch eine Trennung, andere durch Scheidung und wiederum andere durch den Tod. Indem wir eine Beziehung eingehen, akzeptieren wir automatisch, dass es passieren kann, dass wir jemanden verlassen oder verlassen werden. Somit ist die Trauer ein Bestandteil des Vertrags, den wir unterschreiben, sobald wir einer anderen Person unser Herz öffnen. Und das macht natürlich Angst. Ihr werdet Zeit, Emotionen, Geld und Energie investieren und könnt am Ende des Tages trotzdem mit nichts oder sogar neuen Verletzungen aus der Sache herausgehen. Sogar dann, wenn ihr das Gefühl habt, mit einer guten Person auf dem richtigen Weg zu sein, kann die Angst euch immer wieder einholen. Niemand von uns ist sich jeden Tag in allen Fragen gleich sicher. Ihr werdet Angst haben, dass es die richtige Beziehung ist, und Angst haben, dass es die falsche Beziehung ist. Es gibt keine Garantie für nichts. Ihr müsst den Mut aufbringen, euch noch mal ganz hinzugeben. Ihr müsst die Angst und den Verlust weniger fürchten als die Liebe, die ihr dadurch gewinnen könnt.

Lieben hat mit großen und kleinen Gefühlen, mit Spaß, aber auch mit hinfallen und immer wieder aufstehen und wieder daten zu tun. Es kann euch passieren, dass ihr innerhalb kürzester Zeit immer wieder zurück zum Start und von neu anfangen müsst. Dann könnt ihr toxisch bleiben und so tun, als wolltet ihr etwas Lockeres, obwohl ihr eigentlich was Festes wollt. Ihr könnt euch über Monate mehrere Männer gleichzeitig warmhalten, nur um euch dem Schock der Liebe nicht auszusetzen. Nur um euch nicht zu offenbaren und verletzlich zu machen.

Nur um euch der schönsten Erfahrung, zu der wir Menschen fähig sind, zu entziehen. Doch am Ende bleibt die nüchterne Frage: Vor was schütze ich mich eigentlich?

Der Schmerz des Verlustes ist ähnlich, egal, ob ihr euch zeigt oder versteckt. Und auch im Laufe einer Beziehung oder Ehe werdet ihr Dummheiten begehen, die den anderen treffen können. Sehr viele Dummheiten sogar. Das wird zwangsläufig passieren, wenn zwei Menschen versuchen, sich kennenzulernen und das Leben gemeinsam zu meistern.

Atmet einmal tief durch, schließt die Augen, reicht ihm eure Hand, und lasst es zu. Öffnet euer Herz. Wundervolles wird passieren, wenn ihr euch hingebt und einfach nur liebt. Ihr verschmelzt mit einer anderen Welt, die weich und voller Liebe ist, losgelöst von Schmerz.

Ergebt euch, bevor es zu einem Kampf kommen kann. Es lohnt sich. Egal, was aus euch wird. Egal, was ihr verliert: Gewinnen werdet ihr eine weitere Lebenserfahrung, berührt vom Hauch der Liebe, die euch stärker, weiser, schöner und offener macht. Was uns in Zukunft bevorsteht, ist immer besser als das, was gewesen ist.

# Sie kommen immer zurück

Ist es nicht lustig, dass die Verflossenen immer dann aus dem Nichts wieder auftauchen, wenn wir nicht mal mehr einen müden Gedanken an sie verschwenden? Wenn wir komplett über den Berg sind, uns wieder des Lebens erfreuen, strahlen, uns mit Menschen umgeben, mit denen wir Liebe austauschen, vielleicht sogar eine neue Flamme kennengelernt haben, besser aussehen denn je, uns um uns selbst kümmern, besser auf unseren Körper hören und andere uns als Bereicherung sehen?

Den Spruch »Geduld, sie kommen immer zurück« hat wohl jede von uns schon mal gehört. Und mal abgesehen davon, dass es wirklich oft so ist und sich bei jeder von uns mindestens ein Ex plötzlich wieder gemeldet hat, kann diese Redewendung im ersten Moment auch eine tröstende Umarmung sein. Wenn ihr euch gerade in der zermürbenden Phase einer Trennung befinden solltet, kann der Gedanke, dass er sowieso irgendwann wieder zurückkommt, helfen. Denn wenn er sowieso irgendwann wiederkommt, spricht auch nichts dagegen, loszulassen und sich in Ruhe und Gelassenheit darum zu kümmern, dass es euch wieder gut geht. Es kann euch dabei helfen, euch aufzuraffen und euch sozusagen auf »seine Rückkehr« vorzubereiten. Und wenn ihr euch wirklich darauf fokussiert, euch wieder für die Zukunft bereit zu machen, werden die meisten von euch im Laufe des Prozesses stärker und mutiger werden. Ihr werdet Kraft schöpfen und in der Lage sein, die Vorstellungen, Erwartungen und Hoffnungen zu reflektieren, die euch seit Jahren umgeben – vielleicht sogar, um zu realisieren, dass bislang immer ihr diejenigen wart, die Energie in eine Beziehung gebuttert habt, damit sie bestehen bleiben konnte.

Am Ende steht oft die Erkenntnis, dass die Beziehung, die geendet ist, nur eine Ablenkung von der Beziehung war, die ihr zu euch selbst nicht hattet. Manchmal wollen wir eine Beziehung nicht um ihrer selbst willen, sondern um bestätigt zu bekommen, was uns fehlt.

In der Phase, in der ihr euch auf seine Rückkehr vorbereitet, werdet ihr höchstwahrscheinlich lernen, die kleinen Dinge loszulassen, und erkennen, dass die ganze Sache schon lange nicht mehr funktioniert hat und ihr es nur nicht wahrhaben wolltet. Dass ihr durch euer Festhalten an der Beziehung Umstände geschaffen habt, die euch daran gehindert haben, voranzukommen.

Während dieses Prozesses, den ihr losgetreten habt – vielleicht primär mit dem Motiv, den verlorenen Ex zurückzugewinnen –, werdet ihr euch selbst wiederfinden. Das wird automatisch passieren, wenn ihr lernen wollt, Dinge ab jetzt anders zu machen und eurem authentischen Selbst näher zu kommen, euer Leben zu leben, ehrlicher zu euch selbst zu sein und euch zu vertrauen.

Und dann, irgendwann, wenn der Tag gekommen ist, den ihr euch am Anfang so herbeigesehnt habt, und ihr von eurem Ex hört, von dem ihr euch geschworen habt, nie über ihn hinwegzukommen, werdet ihr über ihn hinweggekommen sein; das schwöre ich euch. Ihr werdet seine Kontaktaufnahme nicht mal mehr als Störung empfinden, und sie wird erst recht keine einzige wehmütige Regung in euch auslösen. Vielmehr werdet ihr danach friedlich lächelnd verstehen, dass ihr eine brandneue Frau seid und es geschafft habt. Ihr werdet stolz auf euch sein, weil er seine ach so große Bedeutung für euer Leben verloren hat.

Für diejenigen, die während ihrer Heilungs-Phase von der Wiederkehr des Ex-Partners gestört werden, bringt es natürlich so einiges durcheinander, wenn der Mann, an den sie in den letzten Tagen ununterbrochen gedacht haben, vor der Tür steht und dann auch noch felsenfest behauptet, sich nun geändert zu haben. Doch auch nach Jahren Funkstille kann es für viele eine unfassbare Genugtuung sein, wenn der Ex wieder angekrochen kommt. Oft muntert es uns auf, wenn wir uns sagen, dass er offenbar nichts Besseres gefunden hat. Wir trösten uns damit, dass die anderen Frauen nicht so gut waren wie wir. Ganz offensichtlich hat er ja erkannt, dass er mit uns den absoluten Fang seines Lebens wieder zurück ins Wasser geworfen hat. Oder?

Aber Männer kommen nicht nur zurück, weil sie realisiert haben, dass ihre Ex eine tolle und einzigartige Frau ist. Viele von ihnen kommen zurück, weil sie ihr Ego füttern wollen. Manche kommen zurück, um zu sehen, ob sie immer noch Macht über ihre Ex haben und ob sie sich auf seinen ganzen Bullshit noch mal einlassen würde. Und einige kommen zurück, weil sie gemerkt haben, dass andere Frauen sein Verhalten nicht dulden, und weil sie es vermissen, jemanden lausig zu behandeln, der trotzdem alles für sie macht. Das hat dann nichts damit zu tun, dass er keine Bessere gefunden hat, sondern viel mehr damit, dass er niemanden gefunden hat, mit dem er so umspringen konnte wie mit euch.

In der überemotionalen und unvernünftigen Phase des Liebeskummers ist es natürlich okay, sich zu denken, dass er nie wieder etwas Besseres finden wird als euch. Da geht es darum, die Blutung zu stoppen und sich um die Erstversorgung der Wunde zu kümmern, damit die Heilung beginnen kann. Wenn ihr aber nach einer gewissen Zeit oder sogar Jahre nach der Trennung immer noch an einem Punkt seid, an dem es euch nur dann besser geht, wenn ihr euch über die aktuelle Partnerin eures Ex stellt und euch mit anderen Frauen vergleicht, die ihr vermutlich gar nicht wirklich kennt, solltet ihr vielleicht noch einmal reflektieren, welche Teile in Bezug auf ihn noch verwundet sind und eurer Pflege bedürfen. Fragt euch, wie weit ihr in eurem Heilungsprozess wirklich fortgeschritten seid, und gebt euch eine ehrliche Antwort. Denn wenn ihr wahren Frieden mit ihm geschlossen habt, wird seine Rückkehr keinen Freudentanz bei euch auslösen.

Dass sich einige von euch in dieser Ausnahmesituation die Frage »Woher weiß ich, dass er sich geändert hat?« stellen und überlegen, ihn zurückzunehmen, um endlich die Beziehung zu führen, nach der ihr euch die ganze Zeit so gesehnt habt, kann euch nicht verübelt werden. Aber in diesem Moment stellt ihr euch vermutlich die falschen Fragen. Die Frage, die ihr euch zunächst stellen solltet, lautet:

*Warum jetzt?*

Wenn er während der Beziehung eure Bedürfnisse nicht befriedigen konnte, euch betrogen und belogen hat und für euch nie eine Quelle der Liebe war, aus der ihr schöpfen konntet, warum sollte er dann jetzt eine andere Person für euch geworden sein? Warum ist er jetzt auf einmal aufmerksam? Warum interessiert er sich jetzt plötzlich dafür, wie euer Tag war? Warum sind ihm jetzt plötzlich eure Gefühle wichtig? Warum schenkt er euch jetzt liebevolle Zuneigung? Warum hört er euch jetzt wirklich zu?

*Warum jetzt?*

Wenn ihr jetzt feststellt, dass er auf einmal alles macht, was ihr euch gewünscht habt, damit die Beziehung funktionieren kann, heißt das leider auch, dass er euch die ganze Zeit gehört hat. Er hätte sich vor einem Jahr oder vor fünf Jahren schon für die Beziehung ändern können. Denn es war nicht so, als hätte er euch davor akustisch oder inhaltlich nicht verstanden. Vielmehr hat er offensichtlich ALLES verstanden, sich aber dazu entschieden, nichts zu ändern und euch zu demonstrieren, dass er auf euch scheißt. Er hat die ganze Zeit über alles bekommen, ohne auch nur einen Finger rühren zu müssen.

Er ist genau derselbe wie damals. Und er hat sich vermutlich auch jetzt nicht dazu entschieden, euch seine Liebe zu schenken und auf eure Bedürfnisse einzugehen, sondern er hat sich dazu entschieden, euch zu geben, was ihr wollt, damit er eure Liebe wieder zurückbekommt. Er ist genau derselbe, nur hat er Druck bekommen und sieht die Dringlichkeit, zu handeln, weil ihr Ernst gemacht habt. Und nun tut er alles, um das wieder zurückzubekommen, was er verloren hat.

Aber noch viel, viel wichtiger, als euch zu fragen, ob seine Veränderung echt ist, ist, dass ihr euch folgende Fragen stellt:

*Habe ich mich selbst so sehr verändert, dass ich es sofort erkenne, sollte er den gleichen Scheiß noch mal mit mir abziehen? Werde ich mir in dem Fall eingestehen, dass er mir nicht guttut, sich nicht verändert hat, und gehen?*

Wenn das der Fall sein sollte, könnt ihr es mit eurem Ex noch mal versuchen. Timing ist beim Dating einer der wichtigsten Aspekte, und auch hier möchte ich niemandem die besondere Verbindung, die ihr mit einem Menschen teilt, vermiesen. Ich bin keine radikale Verfechterin der Überzeugung, dass eine Trennung etwas Endgültiges sein muss. Jeder von uns hat seine

Baustellen, die manchmal in Angriff genommen werden müssen, bevor der Kopf und das Herz frei sind für einen anderen Menschen, dem man auch gerecht werden möchte.

---

*Wenn wir uns von einem Menschen trennen,*
*bedeutet das nicht, dass die Beziehung zu Ende ist.*
*Es gab einen Grund für die Trennung,*
*aber genauso gab es auch einen Grund,*
*warum ihr euch gefunden habt.*

---

Beziehungen sind für mich wie die Liebe – unendlich. Und zumindest auf einer seelischen Ebene bleibt man ewig miteinander verbunden. Die Trennung ist nur ein weiterer Abschnitt der Beziehung. Und manchmal lernen wir durch sie, was es bedeutet, Liebe aufgeben zu müssen, um jemand anderem noch näher zu kommen. Manchmal lernen wir durch sie, wie begrenzt unsere Kapazität, zu lieben, war. Und manchmal lernen wir durch sie, dass wir uns früher hätten bereit machen und die Chance ergreifen sollen, solange sie da war. Und wenn man Glück hat, ist die Person, die man nicht vergessen kann, dann immer noch frei und gewillt, der Beziehung und der Liebe ein zweites Leben zu schenken.

# *Gut im Bett?*

Als Frau gut im Bett zu sein, bedeutet, die wildesten Verrenkungen und Stellungen mitzumachen, ausgeklügelte Techniken draufzuhaben, wie ein Profi mit Sexspielzeug umzugehen und sich – ohne Schmerzen oder einen Würgereflex zu empfinden – alles in voller Länge bis zum Anschlag in jegliche Körperöffnung stoßen zu lassen. Oder?

Wenn wir zweifeln, ob wir es im Bett draufhaben oder nicht, kann die ganze Sache, die nicht umsonst die schönste Nebensache der Welt genannt wird, schnell zu einer anstrengenden Turnübung werden, bei der wir uns verkopft abrackern, von der einen Stellung in die nächste hüpfen und alles anbieten, bis wir uns vor lauter Reibung und Druck in einem unendlichen Gedankenstrudel verlieren und völlig vergessen, zu genießen und uns fallenzulassen. Für einen Mann im Bett zu performen, um es »richtig« zu machen, damit es für ihn funktioniert, fühlt sich für ihn so an, wie sich für euch ein Mann anfühlt, der, anstatt sich mit euch zu verbinden und genüsslich vom süßen Nektar der Liebe zu kosten, zwischendurch eine Dose Energy runterstürzt, um weiter performen zu können. Man kommt sich vor wie bei einem Bewerbungsgespräch, wie bei einem Casting, bei dem man sich nicht mehr ganz so sicher ist, wer hier eigentlich für wen eine Show hinlegt.

Ebenso wie in allen anderen Aspekten einer Beziehung, ist

es auch beim Sex wichtig, bei euch zu bleiben. Wenn ihr euch dabei ständig Gedanken macht, was ihm gefallen könnte – wie ihr stöhnen müsst, damit er es geil findet, und den Orgasmus vortäuscht, damit er denkt, er sei ein Sexgott –, könnt ihr euch gar nicht auf euch konzentrieren, es genießen und euch mit ihm auf einer höheren, innigen Ebene verbinden. Je weiter ihr von euch weg seid, desto unbefriedigender wird es für beide.

Was Männer im Bett wirklich wollen und worauf sie wirklich stehen, ist meistens nicht das, woran wir im ersten Moment denken oder was wir in Pornos gesehen haben. Denn einen Mann im Bett verrückt nach euch zu machen, ist ganz einfach, wenn ihr es genießt, wenn ihr dabei seid, euch hingebt und es geil findet – und ihm auch zeigt, wie geil ihr es mit ihm findet. Und das nicht nur währenddessen, sondern auch davor und danach.

Teilt ihm mit, dass ihr Lust auf ihn habt. Sagt ihm, dass ihr Sex mit ihm haben wollt. Schreibt ihm das, berührt ihn, küsst ihn, flirtet, macht Anspielungen, schickt ihm unaufgefordert ein Foto von euch und zeigt Initiative, indem ihr ihn wissen lasst, dass der Sex mit ihm euch den Verstand raubt.

Wenn ihr es macht: Geht mit, seid laut, zeigt, dass ihr Spaß habt, bewegt euch, nehmt auch mal das Ruder in die Hand, setzt euch auf ihn oder auf sein Gesicht, nehmt ihn in den Mund, als wolltet ihr ihn verschlucken, bringt neue Ideen mit ein, seid da. Seid anwesend, und genießt in vollen Zügen jeden Moment, in dem ihr euch so nahe seid, dass kein Blatt mehr zwischen euch passt.

Und auch danach könnt ihr noch mal bestätigen, wie gut ihr den Sex mit ihm fandet. Sagt ihm, was euch besonders gut gefallen hat und worauf ihr euch schon beim nächsten Mal freut – direktes Feedback ist wichtig. Ihr hört doch auch gerne, dass euer Loverboy großen Spaß mit euch hatte und heiß auf euch ist. Auch Männer werden mehr Sex mit euch haben wollen, euch begehren und euch gut im Bett finden, wenn ihr ihnen ein gutes Gefühl gebt. Natürlich alles auf ehrlicher Basis. Wenn ihr ihm etwas vorheuchelt, damit er sich gut fühlt, wird er das früher oder später ohnehin merken, und ihr habt auch nichts davon.

Gut im Bett zu sein, bedeutet auch, dass ihr darüber sprecht, was euch gefällt und was ihr euch wünscht. Also ...

### *Sagt ihm doch einfach, wie ihr kommt!*

Denn genauso wie ihr euch fragt, ob ihr »gut« seid und was Männer wollen, fragen sich Männer, ob sie »gut« im Bett sind und was Frauen eigentlich wollen. Geht auf ihn zu, und sagt ihm, was ihr gut findet. Spreizt die Beine und lasst ihn dabei zugucken, wie ihr euch selbst berührt, damit er sich abschauen kann, was zu tun ist, damit ihr bebt.

Männer können es uns nicht an den Augen ablesen oder riechen, was wir wollen. Sie kommen nicht auf die Welt und haben einen eingebauten Radar dafür. Jede Frau ist anders, und jede Frau funktioniert anders, kommt anders, hat andere Vorlieben.

Natürlich können wir ihn durch lauteres Stöhnen, wenn uns etwas besonders gut gefällt, in eine bestimmte Richtung lenken. Aber einfacher ist es doch, wenn ihr ihm sagt, dass er zu der Zunge noch zwei Finger benutzen kann, um euch richtig scharf zu machen, oder dass er eure Brüste mehr mit einbeziehen könnte, weil zwischen euren Brustwarzen und der Klitoris eine direkte Verbindung besteht. Oder dass ihr es liebt, wenn er in euch kreist oder sich plötzlich ganz langsam, quälend in euch drückt und dabei innig küsst. Oder, oder, oder.

Das setzt natürlich voraus, dass ihr euren eigenen Körper auch kennt, ihm vertraut und ihn nicht verurteilt, wenn mal etwas nicht so »funktioniert«. Und dass ihr offen dafür seid, euch gemeinsam oder solo auszuprobieren. Beschäftigt euch mit euch selbst, geht auf Selbsterkundungsreise, und lernt euren eigenen Körper kennen. Begegnet euch dabei neugierig und mit sanfter Zuneigung.

Wie tickt ihr? Welche Zärtlichkeiten und Berührungen tun euch gut? Durch welche Faktoren entspannt ihr und löst euch, werdet empfänglich, bekommt Gänsehaut und ein Kribbeln im Körper? Wo am Körper? In welchem Rhythmus lasst ihr eure Finger über eure Klitoris tanzen? Erst sanft, dann immer intensiver? Oder umgekehrt? Hin und her wischen? Doch lieber klopfen oder drücken? Reiben? Wie ist es mit Fingern? Wie viele? Wie mit einem Vibrator? Wann schwillt eure Perle an? Wie fühlt sich das an? Wann stellen sich eure Brustwarzen auf? Welche Stellen eures Körpers sind besonders empfindlich? Woran denkt ihr dabei immer wieder und kommt dadurch so richtig auf Hochtouren? Welche Signale bringen euch zum Erlöschen? Was braucht ihr, welche Musik, welche Stimmung, welches Niveau an Verbindung mit eurem Partner, um euch nicht abgetrennt von euren Emotionen oder distanziert zu fühlen?

Je besser wir uns kennen, desto sicherer sind wir mit unserem Körper verankert und desto wohler fühlen wir uns. Auch beim Sex. Und desto mehr Spaß haben wir dabei, alleine oder mit einer anderen Person. Ihr könnt eurem Partner auch mitteilen, dass ihr vielleicht noch gar nicht so genau wisst, was ihr mögt, weil ihr bislang noch nicht so viele Erfahrungen gesammelt habt, aber dass ihr euch freuen würdet, das gemeinsam herauszufinden und euch heranzutasten.

Dabei sollte es nicht nur darum gehen, was mit eurem Körper passiert und welche Berührungen euch erregen, sondern auch darum, was in eurem Kopf passiert.

Welche Fantasien habt ihr, welche Wünsche? Was möchtet ihr unbedingt einmal ausprobieren? Welche Gespräche turnen euch an, welches Setting? Reicht es euch, bei einer Serie zu kuscheln und dann einen Kuss in leidenschaftlichen Sex übergehen zu lassen, oder liebt ihr das Spiel der Verführung, wenn ihr ausgeführt werdet oder er euch eine kleine Aufmerksamkeit zukommen lässt? Habt ihr eher spontan Lust auf Sex, oder braucht ihr dafür einen Kontext?

Was euch wirklich besonders gut im Bett macht, ist, dass ihr offen seid und über eure Vorlieben redet, anstatt ein Ratespiel daraus zu machen. Auch hier gilt: Ihr könnt nur das bekommen, was ihr euch wünscht, wenn ihr danach fragt. Nur so kann der Mann in seiner vollen Kraft zu euch durchdringen und euch so befriedigen, wie ihr es verdient.

Ein weiterer wichtiger Punkt: Versucht, eurem Partner keinen Druck zu machen. Es ist okay, wenn er zu früh kommt oder gar nicht kommt, wenn er keinen hochkriegt oder mal das Vorspiel auslässt, wenn er nicht zum richtigen Zeitpunkt härter oder sanfter wird. Männer sind keine Sex-Monster, die wie eine Maschine überall und immer funktionieren und dabei perfekt sind. Äußere Umstände wie Stress, Müdigkeit, Sorgen, aber auch ein ungesunder Lebensstil mit ungesundem Essen, wenig oder zu viel Bewegung, übermäßigem Alkohol-, Drogen- oder Nikotinkonsum können dazu führen, dass euer Mann keine Lust auf Sex hat. Eine Frau, die gut im Bett ist, bleibt entspannt und verständnisvoll, weil sie mit sich im Reinen ist, und gibt dem

Mann nicht das Gefühl, ein Versager zu sein, weil er mal oder über Wochen, Tage oder sogar Monate nicht so standhalten konnte, wie sie es normalerweise von ihm gewohnt ist. Sie weiß, dass das nichts mit ihr zu tun hat. Sie weiß, dass sie attraktiv, begehrenswert und sexy genug ist. Er hat einfach nur eine stressige Phase, die ihm aufs Gemüt schlägt, mehr nicht. Legt eine Pause ein, macht später weiter, küsst euch erst einmal, oder schlaft eine Nacht drüber und versucht es noch mal, bis es klappt. Seid die Frau, bei der er sich fallenlassen kann.

Euer Mann besteht übrigens nicht nur aus seinem Penis. Er ist ein Mensch aus Fleisch und Blut. Oft denken wir, dass nur sein Genital beim Sex von Bedeutung ist, und vergessen dabei andere Regionen, an denen er es genauso verdient hat, von uns verwöhnt zu werden. Darüber hinaus sollten wir offen sein, sodass er nicht mit Unverständnis rechnen muss, wenn er uns seine Bedürfnisse, Fantasien und Vorlieben mitteilt. Genauso wie ihr auch, soll er alles sagen dürfen. Und genauso wie er, solltet ihr neugierig und interessiert nachfragen, wie er es gerne mag, was er ausprobieren möchte und worauf er Lust hat.

---

*Wenn ihr auf seine Bedürfnisse eingeht,*
*macht euch das für ihn unwiderstehlich.*

---

Dazu gehört, dass ihr nicht nur mit seinem Joystick spielt, sondern auch anderen Zonen liebevolle Beachtung schenkt. Denn Männer lieben es auch an anderen Stellen berührt, liebkost, geleckt und gestreichelt zu werden, die sie erregen und in Ekstase versetzen. Deshalb gilt es auch für uns, abenteuerlustig zu sein, ins Detail zu gehen und seine sensiblen Körperstellen, die ihm ungeahntes Vergnügen bereiten, zärtlich zu bespielen und zu verehren, damit er sich besonders fühlt. Probiert es aus, fragt nach, was er mag – er hat es verdient, von seiner Göttin wie ein Gott behandelt zu werden. Schenkt ihm Zärtlichkeit, und zeigt ihm eure Liebe.

# *Vielleicht ist der doch dein Typ*

Bevor wir uns zum Schluss dem wichtigen Thema Freunde und Gemeinschaft widmen, an dieser Stelle noch ein kurzer Exkurs zur Kunst der Partnerwahl.

Wenn es euch immer wieder passiert, dass ihr an den Falschen geratet, solltet ihr euch einmal ganz genau anschauen, in welchen Typ Mann ihr euch bislang unglücklich verliebt habt und wie schnell oder langsam ihr neue Beziehungen eingegangen seid. Höchstwahrscheinlich werdet ihr schockiert feststellen, dass diese Männer sich äußerlich oder durch bestimmte Charaktereigenschaften stark ähneln, möglicherweise auch, was ihre familiäre Konstellation angeht. Vielleicht werdet ihr euch auch eingestehen müssen, dass ihr dachtet, es herrsche Männermangel, weshalb ihr euch nach einer Trennung innerhalb weniger Tage sofort wieder auf den Nächstbesten gestürzt und ihm eine Chance gegeben habt. Vielleicht geratet ihr immer an einen abwesenden oder mürrischen Mann, oder aber alle von ihnen sind ohne Vaterfigur oder ihre Mutter aufgewachsen.

Vielleicht – und auf diesen Fall möchte ich etwas ausführlicher eingehen – sind sie aber auch schlicht und ergreifend überdurchschnittlich gut aussehend und charmant, groß, mit einer heftigen Ausstrahlung, locker im Spiel, sexy beim Flirten und betätigen immer die richtigen Hebel … der klassische Fuckboy eben. Lasst euch gesagt sein: Ein Mann, der so stark und selbstbewusst die Kunst der Verführung beherrscht und einen Flirt mal eben so locker und ohne Schwitzen aus dem Ärmel schüttelt, hat es drauf, weil er darin Übung hat. Er macht das oft. Ihr seid nicht die Einzige, die er diese Woche angesprochen hat, und ihr seid nicht die Einzige, die er für seine Interessen um den Finger wickelt. Dieser Mann hat die Auswahl, ohne sich verpflichten zu müssen, und kann es sich nun mal herausnehmen, mit Frauen zu spielen, solange genug von ihnen mit sich spielen lassen.

So brutal das jetzt auch klingt: Aber bei so einem Mann reicht es nicht, hübsch auszusehen und mit ihm ins Bett zu springen. Das ist für ihn austauschbar. Sobald ihn eine Frau langweilt oder anödet, wird er sich einfach eine Neue nehmen. Damit ein Mann wie er an der Seele einer Frau interessiert ist, muss sie ihm schon ein bisschen mehr bieten und ihn catchen.

Ob das passiert, darauf hat eine Frau nicht unbedingt einen direkten Einfluss. Wir kennen alle das berühmte gewisse Etwas und die berüchtigte Chemie, die uns anfangs den Impuls gibt, damit wir Lust haben, weiter dranzubleiben.

Aber selbst wenn ihr zu ihm durchgedrungen seid, ist das keine Garantie dafür, dass ihr von ihm bekommen werdet, was ihr euch wünscht: Denn auch wenn ihr eine besondere Frau für ihn seid, heißt das noch lange nicht, dass er sich einfangen lassen und sich festlegen möchte. Wie gesagt: Er hat wahrscheinlich alles und muss keine Verantwortung übernehmen. (Das Ziel sollte ohnehin nicht sein, den Mann einzufangen. Wir sind hier nicht bei Pokémon.)

Euch bei einem Mann durch Spielchen interessant, ihn sogar in euch verliebt zu machen, ist einfach. Ich kann euch eine Schritt-für-Schritt-Anleitung dazu geben, und es gibt auch etliche im Internet; es wurden sogar ganze Bücher, unter anderem

»The Art of Seduction« von Robert Greene, dazu verfasst. Und diese Tricks funktionieren bestimmt bei ganz vielen Herren der Schöpfung. Reine Biologie. Psychologie. Hormone. Nur werden euch diese Spielchen nicht zu seinem Herzen führen und euch nicht die Beziehung bringen, nach der ihr euch so sehr sehnt. Im Gegenteil, sie werden häufig einen ganz bestimmten Typ Mann anlocken, mit dem ihr euch früher oder später im gleichen Dilemma wiederfinden werdet wie zuvor.

Denn natürlich könnt ihr auf jemanden attraktiver wirken, wenn ihr Strategien wie »Mach dich rar, bist du der Star« anwendet oder geheimnisvoll und beschäftigt tut, nicht anruft und euch besonders unabhängig gebt, um euch seinen Respekt zu sichern und sein Interesse zu erwecken. Aber entspricht das auch euren wahrhaftigen Bedürfnissen und Gefühlen? Oder ignoriert ihr sie nur schon wieder, setzt eine Maske auf und lasst jemand anderen darüber bestimmen, wie viel Nähe und Distanz es in der Beziehung geben soll?

Durch die üblichen Flirt-Tipps, in denen ihr dazu angehalten werdet, euch unnahbar zu geben, werdet ihr häufig eher den Männern gefallen, die zwar eure Nähe und die damit einhergehende Erregung genießen, wenn ihr gerade zusammen seid, aber in der übrigen Zeit kein Interesse daran haben, eure Wünsche nach Verbundenheit, Verpflichtung und Nähe zu berücksichtigen. Für diese Männer seid ihr der Jackpot, weil sie zu ihren Bedingungen kommen und gehen können, wann sie wollen. Doch für euch kann der Plan nach einigen Monaten ganz schön nach hinten losgehen, wenn ihr in Wirklichkeit jede Menge emotionale und auch körperliche Nähe wollt.

Früher oder später werdet ihr mit der Sprache rausrücken und ihm klarmachen müssen, dass ihr mehr wollt. Dann werdet ihr immer mehr Andeutungen machen, dass es euch so nicht reicht, ihn kritisieren, wenn er sich wieder einmal nicht gemeldet hat oder euch nicht so sehr in sein Leben integriert, wie es euch lieb wäre. Und spätestens dann wird euch schmerzlich klar, dass er nicht in der Lage ist, auf eure Bedürfnisse einzugehen. Dass ihr eure Zeit und Energie verschwendet habt, weil ihr nicht authentisch kommuniziert habt, was ihr wirklich braucht, und mit euren Spielchen einen Partner angezogen habt, der nicht der Richtige für euch ist.

*Sobald ihr eine Strategie anwendet, um Liebe zu finden, habt ihr eigentlich schon verloren.*

Am besten ist es, wenn ihr herausfindet, ob jemand eure Bedürfnisse befriedigen kann, BEVOR es für euch kein Zurück mehr gibt. Deshalb ist klare Kommunikation und Offenheit ein unumgängliches Muss, um den richtigen Partner anzuziehen, der euch geben kann, was ihr wollt, und der gerne annimmt, was ihr ihm zu geben habt. Eure Schutzmauern müssen fallen und eure Angst verschwinden.

Im Idealfall solltet ihr immer klar kommunizieren. Es ist nie zu spät dafür. Macht den Mund auf, wenn ihr ängstlich seid, wenn ihr euch Sorgen macht und Dinge auftauchen, die euch stören oder die euch beunruhigen. Schon zu Beginn könnt ihr damit direkt herausfinden, ob euer Kandidat auch wirklich das Zeug dazu hat, in der Beziehung so für euch da zu sein, wie ihr es braucht.

Das geht schon in den ersten Minuten. Zeigt er Interesse und den Wunsch, eure Bedürfnisse zu verstehen und euer Wohl an erste Stelle zu setzen?

Wenn ihr ihm nach den ersten drei Dates mitteilt, dass ihr

gerne eine beständige Kommunikation kultivieren wollt, werdet ihr sofort sehen, ob er euer Anliegen ernst nimmt und darauf eingeht, ohne dass ihr euch »psycho«, »verrückt« oder »bedürftig« fühlt. Ihr solltet euch niemals dumm vorkommen, wenn ihr einem Mann, den ihr datet, eure Bedürfnisse mitteilt, ihm also sagt, was ihr braucht, um eine erfüllte Beziehung in eurem glücklichen Leben zu führen. Und ihr solltet euch nie schämen, auszusprechen, dass ihr mehr Intimität wollt. Wie absurd wäre das auch? Schließlich erkundet ihr die intimsten Stellen eurer Körper. Ist es da nicht vollkommen legitim, dass ihr Bindungsbedürfnisse habt? Dass ihr euch auf die Menschen verlassen wollt, die euch am nächsten sind? Dass ihr euch durch eine Beziehung selbstsicherer und innerlich ruhiger fühlen wollt? Beflügelt, aufgehoben, frei?

*Je mehr ihr verleugnet, was ihr wirklich wollt,*
*und vorspielt, nicht so viel oder nichts zu brauchen,*
*desto mehr entfernt euch das von eurem Ziel,*
*euer wahres Glück zu finden.*

Mal ganz abgesehen davon, ist es bei der klaren Kommunikation wie beim Thema Sex: Nur wenn ihr ihm mitteilt, was euch gefällt, was euch stört und was ihr wollt, kann er Rücksicht darauf nehmen. So macht ihr es ihm leichter, eure Bedürfnisse zu befriedigen, ohne dass er herumrätseln oder sie anhand von verdeckten Hinweisen herausfinden muss.

Letztendlich bleibt euch, wenn ihr euren potenziellen Mann kennenlernen wollt, nichts anderes übrig, als mit möglichst vielen Menschen in Kontakt zu kommen. Ihr müsst rausgehen und Männer daten, sie anlächeln, herausfinden, wer am besten zu euch passt – auch wenn das heißt, dass ihr in der Kennenlernphase mit mehreren Männern Kaffeetrinken geht, bis ihr einen davon so sehr mögt, dass ihr mit ihm intimer und exklusiv werden wollt. Auch wenn das heißt, dass diese Phase ein bisschen anstrengend werden kann.

Wenn es um die Partnerwahl geht, solltet ihr künftig andere, vor allem aber nicht so voreilige Entscheidungen treffen. Lasst euch Zeit. Stimmt mal einem zweiten und dritten Date zu, auch wenn das erste vielleicht nicht so romantisch war, wie ihr es aus Filmen kennt. Denn genauso wie ihr nach einem ersten Treffen Feuer und Flamme für jemanden sein könnt, weil er zum Beispiel besonders lustig war oder besonders gut reden konnte, könnt ihr auch jemanden, der einen etwas zurückhaltenden Eindruck gemacht hat, unterschätzen und als unspektakulär und unpassend abstempeln, ohne etwas über ihn zu wissen.

Wahrscheinlich wird es euch überraschen, welche Männer ihr ab jetzt als potenziellen Partner interessant finden und wem ihr plötzlich dann doch eine Chance geben werdet. Es kann sich lohnen, sich auf diejenigen einzulassen, die nicht auf den ersten Blick ein Feuerwerk in uns auslösen und die nicht die Lautesten im Raum sind, sondern auf die Männer, mit denen wir wachsen können. Oft lernt ihr die erst richtig kennen, wenn sie mit euch warmgeworden sind, denn sie zeigen euch erst mit der Zeit, langsam und gesund, ihre wahre Persönlichkeit.

---

*Oft sind die Dinge, die für uns bestimmt sind, leicht zu übersehen, weil sie so zart und unaufdringlich sind.*

---

So wird der schüchterne Typ von der Party auf den zweiten Blick zum Traummann, weil er bewundernswert mit einer Frau umgeht, und der langweilige Nachbar zu einem aufmerksamen und fürsorglichen Menschen, der einem genau die Schokolade vom Einkauf mitbringt, die man letztens nur beiläufig erwähnt hat. Und der farblose, wortkarge Cousin der besten Freundin wird ein zärtliches Organisationstalent, das die ganze Familie bei Laune hält.

Klingt plötzlich nicht so langweilig, sondern eher attraktiv und sexy, nicht wahr?

---

*Liebe entsteht dort, wo wir daran arbeiten.*

---

Wir sollten uns bei der Partnerwahl von einigen Gedanken und Wunschvorstellungen verabschieden:

**1. Selbst wenn wir jemanden getroffen haben, mit dem wir zufrieden sind, könnten wir immer noch einem Besseren begegnen.**

Klar könnte es immer besser sein. Nur steckt dahinter eine ziemliche Verbrauchermentalität. In ganz vielen Momenten ist das, was wir haben, das Beste, weil es gut genug ist, auch wenn es manchmal langweilig und weniger leidenschaftlich wird. Nicht die Menschen sind richtig für uns, die die heftigsten Emotionen auslösen, sondern die, die uns am tiefsten fühlen lassen.

**2. Irgendwo »da draußen« gibt es den einen Richtigen, der ein vollkommenes, fertig geheiltes Wesen ist und von der ersten Sekunde an perfekt zu uns passt.**

Wir müssen akzeptieren, dass der Mensch, für den wir uns entscheiden, nie zu hundert Prozent so sein kann, wie wir ihn haben möchten. Diesen Traumpartner müssten wir selbst erschaffen oder uns backen, wir müssten also Gott spielen. Für diejenigen, die das nicht akzeptieren wollen, bleibt also nur die ewige Suche. Aber diejenigen, die verstanden haben, dass es den perfekten Partner nicht gibt, werden mit etwas Glück eine glückliche und langfristige Beziehung führen.

Dass man zueinander passt, entwickelt sich während der Beziehung, und zwar indem man sich aufeinander einlässt. Indem man jemanden auswählt, den man mag, sich dann langsam, aber sicher in ihn verliebt und verliebt bleibt, bis Liebe entsteht. Weil man die andere Person in seinem Leben will, nicht, weil sie einem Idealbild entspricht.

# Der Wert der Gemeinschaft

Jede von uns hat die Floskel »Freunde sind fürs Leben« so oder in einer abgewandelten Form schon einmal gehört. Ein hoher Anspruch an das Konstrukt der Freundschaft, den viele misszuverstehen scheinen. Denn was viele nicht berücksichtigen, ist, dass man auch etwas dafür tun muss – egal, wie beschäftigt wir mit unserem Leben sind –, damit unsere »Freunde fürs Leben« auch in unserem Leben bleiben, sonst verlieren wir sie.

Freundschaften beruhen auf Vertrauen, Liebe, Fürsorge und Spaß; aber auch Schmerz, Trauer, Streit, Wut und Neid gehören dazu. Eine Freundschaft ist eine Beziehung wie jede andere und sollte nicht zu einer geringeren Form der Liebe degradiert werden. Um sie zu erhalten, bedarf es Pflege, Zuneigung und Kommunikation. Wir können nicht selbstverständlich davon ausgehen, dass unsere beste Freundin immer für uns parat steht, wenn es uns gerade in den Kram passt. Dass sie uns geduldig zuhört und uns nachts nach dem fünften Streit mit unserem Typen vom McDonald's-Parkplatz abholt, nur um dann für die nächsten drei Monate nichts mehr von uns zu hören, weil wir uns dann doch wieder mit unserem Macker versöhnt haben.

Freundschaften verändern sich im Laufe unseres Lebens, das ist normal. Alles ist permanent im Fluss, und unsere Freundschaften sind auch dann gut und bereichernd, wenn nicht alles beim Alten bleibt. Es ist auch normal, dass wir uns von Freunden zurückgewiesen oder im Stich gelassen fühlen – besonders dann, wenn wir beruflich unterschiedlich erfolgreich sind oder zu anderen Zeiten Kinder kriegen. Auch in Freundschaften müssen wir irgendwann einsehen, dass die beste Freundin, wie unser Partner auch, nun mal nicht ALLE unsere Bedürfnisse befriedigen kann, auch wenn man sich das zu Schulzeiten hoch und heilig geschworen hat.

Genau deshalb ist es in Zeiten, in denen wir nicht mehr in Großfamilien aufwachsen und keine Sippe mehr haben, in der man sich füreinander verantwortlich fühlt, so wichtig, seine Freundschaften zu pflegen und Beziehungen zu führen. Mit diesen Menschen bilden wir eine Gemeinschaft, ein Netzwerk. Sie bedienen unsere Bedürfnisse auf unterschiedlichen Ebenen, aber trotzdem gleichwertig, sind sowohl emotional als auch praktisch für uns da.

Kein Mensch auf dieser Welt kann alles für uns sein. Und wie unfair wäre es, das zu verlangen?

---

*Viele Dinge, die wir nur von unseren Partnern einfordern, können wir auch anderweitig bekommen, von Freunden und Familie zum Beispiel.*

---

Dass wir Freundschaften in der hierarchischen Ordnung weit unter Paarbeziehungen ansiedeln, ist ein Fehler. Wir brauchen mehr als nur die Paarliebe. Denn auch unsere Freunde können uns den Wurzeln von Freude, Glück und Erfüllung näherbringen. Auch sie können uns verlässliche Unterstützung bieten, ein Gefühl von Zugehörigkeit und Heimat, in dem sich einige sogar freier und verletzlicher zeigen können als mit ihrem Mann.

Für die Singles unter uns ist es wunderschön, zu sehen, wie zufrieden unsere Freundinnen in ihren Beziehungen sind, wie sie aufblühen, wenn sie den richtigen Partner gefunden haben. Nur sollte neben dem Partner immer noch Platz für eine Partner*in* sein. Doch wenn eine Freundin sehr in ihrer neuen Beziehung aufgeht, fühlt es sich für uns manchmal plötzlich so an, als wären alle Rollen in ihrem Lebensfilm an den neuen Mann vergeben worden. Kein Platz mehr für uns.

Hand aufs Herz: Sehr viele von uns vernachlässigen ihre Freunde, ohne mit der Wimper zu zucken, sei es im Strudel des Verliebtseins, in der Bequemlichkeit des Ehelebens oder durch die Verantwortung, die sie in ihrer neu gegründeten Familie tragen. Dabei ist es so wichtig, auch wenn wir in Beziehungen sind, unser eigenes, spannendes, voll erfülltes Leben zu bewahren und zu hüten wie ein rohes Ei. Allem, was wir unternehmen, und jedem, mit dem wir Zeit verbringen, wenn wir Single sind, sollten wir auch dann Aufmerksamkeit schenken, wenn wir vergeben sind. Bei sich zu bleiben, ist nicht nur unglaublich sexy und attraktiv, sondern wirkt sich auch revitalisierend auf uns aus.

Außerdem habt ihr auch eurem Partner viel mehr zu erzählen, wenn ihr nach einem lustigen und aufregenden Abend mit euren Freunden nach Hause kommt, als wenn ihr jeden Abend auf seine Rückkehr wartet. Wir müssen unseren Spaß und unsere Kontakte nicht aufgeben, nur weil wir mit einem Mann zusammen sind.

Ich verstehe durchaus, wie überwältigend es ist, Mutter zu werden und Verantwortung für ein kleines Wesen zu übernehmen, dessen Überleben in euren Händen liegt. Aber um es mal mit Liebe im Namen aller kinderlosen Frauen, Schwestern, Tanten und Freundinnen zu sagen: Sorry an alle Mütter da draußen, aber euer Leben ist nicht plötzlich wichtiger als unseres, nur weil ihr Kinder habt.

Die Mutterschaft wird als eine heilige Lebensaufgabe gesehen, und sie bringt sehr viele körperliche, berufliche und psychische Veränderungen mit sich. Ja, das lassen wir euch. Aber auf der anderen Seite bewältigt ihr andere Aufgaben nicht oder nicht mehr, die eine kinderlose Frau tagtäglich bewältigen muss. Auch wenn es für viele immer noch als unumstößlich gilt, dass es für eine Frau die größte Leistung ist, Kinder großzuziehen, gehört jede andere Frau mit ihren Problemen und Erfahrungen ebenso ernst genommen.

Dieses Ungleichgewicht kann Freundschaften auf eine harte Probe stellen und frustriert viele. Aber Familie und Freundschaft müssen nicht immer strikt voneinander getrennt werden. Man kann Kompromisse finden, sich zum Beispiel, sobald eine der Freundinnen ein Baby gekriegt hat, nun öfter bei ihr zu Hause treffen. Sie kann das Kind zu den Treffen mitbringen, kindgerechte Dinge unternehmen oder den Vater fragen, ob er auf das Kleine aufpassen könnte, so wie sie, wenn er seinen Männerabend macht. Ich kenne auch viele Frauen, die ihr Neugeborenes der besten Freundin für ein paar Stunden überlassen, damit sie endlich einmal Schlaf bekommen.

Ihr seht: Es gibt Lösungen, um Familie und Freunde miteinander zu vereinbaren. Und wenn man Zeit mit seinen Freunden verbringen will, gibt es, ebenso wie in Beziehungen oder beim Dating, fast immer einen Weg, wenn man denn will.

Apropos Männerabend: Wenn es darum geht, unsere Freundschaften zu pflegen, können wir sehr viel von Männern lernen.

Wenn sich Männer treffen, dann zwar aus meiner Sicht meistens, um gemeinsamen Aktivitäten nachzugehen, wie zum

Beispiel um Sport zu treiben, zu jagen, Projekte zu planen, zu arbeiten oder zu campen, und nicht so sehr, um sich über tiefergehende Probleme zu unterhalten, sich gegenseitig das Herz auszuschütten oder endlos lange miteinander zu reden. Dennoch sind sie fitter darin, ihre Freundschaften aufrechtzuerhalten.

Ich weiß nicht, wie es euch geht, aber wenn ich mich so umschaue und umhöre, scheint es den Herren der Schöpfung sehr viel leichter zu fallen, die Zeit, die sie in der Gemeinschaft verbringen, auszukosten und zu genießen. Sie fahren zu fünfzehn Mann in den Urlaub, gehen aus und haben im Hier und Jetzt Spaß, einfach weil sie das brauchen. Bei Männern würde so gut wie keiner auf die Idee kommen, die Geburtstagsparty des Bros frühzeitig zu verlassen, nur weil die Frau, mit der er seit zehn Jahren zusammenwohnt, angerufen hat und gefragt hat, wo er ist. Einem Mann würde es im Traum nicht einfallen, zu sagen: »Nein, ich muss jetzt heim zu Paula«, nachdem er gebeten wurde, noch ein Stündchen länger auf dem Platz zu kicken.

Warum MUSS man dann plötzlich zu seinem Partner nach Hause, wenn es sich nicht gerade um einen Notfall handelt? Muss der kleine Tom bettfertig gemacht und gefüttert werden? Tom weiß doch, dass ihr an diesem einen Tag die Woche den Abend mit euren Mädels verbringt und er nicht warten muss, bis ihr nach Hause kommt. Tom kann die Serie ohne euch weitergucken oder fängt eben eine neue an.

Ein Mann würde im Leben nicht jedes Mal ans Handy gehen, wenn seine Perle ihn im Zwanzig-Minuten-Takt anruft, um zu fragen, wo er denn jetzt ist und was er jetzt macht, während sein Bester ihm gerade sein Herz ausschüttet. Männer rufen sich außerdem im Alltag auch mal einfach so an und sorgen dafür, dass die Freundschaft erhalten bleibt, statt sich nur alle vier Monate für zwei Stündchen auf einen stocksteifen Kaffee zu treffen, um sich pflichtbewusst auf den neuesten Stand zu bringen.

Männer erfreuen sich an ihrer gemeinsamen Zeit und kosten jede Minute aus, die sie mit ihren Kumpels verbringen. Die meisten, die ich kenne, binden ihre Beziehung auch ganz leichtfüßig in die Freundschaft mit ein oder teilen den freien Tag auf. Sie haben ganz konkrete Date-Nights mit ihren Jungs und sind dann für diese Zeit unter sich.

Ich finde, wir können uns in dieser Hinsicht sehr viel von den Männern abschauen. Denn nur allzu oft verlieren wir unsere Freundinnen aus den Augen, sobald wir vergeben sind. Planlos warten wir jeden Abend darauf, dass ER nach Hause kommt, halten uns jeden nur erdenklichen Tag prophylaktisch frei, harren aus und brechen Treffen frühzeitig ab. Kurzum: Wir verhalten uns, als wäre ein Abend, den wir im Kreise unserer Freundinnen verbringen, verlorene Zeit, wenn der Freund an dem gleichen Abend auch gekonnt hätte. Es scheint so, als hätten wir die kostbare Gabe unseres Frauenlebens – echte, enge, loyale Freundschaften zu führen – aus den Augen verloren.

Auch wenn unser Mann nicht im Urlaub oder unterwegs ist, können wir ganz eigenständig Pläne für unseren Abend machen und müssen uns nicht an seine Abendgestaltung anpassen. An diesem einen Tag in der Woche oder im Monat werdet ihr es ja wohl verkraften, ihm auch einfach einmal abzusagen oder etwas mit euren Freundinnen zu unternehmen, weil IHR verabredet seid.

---

*Es muss nicht immer nur um die Männer gehen.*

---

Es muss nicht sein, dass wir uns immer nur dann an die beste Freundin erinnern, wenn es uns schlecht geht oder wenn mit dem Partner Schluss ist. Wir sollten auch dann Zeit mit unseren Freundinnen verbringen, wenn es uns gut geht, und mit ihnen tanzen gehen oder die Nacht durchmachen, obwohl wir vergeben sind. Unsere Freundinnen sind nicht unsere Mülleimer, die wir nur mit unseren Resten oder unserem Abfall füttern. Sie haben es verdient, dass wir mit ihnen unser Leben teilen, ebenso wie mit unseren romantischen Partnern auch.

---

*Eine stabile Gemeinschaft zu formen*
*und sich um soziale Kontakte zu kümmern,*
*ist wichtig für unsere Seele.*

---

Hinzu kommt, dass immer etwas Unvorhersehbares passieren kann, und das muss nicht einmal unbedingt Betrug oder Verrat sein. Jeden von uns kann das Schicksal auf welche Weise auch immer ereilen, und dann ist die Gefahr groß, dass wir plötzlich allein dastehen, wenn wir uns zu sehr auf nur eine Person konzentriert und alle anderen in unserem Leben vernachlässigt haben. Im schlimmsten Fall bleiben uns dann nur oberflächliche Bekanntschaften, mit denen wir uns gar nicht austauschen oder denen wir nichts von uns anvertrauen wollen. Doch wenn wir unsere Freundschaften besser pflegen und verstanden haben, dass wir etwas dafür tun müssen, dass sie uns erhalten bleiben, kommen wir in den Genuss des wertvollen und sicheren Halts, den uns unsere Freunde schenken können.

Im Rudel, in einer femininen Atmosphäre ohne Männer, haben Frauen eine unglaubliche Macht. Die Momente, in denen wir unter uns sind, wirken sich belebend auf uns aus. Es gibt kaum etwas Kraftvolleres als einen Tisch voller Frauen, die gemeinsam einen Mann durchleuchten – aber noch viel kraftvoller sind Frauen unter sich, die ihr Leben genießen, Spaß an ihrer Weiblichkeit haben, feste Rituale pflegen, gemeinsam essen und Essen zubereiten, im Auto durch die Gegend fahren, ihr Lieblingslied performen und Quatsch machen, Pläne schmieden, Neues ausprobieren, sich an ihre Grenzen bringen, kreativ werden, sich frei fühlen, Ideen sammeln und sich gegenseitig unterstützen.

---

*Frauen brauchen andere Frauen in ihrem Leben.*

---

Sie brauchen sich als Vorbilder, als Verbündete, als Freundinnen. Ohne Konkurrenz. Ohne Eifersucht, fiese Sprüche oder Hass. Wir brauchen Frauen, die sich gegenseitig lieben und ihre Einzigartigkeiten zelebrieren.

# *Die Göttin in dir*

In jeder Frau schlummert eine absolute Traumfrau, eine Verführerin, Mutter Natur, eine Wilde, eine Königin. Eine Göttin. Sie ist dem, was wir wirklich im Leben brauchen, nahe. Sie hat sich auf die feine Welt der Liebe, der Intuition, des Chaos, der Schönheit eingelassen und bleibt klar und wach mit warmem, offenem Herzen bei sich. Sie bestimmt, weil sie ist.

In ihrem eigenen Rhythmus, weil sie in ihrer Liebe ist, wendet sie keine Kraft auf, um den Takt in ihrer Beziehung anzugeben. Sie hält die Schwingung der Liebe mühelos, egal, was um sie herum geschieht. Sie bewegt sich liebend durch die Welt.

*Die Göttin ist in euch!*

Sie liebt bedingungslos. Ihrem Wesen treu, zeigt sie sich klar in ihrer Liebe und sagt zu allem, was sich nicht richtig anfühlt: »Nein!« Ihre Grenzen sind deutlich. Sie vertraut sich selbst, vertraut ihrem Körper, ihrem Fühlen, ihren Fähigkeiten und ihrer inneren Führung. Dabei kommt sie in ihre schöpferische Kraft und belebt das Weibliche wieder. Sie lädt es neu auf, beschützt es und bringt das Männliche in Balance. Sie bringt die männliche Kraft zum Vorschein, damit sie zu ihr durchdringt, und gewährt dem Mann Zugang zu allen Kanälen, über die er Liebe geben und empfangen kann.

Ihr Bauchgefühl rührt vom Kern ihres weiblichen Seins. Sie ehrt ihr Ureigenes, ihre weibliche Kraft und gleichzeitig ihre verletzliche Zartheit.

Eine Göttin hat gelernt, zu empfangen und anzunehmen, was ihr angeboten wird. Sie jagt männlicher Aufmerksamkeit nicht hinterher, ist aber bereit, die Aufmerksamkeit entgegenzunehmen, die ihr zusteht. Sie hat gelernt, die Kontrolle abzugeben – was geschehen wird, wird geschehen. Sie vertraut auf ihre Weisheit und hortet weder Emotionen noch Umstände, die sie daran hindern, sich und ihre Liebe zu entfalten.

Sie will nicht alles selbst machen, um stur ihre Stärke zu demonstrieren. Sie fragt nach Hilfe, wenn sie welche braucht, nach Zuneigung, nach Unterstützung. Und sie hat gelernt, ihre Schuldgefühle und Beschränkungen loszulassen.

Gegen alles, was sie herunterziehen könnte, ist sie immun. Den Schlüssel zu ihrem Selbstwert behält sie bei sich. Sie ist inspirierende Quelle für ihren Mann, ihre Kinder und sich selbst. Die Strahlkraft, die sie freisetzt, überwältigt alles. Nicht, weil sie alles hinkriegt, sondern weil sie Einfluss hat. Durch ihre anmutige Weiblichkeit hat sie die Macht und die Fähigkeit, die Perspektive auf fast alles zu verändern.

Sie ist mutig und nährend, eine Quelle der Fürsorge für sich selbst und alle Geschöpfe der Erde. Sie spricht mit ihrem Herzen, ist mitfühlend, verständnisvoll und nachdenklich. Aus ihrer ungeformten, wilden Welt formt sie in der Wirklichkeit neues Leben.

Eine Göttin lebt für sich. Sie hat verstanden, dass es nicht darum geht, andere zu beeindrucken oder zu beherrschen, um eine emotionale Reaktion hervorzurufen. Ohne etwas beweisen zu müssen, findet sie ihr Glück. Sie ruht in sich und hat sich einen bewussten, gestalterischen Umgang mit ihren Gefühlen angeeignet. Wie sie sich fühlt, kommuniziert sie authentisch und souverän. Sie kompensiert nicht, um ein künstliches Sicherheitsgefühl zu erschaffen. Sie weiß, was ihr Spaß bringt, was ihr guttut, und nimmt es sich, ohne sich deshalb schuldig zu fühlen. Sie genießt, ohne sich zu rechtfertigen.

Alle Entscheidungen aus Liebe zu treffen, fällt der weiblichen Frau leicht.

Venus, die Göttin der Liebe und der Schönheit, ist in jeder von euch, und sie ist nicht mehr abhängig, weil sie aufgehört hat zu leiden, wenn sie liebt.

# Danksagung

Danke Jörg Ortmann, für deine unermüdliche Unterstützung. Danke für dein Lachen, das mein Herz erfüllt. Ohne dich wäre das alles nicht passiert.

Danke an Olivia Sobetzko, meine Schwester. Du bist meine größte Kritikerin, und deshalb warst du die Erste, der ich das Manuskript zum Lesen gegeben habe. Danke für deine wertvolle Meinung und deine liebevolle Strenge. Jetzt weiß ich, dass es für mich perfekt ist.

Danke an Regisseur, Filmemacher, Special-Effect-Zauberer und Multi-Talent Lukas Materzok für deine selbstlose Hilfe, dein gutes Herz und dein Auge für Ästhetik. Wir liegen nach fast zehn Jahren zwar nicht am Strand von Los Angeles, aber ich denke, wir haben trotzdem ganz schön was geschafft!

Danke an meine talentierte Fotografin Karen Grubitzsch, dass ich durch deine Linse strahle wie eine Göttin!

An meine Lektorin Beate De Salve: Danke für die wunderbare Zusammenarbeit und dafür, dass du auch für dieses Thema wieder Feuer gefangen und schon zum zweiten Mal so schnell meinen Ton verstanden hast.

Danke an Dich! Danke, dass Du mein Buch gelesen hast. Ich könnte mich glücklicher nicht schätzen. Danke, dass Dich interessiert, was ich schreibe. Ich hoffe, ich konnte Dich berühren und Dir dabei helfen, Deine persönliche Reise anzutreten und Liebe in Dir zu finden.

Von Venus zu Venus.

# Quellenbibliothek


1 Liz de, Sheila: *Unverschämt,* Hamburg: Rowohlt 2019

2 https://blogs.iu.edu/kinseyinstitute/2021/04/21/new-study-on-post-pandemic-sex/

3 Illouz, Eva: *Warum Liebe weh tut. Eine soziologische Erklärung,* Berlin: Suhrkamp 2012

4 Levine, Amir; Heller, Rachel S. F.: *Warum wir uns immer in den Falschen verlieben. Beziehungstypen und ihre Bedeutung für unsere Partnerschaft,* München: Goldmann 2015

5 Coan, James; Schaefer, Hillary; Davidson, Richard: *Lending a Hand: Social Regulation of the Neutral Response to Threat,* Psychological Science 17, Nr. 12, 2006, S. 1032–1039

6 Shaver, Phillip R.; Mikulincer, Mario: *Attachment-Related-Psychodynamics*, Attachment and Human Development 4 2002

7 Pietromonaco, Paula R.; Carnelley, Katherine B.: *Gender and Working Models of Attachment: Consequences for Perceptions of Self and Romantic Relationships*, Personal Relationships 1 1994

8 Skinner, B. F.: *Was ist Behaviorismus?,* Reinbek: Rowohlt 1982

9 https://de.wikipedia.org/wiki/Intermittierende_Verst%C3%A4rkung

10 https://www.urbandictionary.com/define.php?term=Pick-me%20girl

11 The Pussycat Dolls: *Don't Cha*, Radiculture, Universal: 2005

12 https://de.wikipedia.org/wiki/Coolidge-Effekt

13 Halifax, Joan: *Gratwanderung. Achtsame Ethik für ein nachhaltig bewusstes Leben*, München: O. W. Barth 2019

14 Hawking, Stephen: *Eine kurze Geschichte der Zeit*, Hamburg: Rowohlt 2011

15 https://de.wikipedia.org/wiki/Perle

16 https://www.harleytherapy.co.uk/counselling/inner-child-work-can-benefit.html

17 Stahl, Stefanie: *Das Kind in dir muss Heimat finden*, München: Kailash 2015

18 Dispenza, Dr. Joe: *Ein neues Ich. Wie Sie Ihre gewohnte Persönlichkeit in vier Wochen wandeln können*, Burgrain: Koha 2014

19 Özdemir, Nesibe: *Was wir glauben, wer wir sind. Vom Mut, sich neu zu denken,* Weinheim: Beltz 2022

# Weiterführende Literatur


Bucay, Jorge: *Drei Fragen. Wer bin ich? Wohin gehe ich? Und mit wem?*, Frankfurt: Fischer 2013

Firlej, Jessica: *Im Namen der Venus. Was Frauen Männern sagen wollen,* Köln: Lübbe Life 2023

Haig, Matt: *Die Mitternachtsbibliothek*, München: Droemer 2023

Lunn, Natasha: *Gespräche über die Liebe,* Berlin: Ullstein 2021

Nagoski, Emily: *Komm, wie du willst. Das Neue Frauen-Sex-Buch,* München: Knaur 2015

Norwood, Robin: *Wenn Frauen zu sehr lieben. Die heimliche Sucht, gebraucht zu werden,* Hamburg: Rowohlt 1986

Estés, Clarissa Pinkola: *Die Wolfsfrau. Die Kraft der weiblichen Urinstinkte,* München: Heyne 2008

Richo, David: *How to Be an Adult in Relationships. The Five Keys to Mindful Loving*, Colorado: Shambhala 2021

Samuel, Jessica: *Sei dir selbst der Partner, den du dir wünschst,* München: Goldmann 2019

Singer, Michael A.: *Die Seele will frei sein. Eine Reise zu sich selbst*, Berlin: Ullstein 2021

Tolle, Eckhart: *Jetzt! Die Kraft der Gegenwart*, Bielefeld: Kamphausen 2010

Wiest, Brianna: *The Mountain is You,* München: Piper 2022

Williamson, Marianne: *A Return to Love*, London: Thorsons 2015

Zurhorst, Eva-Maria: *Liebe kann alles. Wie du mit deiner weiblichen Kraft zur Schöpferin deines Lebens wirst,* München: Goldmann 2022

**Mehr von der Autorin:**

Willkommen im »Venus Club«, dem Podcast über Liebe, Dating, Sex und Beziehung. Alleine und mit spannenden Gästen präsentiert Jessica Firlej jede zweite Woche neue Folgen. »Venus Club« soll dich inspirieren, dein Potenzial als Frau voll auszuschöpfen, dir hilfreiche Impulse für dein Liebes-, Single- und Datingleben geben, deine Persönlichkeit stärken und deine Weiblichkeit zelebrieren.

Sei dabei, und tritt ein in den »Venus Club«!

Jetzt überall streamen.

Jessica Firlej gibt *Im Namen der Venus* Antworten auf die großen Fragen über Liebe, Bindung, Sex und Beziehung im 21. Jahrhundert und spricht unverblümt und unterhaltsam das aus, was Frauen bewegt und Männer bewegen sollte.

Printed in Poland
by Amazon Fulfillment
Poland Sp. z o.o., Wrocław

32163312R00154